新·闻·传·播·学·文·库

释放数据的力量
数据新闻生产与伦理研究

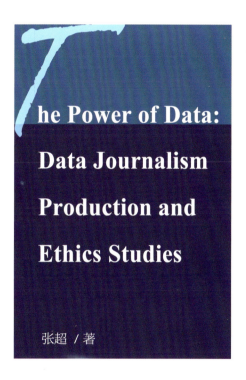

The Power of Data:

Data Journalism

Production and

Ethics Studies

张超 / 著

中国人民大学出版社
·北京·

2017年度教育部人文社会科学研究青年基金项目
"大数据时代的数据新闻生产与伦理研究"
（17YJC860033）阶段性成果

本书受山东大学文化传播学院学科建设经费
和山东大学（威海）青年学者未来计划资助出版

工作来，工作去：美国全国失业情况 跳转工作增加/减少
追踪官方发布失业数据以来的每月美国全国失业率（季节调整值）

全部失业率

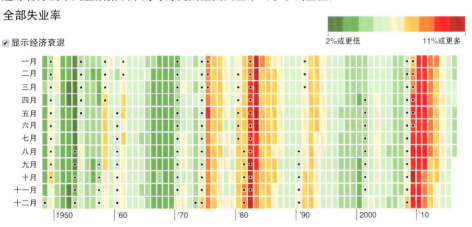

图 5 - 5　《追踪失业》截图（彩图 1）

　　资料来源：VAN DAM A，LIGHTNER R. Track national unemployment，job gains and job losses〔EB/OL〕.（n. d.）〔2019 - 04 - 21〕. http：//graphics. wsj. com/job-market-tracker/.

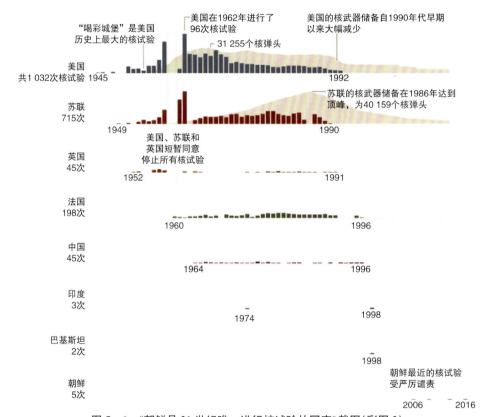

图 5-6 《朝鲜是 21 世纪唯一进行核试验的国家》截图(彩图 2)

资料来源：SCHAUL K. North Korea is the only country that has performed a nuclear test in the 21st century[EB/OL]. (2017-09-03)[2020-03-30]. https://www.washingtonpost.com/graphics/world/nuclear-tests/.

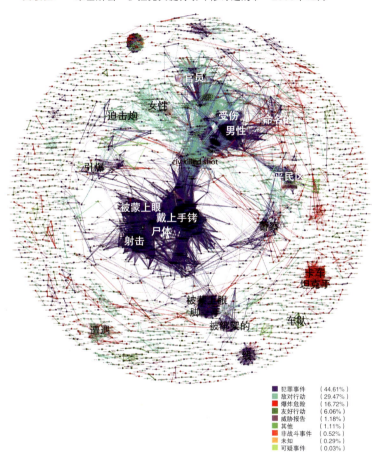

美联社　"维基解密"伊拉克关键行动（修订过的）—2006年12月

官员
女性
迫击炮　受伤　命名的
男性
引爆　civ killed shot　严民区
被蒙上眼
戴上手铐
尸体　巡逻
射击
卡车
坦克车
被蒙上眼
脚　车队
被绑架的
遭遇

犯罪事件	（44.61%）
敌对行动	（29.47%）
爆炸危险	（16.72%）
友好行动	（6.06%）
威胁报告	（1.18%）
其他	（1.11%）
非战斗事件	（0.52%）
未知	（0.29%）
可疑事件	（0.03%）

图5-11　《"维基解密"伊拉克关键行动》截图（彩图3）

资料来源：MADDEN P，PATEL J，BARONAVSKI C. Deals for gevelopers. 〔EB/OL〕. (n. d.) 〔2020-03-29〕. http://wamu. org/projects/developerdeals/.

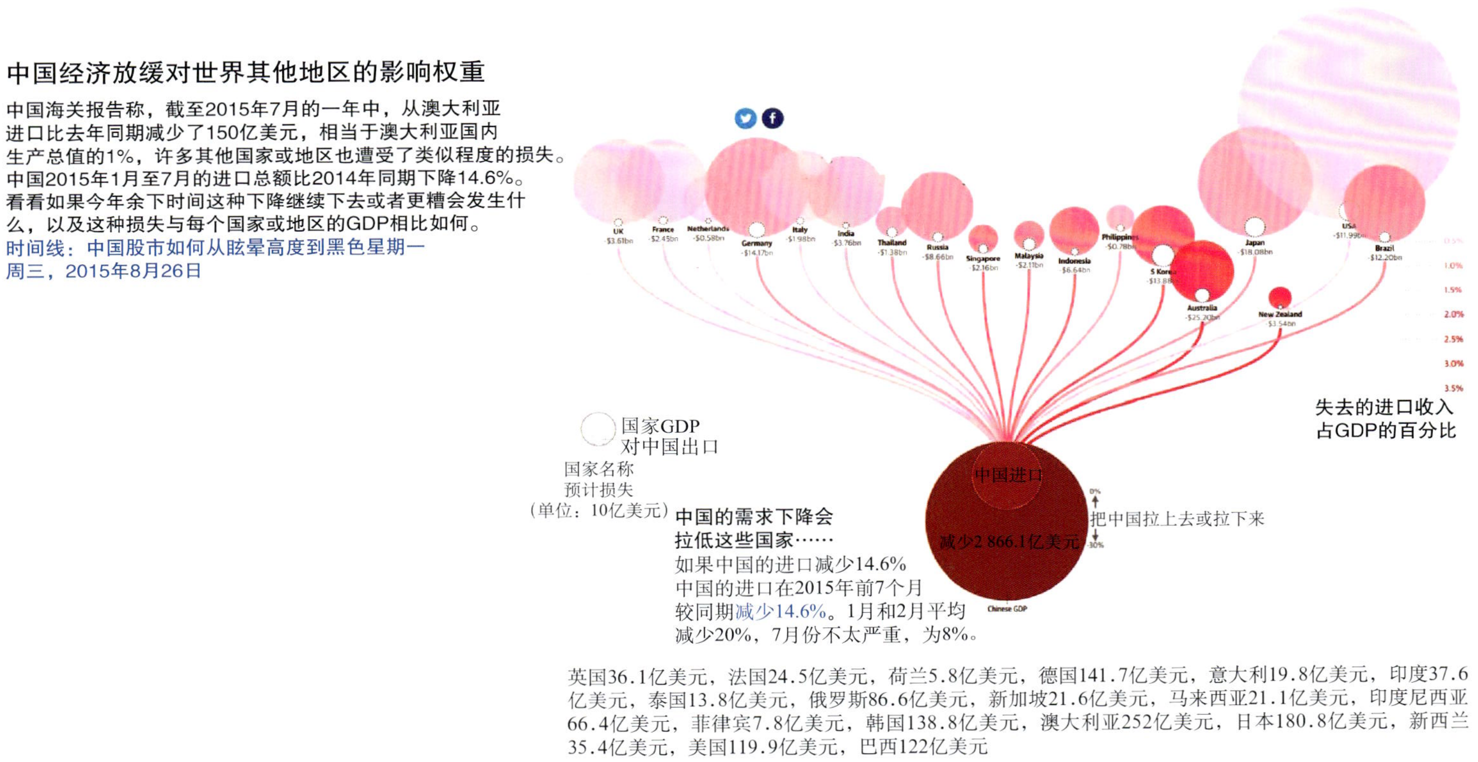

中国经济放缓对世界其他地区的影响权重

中国海关报告称，截至2015年7月的一年中，从澳大利亚进口比去年同期减少了150亿美元，相当于澳大利亚国内生产总值的1%。许多其他国家或地区也遭了类似程度的损失。中国2015年1月至7月的进口总额比2014年同期下降14.6%。看看如果今年余下时间这种下降继续下去或者更糟会发生什么，以及这种损失与每个国家或地区的GDP相比如何。

时间线：中国股市如何从眩晕高度跌到黑色星期一——周三，2015年8月26日

图 5-22 《中国经济放缓对世界其他地区的影响权重》截图（彩图 4）

资料来源：ZAPPONI C.,CLARKE S.,BENGTSSON H.,GRIGGS T.,INMAN P. How China's economic slowdown could weigh on the rest of the world[EB/OL]. (2015-08-26)[2020-03-30]. https://www.theguardian.com/world/ng-interactive/2015/aug/26/china-economic-slowdown-world-imports.

伊拉克的血腥伤亡人数

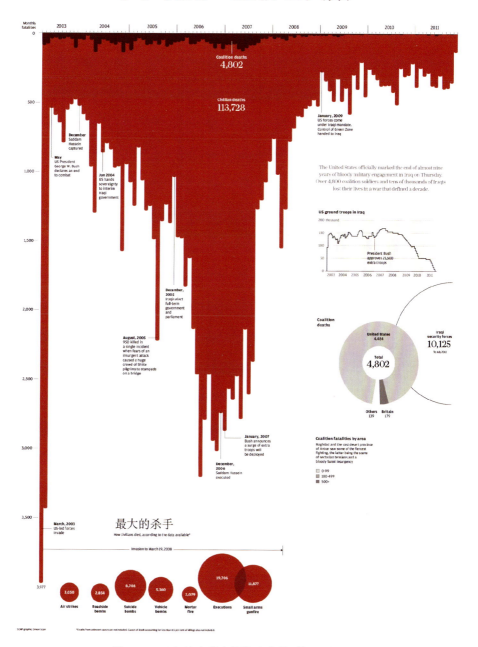

图 5-24 《伊拉克的血腥伤亡人数》截图(彩图 5)

资料来源：BROWN H，PECK A. Why the Middle East is now a giant warzone，in one terrifying chart[EB/OL]. (2014 - 06 - 12)[2020 - 03 - 27]. https://thinkprogress. org/why-the-middle-east-is-now-a-giant-warzone-in-one-terrifying-chart-b2b22768d952♯. m0a5fpws7.

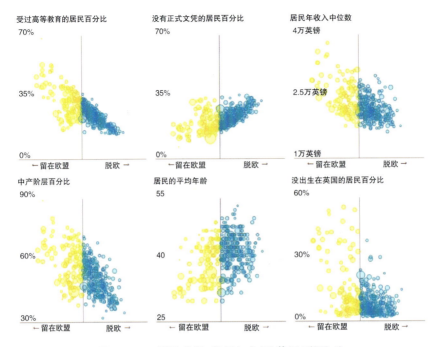

图 5 - 27 《脱欧公投:结果与分析》截图(彩图 6)

资料来源:EU referendum: full results and analysis[EB/OL]. (2016 - 06 - 23)[2020 - 03 - 29]. https://www.theguardian.com/politics/ng-interactive/2016/jun/23/eu-referendum-live-results-and-analysis.

图 6 - 4 《为人民》截图(彩图 7)

资料来源:Who runs China[EB/OL]. (2019)[2019 - 12 - 07]. https://news.cgtn.com/event/2019/whorunschina/index.html

总　序

　　自 1997 年国务院学位委员会将新闻传播学擢升为一级学科以来，中国的新闻传播学学科建设突飞猛进，这也对教学、科研以及学术著作出版提出了新的、更高的要求。

　　继 1999 年中国人民大学出版社推出"21 世纪新闻传播学系列教材"之后，北京广播学院出版社、华夏出版社、南京大学出版社、中国社会科学出版社、新华出版社等十余家出版社纷纷推出具有不同特色的教材和国外新闻传播学大师经典名著汉译本。但标志本学科学术水平、体现国内最新科研成果的专著尚不多见。

　　同一时期，中国的新闻传播学教育有了长足进展。新闻传播学专业点从 1994 年的 66 个猛增到 2001 年的 232 个。据不完全统计，全国新闻传播学专业本科、专科在读人数已达 5 万名之多。新闻传播学学位教育也有新的增长。目前全国设有博士授予点 8 个，硕士授予点 40 个。中国人民大学新闻学院、复旦大学新闻学院等一批研究型院系正在崛起。北京大学和清华大学的新闻传播学教育以高起点、多专业为特色，揭开了这两所百年名校蓬勃发展的新的一页。北京广播学院（后更名为中国传媒大学——编者注）以令人刮目相看的新水平，跻身中国新闻传播教育名校之列。武汉大学新闻与传播学院等以新获得博士授予点为契机所展开的一系列办学、科研大手笔，正在展示其特有的风采与魅力。学界和社会都企盼这些中国新闻传播教育的"第一梯队"奉献推动学科建设的新著作和新成果。

进入21世纪以来，随着以互联网为突破口的传播新媒体的迅速普及，新媒体与传统媒体的联手共进，以及亿万国人参与大众传播能动性的不断强化，中国的新闻传媒事业有了全方位的跳跃式的大发展。人民群众对大众传媒的使用，从来没有像今天这样广泛、及时、须史不可或缺，人们难以逃脱无处不在、无时不有的大众传媒的深刻影响。以全体国民为对象的新闻传播学大众化社会教育，已经刻不容缓地提到全社会，尤其是新闻传播教育者面前。为民众提供高质量的新闻传播学著作，已经成为当前新闻传播学界的一项迫切任务。

这一切都表明，出版一套满足学科建设、新闻传播专业教育和社会教育需求的高水平新闻传播学学术著作，是当前一项既有学术价值又有现实意义的重要工作。"新闻传播学文库"的问世，便是学者们朝着这个方向共同努力的成果之一。

"新闻传播学文库"希望对于新闻传播学学科建设有一些新的突破：探讨学科新体系，论证学术新观点，寻找研究新方法，使用论述新话语，摸索论文新写法。一句话，同原有的新闻学或传播学成果相比，应该有一点创新，说一些新话，文库的作品应该焕发出一点创新意识。

创新首先体现在对旧体系、旧观念和旧事物的扬弃上。这种扬弃之所以必要，人文社会科学工作者之所以拥有理论创新的权利，就在于与时俱进是马克思主义的理论品质，弃旧扬新是学科发展的必由之路。恩格斯曾经指出，我们的理论是发展的理论，而不是必须背得烂熟并机械地加以重复的教条。一位俄国作家回忆他同恩格斯的一次谈话时说，恩格斯希望俄国人——不仅仅是俄国人——不要去生搬硬套马克思和他的话，而要根据自己的情况，像马克思那样去思考问题，只有在这个意义上，"马克思主义者"这个词才有存在的理由。中国与外国不同，新中国与旧中国不同，新中国前30年与后20

年不同，在现在的历史条件下研究当前中国的新闻传播学，自然应该有不同于外国、不同于旧中国、不同于前30年的方法与结论。因此，"新闻传播学文库"对作者及其作品的要求是：把握时代特征，适应时代要求，紧跟时代步伐，站在时代前列，以马克思主义的理论勇气和理论魄力，深入计划经济到市场经济的社会转型期中去，深入党、政府、传媒与阅听人的复杂的传受关系中去，研究新问题，寻找新方法，获取新知识，发现新观点，论证新结论。这是本文库的宗旨，也是对作者的企盼。我们期待文库的每一部作品、每一位作者，都能有助于把读者引领到新闻传播学学术殿堂，向读者展开一片新的学术天地。

创新必然会有风险。创新意识与风险意识是共生一处的。创新就是做前人未做之事，说前人未说之语，或者是推翻前人已做之事，改正前人已说之语。这种对旧事物旧体系旧观念的否定，对传统习惯势力和陈腐学说的挑战，对曾经被多少人诵读过多少年的旧观点旧话语的批驳，必然会招致旧事物和旧势力的压制和打击。再者，当今的社会进步这么迅猛，新闻传媒事业发展这么飞速，新闻传播学学科建设显得相对迟缓和相对落后。这种情况下，"新闻传播学文库"作者和作品的一些新观点新见解的正确性和科学性有时难以得到鉴证，即便一些正确的新观点新见解，要成为社会和学人的共识，也有待实践和时间。因此，张扬创新意识的同时，作者必须具备同样强烈的风险意识。我们呼吁社会与学界对文库作者及其作品给予最多的宽容与厚爱。但是，这里并不排斥而是真诚欢迎对作品的批评，因为严厉而负责的批评，正是对作者及其作品的厚爱。

当然，"新闻传播学文库"有责任要求作者提供自己潜心钻研、深入探讨、精心撰写、有一定真知灼见的学术成果。这些作品或者是对新闻传播学学术新领域的拓展，或者是对某些旧体系旧观念的廓清，或者是向新闻传媒主管机构建言的论证，或者是运用中国语言和中国传统文化对海外新闻传播学著作的新的解读。总之，文库向人们提供的应该是而且必须是新闻传播学学术研究中的精品。这套文库的编辑出版贯彻少而精的原则，每年从中国人民大学校内外众多学者的研究成果中精选三至五种，三至四年之后，也可洋洋大观，可以昂然耸立于新闻传播学乃至人文社会科学学术研究成果之林。

新世纪刚刚翻开第一页，中国人民大学出版社经过精心策划和周全组织，推出了这套文库。对于出版社的这种战略眼光和作者们齐心协力的精神，我表示敬佩和感谢。我期望同大家一起努力，把这套文库的工作做得越来越好。

以上絮言，是为序。

童 兵

2001 年 6 月

推荐序

"数据驱动的新闻代表着未来"

钟　新*

看到我的博士山东大学副教授张超的书稿《释放数据的力量：数据新闻生产与伦理研究》，我不禁想起万维网创始人蒂姆·伯纳斯-李（Tim Berners-Lee）那句振聋发聩的"预言"：数据驱动的新闻代表着未来（Data-driven journalism is the future）。[①]

2010年11月19日，英国政府公布了大量有关政府支出的数据。当一个由内阁办公室部长弗朗西斯·莫德（Francis Maude）和蒂姆·伯纳斯-李组成的小组被问及"谁会分析这些数据"时，伯纳斯-李说："记者需要精通数据，向公众解释政府的行为。过去记者在酒吧聊天获取新闻，现在记者应该仔细研究数据、分析数据、挑选出有趣的内容。……数据驱动的新闻代表着未来。"

如果置身当时，或许更多的人更认同"数字驱动（digital-driven）的新闻代表着未来"：数字技术正变革着新闻业的业态、形态与文化。不过，当传统的新闻介质逐渐消亡后，

---

　*　作者为中国人民大学新闻学院教授、博士生导师。

　①　ARTHUR C. Journalists of the future need data skills, says Berners-Lee［EB/OL］.（2010 - 11 - 09）［2019 - 11 - 22］. https：//www.theguardian.com/technology/organgrinder/2010/nov/19/berners-lee-journalism-data.

未来的新闻业都是数字新闻业（digital journalism），这是不争的事实，也是一般人都能得出的结论。数据（data）和数字（digital），一字之差，体现了伯纳斯-李对数字新闻业未来发展的深刻洞见：加工、处理开放数据（open data）将纳入新闻业的管辖范围，成为新闻业对公众的承诺。

当各位拿到这本书时，伯纳斯-李发出"预言"已过近十年。如今，新闻业身处数据遍在的大数据时代，数据记者不仅要面对结构化的小数据，和各行各业一样，也要思考如何处理半结构化、非结构化的大数据。数据记者的角色不再是传统新闻时代对数据望而生畏的文科生，或者转述专家结论的"搬运工"，而是独立采集、分析数据，并进行可视化的数据知识生产者。

数据新闻的全球实践如何？有哪些值得关注和研究的前沿问题？本书用独特的视角、新颖的观点、深入的剖析给我们带来新的思考，读罢感觉"酣畅淋漓"。

在高度上，张超站在全球数据新闻业的宏观层面研究数据新闻生产与伦理，向我们展示了一幅大气、多元、前沿的数据新闻生产样貌。张超对数据新闻的认识没有囿于形态，也没有局限于国内，而是从数据新闻诞生与发展的语境入手，在数据新闻的真正气质——"开放"和"科学"的基础上研究相关问题，这与现阶段的许多数据新闻研究相比，站位更高、理解更深。

在深度上，张超有拓展数据新闻研究理论疆界的勇气。本书融合了传播学、数据科学、计算科学、叙事学、文化研究、修辞学、伦理学等领域的理论资源，运用跨学科的方法将数据新闻生产的实践问题上升到学术层面，在数据新闻理论视野的开拓上做出了重要贡献。难能可贵的是，张超对数据科学方法论的研究，很大程度上弥补了当前中国数据新闻研究在这一问题研究上的缺失。从全球范围看，张超也是为数不多的在数据新闻伦理方面有深入研究的学者：他拓展了我们对客观性的认识，提出数据新闻的实用主义客观性原则；他敏锐地捕捉到了透明性之于数据新闻的意义，探索数据新闻透明性的维度；他针对日益增多的个人数据利用，探讨个人数据利用的原则……这些研究既有学术价值，对业界也有指导意义。

在角度上，张超是国内较早用批判视角研究数据新闻的学者。从 2016 年他与我发表第一篇数据新闻论文《新闻业的数据新闻转向：语境、类型与理念》起，他就意识到用批判的视角看待数据新闻生产的意义，提到了数据使用的批判意识。这在当时国内外的数据新闻研究中并不多见。本书中，无论是对数据科学方法论的探讨，还是运用叙事理论研究数据新闻的叙事，张超都将批判视角贯穿全书。本书成稿之时，我看到了即将推出的《数据新闻手册2》（*Data Journalism Handbook 2*）的部分章节，这本数据新闻手册和2012年版最大的不同在于用批判视角看待数据新闻生产。这体现出当前数据新闻生产研究在视角上的"批判转向"：从数据新闻刚诞生时的"赋魅"，到如今的"祛魅"。

最后我想和读者说，本书"含金量"十足，包含作者已发表和拟发表的10篇CSSCI论文和2篇CSSCI扩展版论文①，其中一篇论文获得山东省社会科学优秀成果奖二等奖、山东省高校人文社会科学优秀成果奖一等奖。张超在数据新闻研究领域产出这么多高水平成果，令我十分欣慰，也期待他有更多的开拓。

---

① 具体论文包括：《数据分析在数据新闻生产中的应用、误区与提升路径》（《编辑之友》，CSSCI，2019年第6期）、《从去专业化到再专业化：数据新闻对数据科学的应用与趋势》（《中国出版》，CSSCI，2019年第9期）、《论数据新闻的实用主义客观性原则》（《中州学刊》，CSSCI，2018年第9期）、《大数据新闻发展现状及社会价值》（《电视研究》，CSSCI扩展版，2018年第8期）、《试析数据新闻生产中的个人数据滥用与规避》（《编辑之友》，CSSCI，2018年第8期）、《数据新闻复杂叙事的四个维度》（《电视研究》，CSSCI扩展版，2018年第2期）、《作为中介的算法：新闻生产中的算法偏见与应对》（《中国出版》，CSSCI，2018年第1期）、《数据新闻的交互叙事初探》（《新闻界》，CSSCI，2017年第8期）、《分享即传播：数据新闻的社交化生产策略研究》（《中国出版》，CSSCI，2019年第21期）。《新闻业的数据新闻转向：语境、类型与理念》（《编辑之友》，CSSCI，2016年第1期）、《图像不一定霸权：数据新闻可视化的语图关系研究》（《编辑之友》，CSSCI，拟发）、《从开放数据到数据：数据新闻"数据"内涵的演变》（《编辑之友》，CSSCI，拟发）。

目　录

第一章　数据新闻：亟待深入探索的领域

这是一个数据驱动的时代。自 2009 年 3 月英国《卫报》(*The Guardian*) 成立全球第一家数据新闻编辑部起，数据新闻作为一股新闻实践风潮迅速在全球扩散。数据新闻是数据技术对新闻业全面渗透的必然结果，也是新闻进化史上一个重要的转折点[①]，被视为新闻业的一次新的范式转向[②]。万维网创始人蒂姆·伯纳斯-李认为："数据驱动的新闻代表着未来。"

同时，这也是一个新闻业受到挑战的时代：把关权让渡、正当性受质疑、专业技能被"大众化"……英国《卫报》总编辑艾伦·拉斯布里杰 (Alan Rusbridger) 认为："数据不仅是信息时代的新产物，也是数字工业、金融业和商业变革的核心。就其精髓而言，它更像是真相与事实的集大成者。"[③] 数据新闻的出现让新闻业看到突出重围的机遇：通过对数据的采集、处理与呈现，新闻业成为数据与公众的桥梁；通过对数据的再加工洞察社会现实，新闻业被重新赋予正当性和专业性……数据新闻生逢其时。虽然全球有多少家新闻机构生产数据新闻并无确切数据，但从全球数据新闻奖的参赛情况看，数据新闻的生产已经成为全球新闻业的一股潮流。2019 年全球数据新闻奖收到 62 个国家和地区的 607 件参赛作品，体现了新闻业者对数据新闻的高昂兴致。

自 2006 年 EveryBlock 网站创始人阿德里安·哈罗瓦 (Adrian Holovaty) 发表《报纸网站需要改变的根本路径》(A Fundamental Way Newspapers Websites Need to Change) 一文提出数据新闻理念以来，数据新闻走过了第

---

① 辰目. 数据新闻：新闻进化史上的一个重要的转折点 [J]. 传媒，2016 (14)：1.
② 张超，钟新. 新闻业的数据新闻转向：语境、类型与理念 [J]. 编辑之友，2016 (1)：76-83.
③ 罗杰斯. 数据新闻大趋势：释放可视化报道的力量 [M]. 岳跃，译. 北京：中国人民大学出版社，2015：1.

一个十年。^① 十年间从理念到概念，再到逐渐被新闻业广为认可的新闻实践，数据新闻正逐渐形成自己的范式，拥有自己的"气质"。

与之对应，数据新闻研究逐渐成为国内外新闻传播研究领域的"显学"，也逐渐形成两种取向：理论取向和实践取向。理论取向旨在将数据新闻研究学理化，探讨数据新闻生产中的各种理论问题；实践取向旨在总结数据新闻生产的实践经验，为业界提供参考。本书采取的是理论取向：用理论的视角研究实践，将实践问题上升为学术问题，以期理论与实践结合。

第一节　研究缘起及意义

罗伯特·M.恩特曼曾形容"框架分析"由于不同的研究取向而成为一个"破碎的范式"（a fractured paradigm）。^② 近几年国内外学界、业界对数据新闻的探讨也可用"破碎的范式"来形容。数据新闻生产与研究领域的"众声喧哗"亟须系统地梳理、整合，当前数据新闻生产和研究领域的一系列问题也需要积极回应。

一、研究缘起

（一）"模糊"的边界

数据新闻依然是一个新的却又定义模糊的实践。^③ 许多人对数据新闻的认识局限于"数据"居于核心地位。不少媒体将传统的图解新闻"包装"（或"误认"）成数据新闻。央视推出大数据新闻《"据"说两会》《"据"春运》，一些地方电视台也模仿推出"'据'说"系列，然而此"据"非彼"据"，一些所谓的"'据'说"系列本质上是用数字说新闻的方式。还有的媒体将权威

---

① KAYSER-BRIL N. Celebrating 10 years of data journalism [EB/OL]. (2016 - 10 - 13) [2017 - 07 - 27]. http：//blog. nkb. fr/ten-years-datajournalism.

② ENTMAN R M. Framing toward clarification of a fractured paradigm [J]. Journal of Communication，1993 (4)：51 - 58.

③ KAYSER-BRIL N, VALEEVA A, RADCHENKO I. Transformation of communication processes：data journalism [EB/OL]. (2016 - 05 - 06) [2018 - 07 - 15]. https：//arxiv. org/ftp/arx-iv/papers/1605/1605. 01956. pdf.

报告中的重要数据进行"复制""粘贴"，再加上图表设计，美其名曰"一张图看懂……"。这类所谓的数据新闻没有数据生产流程，只有简单的文稿创作和可视化设计，因而不能称之为数据新闻。实际上，"数据新闻＝80％的汗水＋10％的灵感＋10％的呈现"①，将数据新闻简单化的做法，导致其与传统新闻的界限并不明显。②

还有观点认为，数据新闻必然以大数据处理为标志。③ 然而纵观国内外数据新闻实践，即便走在数据新闻实践前列的《卫报》和《纽约时报》，也很少触及大数据新闻生产。同时这种观点也偏离了当代数据新闻先驱阿德里安·哈罗瓦和西蒙·罗杰斯的数据新闻本义。

除了数据新闻，在西方新闻界还有精确新闻（precision journalism）、计算机辅助报道（computer-assisted reporting，CAR）、计算新闻（computational journalism）等相关概念和新闻样式，它们各自的边界在哪里，彼此是什么关系，同样值得研究。

(二)"破碎"的认知

数据新闻是有"气质"的。或许有人说，数据新闻的"气质"类似于"科学"的气质，讲求定量分析方法的运用。的确，数据新闻有这个"气质"，可精确新闻、计算机辅助报道也有这个"气质"。

当我们在 21 世纪讨论数据新闻时，并不是说"数据新闻一直被实践，只是先前从未叫数据新闻"。当代数据新闻的兴起有着深层的政治动因：开放数据运动（open data movement）。开放数据运动倡导者一直与媒体合作，推动数据新闻业的发展，而开放运动的本质是一场信息民主运动。对数据新闻的"气质"缺少认识，导致数据新闻在不同的国家和地区实践时产生了有趣的"本土化"。在欧美，数据新闻常用于报道政治议题；在马来西亚等国，数据

① 罗杰斯．数据新闻大趋势：释放可视化报道的力量［M］．岳跃，译．北京：中国人民大学出版社，2015：9.

② 方洁，高璐．数据新闻：一个亟待确立专业规范的领域——基于国内五个数据新闻栏目的定量研究［J］．国际新闻界，2015（12）：105－124.

③ CODDINGTON M. Clarifying journalism's quantitative turn: a typology for evaluating data journalism, computational journalism, and computerassisted reporting［J］. Digital Journalism, 2015 (3): 331－348.

新闻只是被零星实践着①；在中国，数据新闻多被视为新闻业的创新手段②。也有观点认为，数据新闻是客观的、中立的、权威的，因为数据新闻用"数据"说话。其实数据新闻的客观、中立、权威并不是缘于它叫"数据"新闻，而是在于数据新闻生产中对生产规范的遵循。数据新闻中也有假新闻和坏新闻。这些"破碎"的认知，有的需要追根溯源，有的需要勘误澄清，还有的需要梳理、整合。

（三）新兴的领域

从概念到实践，十年间数据新闻在探索中发展。业界、学界围绕数据新闻及其生产研究中的诸多问题进行探讨、争论。作为一种新兴的新闻实践类型，数据新闻生产中的一些问题无法用先前的理论、理念、方法来解答和指导。以叙事为例，传统的叙事方式在数据新闻领域的应用范围很狭小。③ 数据新闻实践为数据新闻研究提供了诸多亟待探讨的问题，也给新闻研究带来更多可能性。

二、研究意义

（一）厘清数据新闻边界的需要

当前人们对数据新闻的认识和理解并不统一，还有一些观点甚至扭曲了数据新闻的内涵。数据新闻究竟是什么？为何是一种新的新闻实践类型？如何实践数据新闻？回答这些问题的前提是从数据新闻诞生的原初语境出发，把握数据新闻概念的逻辑起点，将数据新闻与其他新闻类型的边界厘清。如果边界不清，会给数据新闻的理解、运作和可持续发展带来困扰。实际上一些数据新闻实践有"数据"之名，无"数据"之实，已逐步演变成"戴着创

---

① WINKELMANN S. Data journalism in Asia ［EB/OL］.（2013）［2018 - 03 - 15］. https：//www. kas. de/documents/252038/253252/7_dokument_dok_pdf_35547_2. pdf/9ecd0cfc-d30 - 0967 - 1d7e-04dd9c7c66de? version=1. 0&t=1539655194206.

② 方洁，胡杨，范迪. 媒体人眼中的数据新闻实践：价值、路径与前景——一项基于七位媒体人的深度访谈的研究［J］. 新闻大学，2016（2）：13 - 19.

③ 方洁. 数据新闻概论：操作理论与案例解析［M］. 北京：中国人民大学出版社，2015：43.

新帽子"的传统新闻。^① 因此探讨数据新闻的边界问题不仅必要，而且很重要。

（二）批判地看待数据新闻生产的需要

数据新闻短短几年迅速成为一种业界潮流，暗藏着技术乐观主义的逻辑，这个逻辑契合了新闻专业主义理念。有观点认为数据新闻通过"技术中立"、通过"客观"的数据，实现新闻报道的客观性；通过数据分析，尤其是对大数据的分析，可揭示数据背后隐藏的真相。

但数据新闻生产的本质是话语生产，是技术主导下的话语建构。从某种意义上说，数据新闻用数据和数据可视化"建构"着现实，而非镜像地"反映"现实。本书所做研究的重要意义在于通过对数据科学相关概念的引入与阐释，探讨数据再生产和数据可视化意义生产的深层机制，通过对数据新闻进行多学科、多视角地分析，辩证地看待数据新闻生产。

（三）对数据新闻前沿实践引介的需要

国内数据新闻实践与英美主流媒体在理念、实践水平和创新等方面有较大差距。中国媒体的很多做法"已背离了数据新闻兴起时的基本理念"，虽然"初步呈现出一些专业做法"，却没有体现出"前沿性"和"实验性"。^② 因为数据新闻不应是对先前平面媒体"图解新闻"的重复或再包装。本书关注全球数据新闻实践的新理念、新做法，以期为国内学者和业者拓展思路，带来崭新的认识。

（四）探索数据新闻可持续发展的需要

数据新闻权威性的确立不是因为其叫"数据"，而在于生产中的一系列专业规范与伦理要求。专业规范的缺乏正逐步蚕食数据新闻的公信力和专业价值。^③ 数据新闻生产虽然可以参照现有的新闻专业主义标准和媒介伦理，但缺少针对性。因此数据新闻生产的当务之急是"确立一套具有现实指导性且

---

① 方洁，高璐. 数据新闻：一个亟待确立专业规范的领域——基于国内五个数据新闻栏目的定量研究［J］. 国际新闻界，2015（12）：105－124.

② 同①.

③ 同①.

成体系的专业规范"，以使数据新闻实践者和对其感兴趣的受众"理解这个专业的基本理念和操作规则"①。本书将尝试结合国内外数据新闻实践的实际，提出具有建设性的数据新闻生产伦理规范，为业界实践好数据新闻提供借鉴。

第二节　文献综述

国内外关于数据新闻生产的研究主要围绕数据新闻的数据再生产、数据可视化、数据新闻的叙事、数据新闻的日常生产、数据新闻的生产伦理和大数据新闻等方面展开。

一、数据新闻的数据再生产研究

数据再生产是通过对数据的采集、清洗和分析得出数据结论的过程，处于数据新闻生产的最前端，也是最重要的部分。"再生产"强调数据新闻是数据记者对数据的二次价值利用。媒体的数据再生产水平决定了数据新闻对现实的洞察、分析和解读能力。有关数据再生产的研究多围绕数据采集和数据分析等环节展开。

在数据采集方面，数据新闻的所有数据必须有来源，并经过交叉验证，在使用数据前，记者应评价数据的质量，如数据来源的可靠性、时新性，数据的搜集目的与方法等。② 喜欢上网搜集数据的记者不能仅依赖网络和社交媒体，而应从多个不同的渠道采集数据，并将定量方法与定性方法相结合，以便检验数据，增强数据信度。③

有研究对英国15份全国性报纸的上百篇数据新闻进行统计，发现这些报

---

① 方洁，高璐. 数据新闻：一个亟待确立专业规范的领域——基于国内五个数据新闻栏目的定量研究 [J]. 国际新闻界，2015 (12)：105 - 124.

② 文卫华，李冰. 从美国总统大选看大数据时代的数据新闻报道 [J]. 中国记者，2013 (6)：80 - 81.

③ 张帆，吴俊. 2011—2015：大数据背景下英美数据新闻研究述评 [J]. 国际新闻界，2016 (1)：62 - 75.

纸的数据多来自政府、企业、研究机构、国际组织、民意测验和媒体自采。其中通过政府获取的数据占比最高，通过申请信息公开和"泄露"方式获取的数据占比非常小。① 记者不愿使用私营机构的数据，因为这种数据价格高、审查严，可信度不及政府和公共机构所提供的数据，且多不提供原始数据或收集数据的具体方法。② 在数据开放不足的国家和地区，或涉及敏感议题的，数据记者倾向于自己采集数据。

戴玉总结了中国数据新闻生产可利用的六类数据——互联网企业数据、传统企业数据、政府公共数据、研究咨询机构数据报告的数据、外国机构发布的数据和自建数据库的数据，并对每种数据源的公开情况和利用方式进行了梳理。③ 采集数据需要评估其可信度，周宇博认为一套科学的能服务于数据新闻采编流程的数据来源评估体系，应着重从法律（数据生产者是否会为数据生产活动承担法律责任）、公信（数据生产者是否具备数据生产的公信力）、利益（数据生产者是否和发布数据存在利益关系）、程序（数据生产者的数据生产过程是否科学）、资源（数据生产者掌握数据样本的数量和质量）等多重维度考量，并对数据源的可信度等级进行了排序分析。④

哥伦比亚大学学者马克·汉森（Mark Hansen）认为数据不是中立的，算法也不是中立的，数据告诉我们的故事经常是不完整的、不确定的和开放式的。⑤ 数据分析的结果看似公正客观，它的价值选择其实贯穿了从构建到解读的全过程。⑥ 数据新闻对客观现实的准确反映取决于数据来源、异质数据和数据处理分析中的模型和算法，而非数据量，数据相同但模型、算法不

---

① KNIGHT M. Data journalism in the UK：a preliminary analysis of form and content [J]. Journal of Media Practice，2015（1）：55 - 72.

② 张帆，吴俊. 2011—2015：大数据背景下英美数据新闻研究述评 [J]. 国际新闻界，2016（1）：62 - 75.

③ 戴玉.《南风窗》图政数据工作室戴玉：时政＋数据新闻怎么做？[EB/OL].（2015 - 07 - 17）[2017 - 09 - 15]. http://view. inews. qq. com/a/20150717A00NTT00.

④ 周宇博. 数据新闻来源的信度评估 [J]. 中国广播电视学刊，2017（3）：55 - 58.

⑤ BELL E. Journalism by numbers [EB/OL].（2012 - 10 - 01）[2018 - 05 - 13]. http://www. cjr. org/cover_story/journalism_by_numbers. php.

⑥ 徐端. 大数据战略：个人、企业、政府的思维革命与红利洼地 [M]. 北京：新世界出版社，2014：59.

同，最后分析出的结果也可能存在差异。①

在具体的数据分析方法上，有研究探讨了字符串查找算法、聚类分析、数据挖掘算法、协同过滤推荐和潜在因子推荐等方法②，以及社会网络分析③在数据新闻领域的实践应用。目前数据分析中常见的六种错误包括草率拟代（sloppy proxies）、二分法（dichotomizing）、相关不代表因果关系（correlation does not equal causation）、区位推论（ecological inference）、地理编码（geocoding）和数据想当然（data naivete）。④

2016 年美国总统大选期间，美国各大媒体的数据新闻报道遭遇"滑铁卢"，甚至连续两届预测准确的 538 网站（FiveThirtyEight. com）也预测失败。相关研究探讨了这次数据新闻"失准"的原因。有分析认为民调数据系统性的样本偏向是主要原因，各种小概率因素聚合造成的数据偏向超过了数据处理者和新闻发布者的主观预期。⑤ 还有观点认为更重要也更容易被忽略的是参数问题，"发言者"和"投票者"往往并非同一群人。热衷在网络和造势活动上"秀存在"的是年轻人，投票率最高的却是中老年人，而数据采集却是依托网络和终端进行的原始参数的采集，出现如此偏差也就不难理解了。⑥

除此之外，还有系统介绍数据再生产整个流程的案例研究。如史蒂夫·布斯特（Steve Buist）通过自己的计算机辅助报道奖（CAJ Award）获奖作品《情况危急》（Condition Critical）详细讲解如何用 266 个变量来评价"地方健康整合网"（Local Health Integration Networks）的表现。⑦ 比利时数据记者马腾·兰布雷希茨（Maarten Lambrechts）介绍了如何利用 R 语言的

① 张超，钟新. 新闻业应用大数据：展望、误区与对策 [J]. 中州学刊，2015 (6)：169 - 173.

② 范红霞，孙金波. 数据新闻的算法革命与未来趋向 [J]. 现代传播，2018 (5)：131 - 135.

③ 王晗啸，卢章平，陈庆. 社会网络分析在数据新闻领域的实践应用 [J]. 编辑之友，2017 (2)：76 - 79.

④ HARRIS J. Distrust your data [EB/OL]. (2015 - 07 - 17) [2017 - 09 - 15]. https：//source. opennews. org/en-US/learning/distrust-your-data/.

⑤ 胡瑛，普拉特，陈力峰. 美国大选新闻中的数据迷思 [J]. 新闻战线，2016 (23)：133 - 135.

⑥ CINDY. 为什么 2016 美国大选大数据预测普遍失灵 [EB/OL]. (2016 - 11 - 13) [2018 - 11 - 12]. http：//mp. weixin. qq. com/s/6-B17oOEXdx0cwweYCG9fg.

⑦ BUIST S. CAJ Award Winner Data Journalism [J]. Media，2013 (2)：23 - 24.

rvest 包编写爬虫程序调查分析比利时弗拉芒大区议会议员的议政情况。①

从总体看，数据新闻的数据再生产研究以国外研究成果为主，国内研究者多提出一些理念上的观点，缺少数据分析的具体操作经验，一些数据新闻研究者对大数据、算法、模型等数据科学中的核心概念与生产机制关注、认识和理解不足，数据再生产研究水平有待提升。未来数据再生产领域的研究应当结合数据新闻生产的实际，探讨数据再生产环节中的关键问题、常见问题，深化数据新闻的学术研究，才能给业界以启发和指导。

二、数据可视化研究

数据可视化（data visualization）通过数据库挖掘和展示数据背后的关联与模式，形象化地呈现对受众有价值的信息。它以数据为对象，围绕信息科学中的 DIKW 层次模型，即数据（data）、信息（information）、知识（knowledge）、智慧（wisdom），将数据转化为智慧，并起到清晰有效传达、沟通并辅助数据分析的作用。② 作为数据新闻的呈现手段，数据可视化可以挖掘数据关系，发现深层意义；加大时间或空间跨度，揭示总体规律；实时采集受众数据，实现反馈信息向新闻内容的转化。③ 研究发现，当被测者在对某一话题没有鲜明的立场时，数据可视化可达到强大的说服效果，反之效果微弱。④

数据可视化主要分为针对数值型数据的可视化、针对文本型数据的可视化和针对关系类数据的可视化。⑤ 设计时通常包含五个步骤：（1）设计者理解数据，洞察数据的新闻价值；（2）明确可视化目标；（3）选择呈现形式；（4）构建可视化场景；（5）完善视觉效果。⑥

---

① LAMBRECHTS M. How I built a scraper to measure MP activity [EB/OL]. (2016-10-12) [2018-03-23]. http://gijn.org/2016/10/12/how-i-built-a-scraper-to-measure-mp-activity/.

② 陈为，沈则潜，陶煜波. 数据可视化 [M]. 北京：电子工业出版社，2013：23-29.

③ 彭兰. "信息是美的"：大数据时代信息图表的价值及运用 [J]. 新闻记者，2013（6）：15-17.

④ PANDEY A V, MANIVANNAN A, NOV O, SATTERTHWAITE M L, BERTINI E. The persuasive power of data visualization [EB/OL]. (2014-07) [2018-10-23]. https://lsr.nellco. org/cgi/viewcontent.cgi? referer=&httpsredir=1&article=1476&context=nyu_plltwp.

⑤ 彭兰. 数据与新闻的相遇带来了什么？[J]. 山西大学学报（哲学社会科学版），2015（2）：64-70.

⑥ 方洁，王若濡. 数据新闻可视化设计的"五步走"——从一场关于"食物中毒"话题的可视化比赛说起 [J]. 新闻与写作，2015（8）：73-75.

在数据可视化形式的运用上，陈昌凤以《华盛顿邮报》为例探讨了如何用结构化数据制作成地图，呈现数据新闻的方法[①]；郎劲松、杨海探讨了交互地图、动态图表和信息图在数据新闻中的具体应用[②]；方洁、胡杨认为在制作地理数据新闻时最重要的原则是遵循科学原则、选择最新的数据、以地图反映变化、地理标记需准确和清晰、秉持开放理念、及时更新数据[③]。

有研究通过对 BBC、《卫报》和《金融时报》交互团队的短期观察及半结构性访谈，发现传统的新闻价值标准在交互设计中不占主导地位，交互设计的专业标准并无一定之规，并非所有的交互设计都遵循用户导向（user-centred design）。[④] 徐少林、白净总结了数据新闻可视化设计与内容如何平衡的方法：运用扁平化形式做减法设计、运用对比与统一色彩形式做减法设计、运用网格版面空间形式做减法设计。[⑤] 海伦·肯尼迪（Helen Kennedy）等人研究了数据可视化的惯习生产，包括二维观点创造客观性、形状和线条创造秩序、简洁的版式创造简约、数据来源创造透明性。[⑥]

当前数据可视化生产也存在一些问题：一些媒体为了可视化而可视化，数据可视化作品过分注重形式和视觉冲击力，形式大于内容，遮蔽了数据的重要价值与意义，误导受众；还有一些数据可视化作品对数据挖掘的深度不够，在设计上缺少对受众的细分。[⑦]

刘涛从视觉修辞的理论和方法视角切入，探讨西方数据新闻的视觉框架，从数据、关系、时间、空间、交互五个微观修辞实践入手，剖析其深层的话语生产机制，将数据新闻的数据可视化理论研究进一步深化。[⑧]

---

① 陈昌凤. 数据新闻及其结构化：构建图式信息——以《华盛顿邮报》的地图新闻为例 ［J］. 新闻与写作，2013（8）：92 - 94.

② 郎劲松，杨海. 数据新闻：大数据时代新闻可视化传播的创新路径 ［J］. 现代传播，2014（3）：34 - 36.

③ 方洁，胡杨. 地理数据叙事：数据新闻报道的新趋势 ［J］. 新闻与写作，2016（1）：86 - 89.

④ DICK M. Interactive Infographics and News Values ［J］. Digital Journalism，2014（4）：490 - 506.

⑤ 徐少林，白净. 数据新闻可视化设计与内容如何平衡 ［J］. 新闻界，2018（3）：26 - 31.

⑥ KENNEDY H，HILL R L，AIELLO G，ALLEN W. The work that visualisation conventions do ［J］. Information，Communication & Society，2016（6）：715 - 735.

⑦ 许向东，刘轶欧. 数据可视化的媒体类型及问题分析 ［J］. 新闻与写作，2016（9）：85 - 87.

⑧ 刘涛. 西方数据新闻中的中国：一个视觉修辞分析框架 ［J］. 新闻与传播研究，2016（2）：5 - 28.

现有数据可视化的探讨着眼于应用层面，多探讨功能、技巧，多从视觉传播的角度①探讨作为数据新闻外在形式的视觉文本，较少涉及理论，较少从视觉文化的批判视角深入剖析。笔者认为，数据可视化不是"中立的""透明的"，对受众而言，数据可视化渗透着意义生产，数据可视化的功能不止于信息传递、审美表达，更在于说服和认同。数据可视化生产研究还应当侧重批判的、思辨的研究路径，聚焦视觉快感下的意义生产和话语表达。

三、数据新闻的叙事研究

数据新闻不等同于在新闻报道中直接引入数据分析方法或可视化技术，其核心仍是新闻叙事②，这种叙事建立在新的技术与理念的基础上③。数据新闻生产以"新闻故事概念"发端，数据的处理、分析和视觉化呈现都围绕"故事化"这一主线进行。数据新闻表面上是数据的分析和呈现，而实质上是"新闻故事"的呈现，只是呈现方式、驱动机制与传统新闻不同。④ 有研究认为数据新闻的叙事模式可分为线性模式与延伸模式、利基模式与类比模式、组合模式与网状模式。⑤ 也有研究从叙事聚焦的角度将数据新闻分为宏观叙事与深度叙事，这两种聚焦模式跳脱出传统新闻一事一报的常规。⑥

数据的复杂性决定了新闻更应注重故事化叙事，以人性化视角进行数据挖掘，对数据进行"语境化"处理。⑦ 受阅读方式、数据呈现与新闻叙述的三重驱动，数据新闻故事化以"可视化""相关性"和"看图说事"为主要思维路径。⑧ 而《纽约时报》的数据新闻叙事具有全媒体、互动性、游戏化、

① 视觉传播没有明显的动机取向，而视觉修辞则蕴含了明显的动机性和目的性。
② 章戈浩. 作为开放新闻的数据新闻——英国《卫报》的数据新闻实践 [J]. 新闻记者，2013 (6)：7-13.
③ 李岩，李赛可. 数据新闻："讲一个好故事"？——数据新闻对传统新闻的继承与变革 [J]. 浙江大学学报（人文社会科学版），2015 (6)：106-122.
④ 于森. 数据新闻实践：流程再造与模式创新 [J]. 编辑之友，2015 (9)：69-72.
⑤ 孟笛. 数据新闻生产特征及叙事模式——基于数据新闻奖提名作品的实证研究 [J]. 当代传播，2016 (6)：23-26.
⑥ 方毅华，杨惠涵. 论数据新闻的叙事范式 [J]. 现代传播，2018 (12)：45-49.
⑦ 王强. "总体样本"与"个体故事"：数据新闻的叙述策略 [J]. 编辑之友，2015 (9)：65-68.
⑧ 杨晓军. 数据新闻故事化叙事的可能性及思维路径 [J]. 编辑学刊，2016 (1)：114-118.

移动式特点，是对传统新闻一元叙事的革新。[①] 但从历时的角度看，数据新闻由于基于数据而不是个体事件，在建构社会现实上呈现出"相对稳定"的特征。在 2012 年美国大选报道中，传统新闻报道呈现出冲突的民调、矛盾的专家视角。记者构建了一个不稳定、反复无常和竞争的叙事，而数据新闻结合近期和过去的民意测验、历史上的投票信息以及经济形势，用贝叶斯逻辑（Bayesian Logic）和概率科学预测投票结果，准确预测了奥巴马获胜，构建的却是一个稳定的叙事。[②]

当然，数据新闻的叙事并非完美。有研究以央视"'据'说"系列为例研究发现，尽管大数据技术提升了电视新闻的可视性，但数据呈现并没有成为新闻叙事的有机元素，现有的编排方式还无法满足潜在受众对大数据新闻的特定预期与需求。[③] 有研究对新浪网和新华网可视化报道的实证分析发现，目前主流可视化报道呈现新闻叙事主干模糊、叙事链条断裂的倾向，其碎片化的叙事结构割裂了受众认知的整体观。[④]

交互技术在数据新闻生产中的应用越来越多，一些研究关注交互叙事，陆朦朦通过研究 2014—2018 年全球数据新闻奖获奖作品发现 80% 以上的新闻作品处于低级交互与中级交互的互动水平，并提出主线索引导模式、间断性过渡模式和多线程触发模式等三种数据新闻互动叙事模式的观点。[⑤]

当然，也有一种观点认为，数据新闻不存在叙事。曾庆香以全球数据新闻奖获奖作品为样本，分析了数据新闻的类型、追寻事实的方法以及写作模式证明数据新闻是一种从属于社会科学研究的论证。笔者认为这一观点有待商榷。首先，全球数据新闻奖获奖作品能从多大意义上代表全球数据新闻业

---

① 孟笛. 开放理念下的新闻叙事革新——以《纽约时报》数据新闻为例 [J]. 新闻界，2016（3）：61-65.

② SOLOP F I, WONDERS N A. Data journalism versus traditional journalism in election reporting: an analysis of competing narratives in the 2012 presidential election [J]. Electronic News，2016（4）：1-21.

③ 常江，文家宝，刘诗瑶. 电视数据新闻报道的探索与尝试——以中央电视台《晚间新闻》"据"说系列报道为例 [J]. 新闻记者，2014（5）：74-79.

④ 战迪. 新闻可视化生产的叙事类型考察——基于对新浪网和新华网可视化报道的分析 [J]. 新闻大学，2018（1）：9-17.

⑤ 陆朦朦. 数据新闻互动叙事策略研究——基于 2014—2018 年全球数据新闻奖获奖作品的分析 [J]. 出版科学，2019（1）：92-98.

的现状和实践全貌是一个问题。其次，通过笔者的粗略观察，在叙事方面，日常数据新闻不仅有叙事，还创新叙事。方毅华、杨惠涵认为作为一种社会需求与新闻行业的互利成果，数据新闻还没有脱离公共新闻作品的范畴，它依然要依靠独白式和视觉化的叙述吸引大众读者，因此不能作为纯粹的社会科学实证报告进行分析。[①]

笔者在梳理国内外文献时发现，许多研究谈"叙事"，往往将其视作一种角度或理念，并未真正运用叙事学的理论方法，也没有从叙事角度创造性地运用相关理论进行研究。大多数研究没有从批判的视角看待数据新闻文本问题，落脚点往往在数据新闻文本的表达技巧与表达效果，忽视了数据新闻叙事中的话语与意识形态，将数据新闻的文本生产仅仅视为一种"技巧"层面的操作。

四、数据新闻的日常生产研究

数据新闻的日常生产主要着眼于媒体的实践经验、个案和比较研究。依照平台划分，其相关研究主要聚焦在新媒体和电视平台上，对报纸的数据新闻研究则较少。

对新媒体平台的研究主要集中在国内外知名媒体的数据新闻生产研究上，如财新"数字说"、网易"数读"、新华网"数据新闻"、澎湃新闻"美数课"、新浪、"为了公众"网站（ProPublica）、英国广播公司（BBC）、《卫报》、《纽约时报》、《华盛顿邮报》等。其相关研究多以媒体或媒体中的数据新闻栏目/节目为个案，从业务操作的角度进行总结、分析，其中多以经验介绍为主。

对电视平台的数据新闻生产研究主要关注央视推出的一些大数据新闻节目，相关探讨见后文大数据新闻的研究综述。

在国外媒体数据新闻日常生产研究中，《数据新闻手册》（*The Data Journalism Handbook*）在《新闻编辑室的运作》一章中介绍了澳大利亚广播公司、BBC、《卫报》、《芝加哥论坛报》、Zeit 在线（Zeit Online）的数据

---

① 方毅华，杨惠涵. 论数据新闻的叙事范式［J］. 现代传播，2018（12）：45-49.

新闻制作经验。① 黄娟从 BBC 数据新闻的定位、团队、数据资源、生产资源整合等方面总结 BBC 数据新闻实践。② 曹紫绮、薛国林分析了 ProPublica 网站中调查性报道的各类数据新闻，从后台数据采集、互动图表设计、共享数据平台及传播效果四个方面，分析在社会化网络媒体背景下，基于开放意识的数据新闻生产在多个层面进行的互动设计。③ 黄超以《卫报》"解读骚乱"专题为例，探讨了《卫报》如何利用数据分析、呈现复杂社会议题。④

还有一些研究聚焦数据新闻生产面临的问题，如选题过于局限，缺乏国际视角⑤；数据源开放程度低，数据监管不力；新闻从业者数据素养偏低，数据处理能力有限；可视化技术滥用问题突出；专业化数据新闻团队建设有待加强⑥。

数据新闻的日常生产研究一般为个案研究，多用思辨的方法对典型案例进行总结，较少运用定量分析方法进行实证研究。还有少量的比较研究是集中在国内媒体间的比较。实际上，目前中国数据新闻实践落后于英美主流媒体是不争的事实，但在哪些方面有所欠缺、差距有多大，不是举几个例子、将最好的数据作品进行对比就可以得出的。对媒体而言，日常生产是主流，优秀作品永远是个例，探讨日常数据新闻生产不仅需要中外比较，还需要设置可比较、可量化的框架。

五、数据新闻的生产伦理研究

现阶段国内外数据新闻的生产伦理研究较为薄弱，随着数据新闻实践的深入，相关研究亟待加强。

①　GRAY J，CHAMBERS L，BOUNEGRU L. The data journalism handbook [M]. Sebastopol：O'Reilly Media，2012：23 - 60.

②　黄娟. BBC 数据新闻的特色与启示 [J]. 传媒，2015（18）：58 - 59.

③　曹紫绮，薛国林. 获普利策新闻奖的网站如何做数据新闻——美国 ProPublica 网站的数据新闻实践 [J]. 新闻与写作，2015（6）：76 - 79.

④　黄超. 复杂议题融合报道中的大数据策略——以《卫报》网"解读骚乱"专题为例 [J]. 新闻界，2013（21）：9 - 15.

⑤　陈积银，杨廉. 中国数据新闻发展的现状、困境及对策 [J]. 新闻记者，2016（11）：64 - 70.

⑥　陈虹，秦静. 数据新闻的历史、现状与发展趋势 [J]. 编辑之友，2016（1）：69 - 75.

在国内，有学者指出缺乏专业规范的数据新闻正在逐步蚕食这个领域的公信力和专业价值，使之丧失竞争优势，呼吁专业规范的建立。① 保罗·布拉德肖（Paul Bradshaw）发表的"数据新闻伦理"（Ethics in Data Journalism）系列文章虽然从准确性、语境为王、数据抓取、保护消息来源、隐私等方面探讨了当前数据新闻生产中的伦理问题②，但是数据新闻生产伦理不仅限于这些方面，一些更为核心的生产伦理，如客观性、透明性，却未曾触及。

2016 年美国大选中美国主流媒体的数据新闻令人失望，在笔者看来，造成这种状况的很大一部分原因是未严格遵循数据科学的相关标准。如果要将数据新闻确立为一种"专业实践"，让人信服，必须对生产伦理进行深入探讨、达成共识，形成一个业界共同遵循的实践规范，这是实践所需，也是业界、学界当下要思考的重要问题。

六、大数据新闻研究

大数据时代来临，大数据新闻被视为未来数据新闻的发展方向之一。基于大数据挖掘和分析的大数据新闻报道侧重数据驱动型深度报道和区域预测性新闻。③ 尽管大数据新闻发展前景广阔，但大数据新闻生产依然存在诸多不足，若想让大数据新闻对新闻生产理念和方式发挥较大影响力，新闻工作者须在实践中引入更多思考和创新，增强多元化媒介的数据整合、提升数据驱动下的新闻深度、实现动态可视化的交互体验。④

---

① 方洁，高璐. 数据新闻：一个亟待确立专业规范的领域——基于国内五个数据新闻栏目的定量研究 [J]. 国际新闻界，2015（12）：105-124.

② BRADSHAW P. Ethics in data journalism：accuracy [EB/OL].（2013-09-13）[2018-11-12]. https：//onlinejournalismblog. com/2013/09/13/ethics-in-data-journalism-accuracy/；BRADSHAW P. Ethics in data journalism：mass data gatheri-ng-scraping, FOI and deception [EB/OL].（2013-09-18）[2018-11-12]. https：//onlinejournalismblog. com/2013/09/18/ethics-in-data-journalism-mass-data-gathering-scraping-foi-and-deception/? relatedposts_hit = 1&relatedposts_origin = 17744&relatedposts_position = 0；BRADSHAW P. Ethics in data journalism：privacy, user data, collaboration and the clash of codes [EB/OL].（2013-09-16）[2018-11-12]. https：//onlinejournalismblog. com/2013/09/16/ethics-in-data-journalism-privacy-user-data-collaboration-and-the-clash-of-codes/.

③ 喻国明，李彪，杨雅，李慧娟. 大数据新闻：功能与价值的初步探讨 [J]. 南方电视学刊，2015（2）：39-41.

④ 殷俊，罗玉婷. 大数据新闻的实践与发展策略 [J]. 新闻与写作，2016（4）：57-59.

　　大数据新闻在中国数据新闻中被经常提及，在国外的数据新闻研究中并不多见，这可能与目前中国的大数据新闻案例相对较多有关。国内有关大数据新闻的研究多聚焦在央视推出的《"据"说两会》《"据"说春运》《数说命运共同体》等一系列大数据新闻节目上。如有研究探讨央视从《数字十年》到《数说命运共同体》的电视数据新闻生产实践的演变①，还有研究探讨《"据"说两会》《"据"说春运》在数据解读和视觉表达上的特点②以及《数说命运共同体》的整个生产流程。③《数说命运共同体》虽广受好评，却存在用数据解释新闻的问题，较少从数据中挖掘新闻，采用闭合式的叙事结构，与网络的互动性不足。④

　　值得注意的问题是，一些文章虽然在谈大数据新闻，但是分析案例却是小数据新闻，体现出一些研究者并未真正理解大数据。央视大数据新闻中的大数据挖掘与分析环节均为外包，自身并无大数据的采集、加工和分析能力；《金融时报》等媒体目前可独立从事大数据新闻生产，却未见国内外学者的引介和研究。大数据新闻的功能、价值以及对媒体如何布局大数据、适应大数据时代的传媒发展是现阶段应当重点探讨的问题。

第三节　研究方法与创新之处

　　本书采用的研究方法和创新之处如下。

一、研究方法

（一）文本分析法

广泛搜集、整理、细读与研究问题有关的中外文献。重点研读的文献除

---

　　① 张勤，周旋，李斌．视频类数据新闻进化论——以央视为例［J］．新闻战线，2016（13）：17－19.

　　② 刘东华，关玉霞，魏力婕．大数据时代的电视新闻创新——以央视"'据'说"系列节目为例［J］．新闻与写作，2014（4）：8－11.

　　③ 丁雅妮．用新闻穿越"一带一路"——解密央视新闻频道特别节目"数说命运共同体"［J］．新闻与写作，2015（11）：75－77.

　　④ 李政，高有祥．我国电视数据新闻节目创新路径思考——以央视特别报道《数说命运共同体》为例［J］．出版广角，2015（15）：86－87.

了现有数据新闻研究成果外，还包括传播学、叙事学、修辞学、统计学、数据科学、计算科学、法学、伦理学等相关领域的重点文献。在研读中理解、厘清基本概念，对同类专题文献进行系统梳理、分析。此外，依据研究问题对国内外数据新闻作品进行深入的文本分析。

（二）深度访谈法

本书中将深度访谈对象分为两类：国内数据新闻业者和国外数据新闻专家。对澎湃新闻、央视、财新、"图政"（全称"一图观政"）等国内数据新闻业者①进行深度访谈，了解数据新闻一线生产实际情况，重点探讨数据新闻生产的组织模式、数据新闻生产中的问题与困惑；对国外数据新闻专家进行深度访谈，重点探讨当前数据新闻生产的伦理问题。深度访谈通过面谈、微信、电话和电子邮件等方式进行。

二、创新之处

（一）视角新

当前数据新闻生产研究存在重实践、轻理论，重经验、轻批判的研究取向，本书所做的研究结合数据科学、叙事学、修辞学、伦理学等理论资源，将数据新闻生产研究置于跨学科的多维理论视野之中，从批判的视角分析、研究数据新闻生产问题。

（二）问题新

当前数据新闻生产研究领域存在一些理应关键，却鲜有探讨的理论和实践问题。例如数据再生产环节是数据新闻生产的核心环节，却是研究最薄弱的环节之一；数据新闻生产伦理问题近几年在实践中日益凸显，然而相关研究缺少广度和深度；虽然业界、学界都强调数据新闻叙事的重要性，却鲜有学者真正从叙事学理论着手……本书在研究中有关以上问题的深入探讨，将进一步拓展和加深人们对数据新闻生产的认识。

（三）发现新

针对当前国内外不少人认为"数据新闻的诞生是大数据时代的产物"这

---

① 还有一家媒体应受访者要求未在此处列出。

一观点，笔者发现数据新闻的诞生语境与大数据并无直接关系，大数据在数据新闻诞生后对数据新闻的全球扩散有所助力，但大数据的"数据"和数据新闻的"数据"并不等同。

数据新闻的全球扩散不单纯是媒体的自发创新行为，而是与开放数据运动形成"共生"关系。在数据新闻的扩散中，不同数据新闻业者基于"新闻责任"和"新闻创新"两种不同的动因接纳数据新闻，导致不同国家的记者对"数据"的理解存有差异。

（四）观点新

本书在研究中提出诸多新颖的观点。如数据新闻交互叙事的叙事机制分为规则和程序修辞两个层面。规则主导下的叙事作者不仅没有"死"，反而以一种更加隐蔽的方式控制着用户的思考；程序修辞通过"自然化"的方式在用户与程序的交互中进行信息传递和观点说服。交互叙事看似赋予用户叙事自由，其本质上是选择的幻象。

数据新闻的客观性理念应当借鉴实用主义客观性理念，将客观性视为一种方法而非目标。透明性对数据新闻生产的意义在于研究过程的"可重复性"，便于他人监督数据新闻生产流程，其中"数据新闻的透明性原则"一节是国内目前并不多见的、专门系统论述数据新闻透明性的成果。

第二章　理解数据新闻

数据新闻实践方兴未艾，但用"数据"报道新闻并非新闻业者在 21 世纪的首创。1810 年美国《北卡罗来纳州明星报》对当地居民的农产品问卷调查被视为最早的数据新闻实践。[①]《卫报》最早的数据新闻实践可追溯到 1821 年，当时《卫报》用表格形式列出了曼彻斯特各个学校的学生人数和学杂费用。[②]

问题来了，为什么数据新闻会在 21 世纪的第一个十年成为新闻业的"热词"？数据新闻和"用数据说新闻"有什么区别？数据新闻中的数据一定是大数据吗？数据新闻为何被视为一种崭新的新闻范式或类型？

第一节　数据新闻的边界

在数据新闻概念提出的十年间，数据新闻的边界问题一直是学界、业界探讨、争论的基础问题。针对这个问题，笔者先回溯数据新闻提出的"原点"，梳理不同观点，尝试勾勒出数据新闻的边界。

一、什么是数据新闻

何为数据新闻？一种观点认为数据新闻是计算机辅助报道的同义词。美国国家计算机辅助报道协会（National Institute for Computer-Assisted Reporting，NICAR）认为"计算机辅助报道和数据新闻只是名字上的差异，并无实质不同"。另一种观点则认为数据新闻不仅迥异于计算机辅助报道，也迥

---

① 黄骏. 新闻产生机理观察：从精确到数据［J］. 重庆社会科学，2015（9）：100－105.
② 罗杰斯. 数据新闻大趋势：释放可视化报道的力量［M］. 岳跃，译. 北京：中国人民大学出版社，2015：4.

异于其他新闻类型。

考察数据新闻的概念和范畴应将其还原到概念提出的原初语境中和概念的真正所指上。最早提出数据新闻理念的是 EveryBlock 网站创始人阿德里安·哈罗瓦，2006 年他在《报纸网站需要改变的根本路径》一文中提出报纸网站应从"以故事为中心的世界观"（story-centric worldview）转向"从结构化数据中发现故事"。① 阿德里安·哈罗瓦认为，报纸记者搜集的是"结构化的信息"（如火灾的日期、时间、地点、受害者、消防站数量等），原本可储存于计算机供读者日后查阅、比较的内容，却被记者"蒸馏"成文本信息，只能利用一次，没有再利用（repurposed）的机会。报纸网站应充分挖掘结构化信息的价值，为读者服务，而不是单纯刊登报纸稿件。

阿德里安·哈罗瓦提出的"去故事中心"报道理念并非指向所有传播平台的所有报道，而是指向报纸网站。他针对的是报纸网站是报纸内容"翻版"的问题，提出报纸网站应利用新媒体平台的技术优势，让结构化信息发挥更大价值，让读者从结构化信息中找到关联，产生新的洞察。

实际上阿德里安·哈罗瓦在发表《报纸网站需要改变的根本路径》前就已经开始实践他的"去故事中心"理念。2005 年 5 月他启动了"芝加哥犯罪"网站（chicagocrime. org），将谷歌地图（Google Maps）与芝加哥警察局（Chicago Police Department）的数据相结合创建了基于每个街区的犯罪交互地图，让芝加哥居民便捷地获取住处附近的犯罪记录。② 这其实是数据库新闻（Database Journalism），数据新闻的一种子形态。

将阿德里安·哈罗瓦"去故事中心"的报道理念最先应用于实践的是 2007 年 8 月美国《坦帕湾时报》（*Tampa Bay Times*）创立的数据驱动网站 PolitiFact（译为"政治真相"），该网站在声明中明确表示在阿德里安·哈罗瓦的启发下，该网站以事实核查（fact-check）为宗旨，通过数据库而不是报

---

① HOLOVATY A. A fundamental way newspaper sites need to change [EB/OL]. (2006 – 09 – 06) [2019 – 06 – 01]. http：//www. holovaty. com/writing/fundamental-change/.

② BATSELL J. For online publications，data is news [EB/OL]. (2015 – 03 – 24) [2018 – 10 – 01]. http：//niemanreports. org/articles/for-online-publications-data-is-news/.

纸新闻（newspaper story）为受众提供更好的服务。① 在 2008 年美国总统大选报道中，该网站核查了 750 多条政治主张（political claims），帮助选民辨别事实与修辞②，获得 2009 年普利策新闻奖。

第一个正式提出"数据新闻"概念的是前《卫报》数字编辑、现谷歌趋势数据主编分析师西蒙·罗杰斯（Simon Rogers）。2008 年 12 月 18 日他在《卫报》网站一篇博文《按下按钮，把官方数字变成可理解的图表》（Turning official figures into understandable graphics，at the press of a button）中正式提出了"数据新闻"的概念：

> 就在昨天，我们的研发团队找到了一种能处理原始数据，也能进行数据映射的应用方式。这意味着我们能生产一种奇妙的、基于数据的互动图表。这就是数据新闻——编辑和研发者生产出的有趣的技术产品，它将改变我们的工作方式，以及我们看待数据的方式。③

虽然现在也有观点认为，数据新闻不必然以数据可视化作为呈现方式，但是笔者通过对国内外学界、业界对数据新闻理解的梳理情况看，认为数据可视化作为呈现方式的观点占主流。西蒙·罗杰斯在其著作《事实是神圣的：数据的力量》（*Facts are Sacred：The Power of Data*④）中并没有给数据新闻下定义，但通过他对数据新闻的描述可以看出，数据、数据处理和数据可视化是构成数据新闻的三要素。哥伦比亚大学托尔（TOW）数字新闻中心发布的《数据驱动新闻业的艺术与科学》（The Art and Science of Data-driven Journalism）研究报告认为数据新闻最基本的形式中必须包含三个要素：（1）将数据视为消息来源；（2）运用统计方法质询数据；（3）运

---

① WAITE M. Announcing PolitiFact [EB/OL]. (2007 - 08 - 22) [2017 - 08 - 27]. http://www.mattwaite.com/posts/2007/aug/22/announcing-politifact/.

② 万小广. 从 PolitiFact 看新传播生态下的"事实核查"[EB/OL]. (2014 - 09 - 12) [2017 - 03 - 25]. http://www.southcn.com/nfdaily/media/cmyj/49/content/2014 - 09/12/content_108368452.htm.

③ ROGERS S. Turning official figures into understandable graphics [EB/OL]. (2008 - 12 - 18) [2018 - 03 - 15]. https://www.theguardian.com/help/insideguardian/2008/dec/18/unemployment-data.

④ 中文版译为《数据新闻大趋势：释放可视化报道的力量》，2015 年由中国人民大学出版社出版。

用可视化手段呈现数据。① 英国伯明翰城市大学教授保罗·布拉德肖（Paul Bradshaw）认为，数据新闻并非用数据做新闻，而是将传统的新闻敏感（nose for news）与用大规模数字信息讲述引人入胜故事的能力的结合。②

也有学者用否定的方式提出"数据新闻不是什么"：数据新闻不是社会科学，尽管我们在报道中使用民调、统计和其他相关方法；数据新闻不是数学，尽管我们需要知道如何计算趋势或者进行基本的运算；数据新闻不是漂亮的图表、酷炫的交互地图，尽管我们经常用可视化进行分析或说明；数据新闻不是硬核代码（hardcore coding），尽管我们用代码分析、抓取、制作图表；数据新闻不是黑客，我们不做这种事。③ 无论数据新闻的界定是通过形态还是流程，都有两个突出的要素：量化的信息应该在报道的发展或叙事中居于中心地位；报道中应有相关数据的视觉呈现。④

基于对数据新闻不同角度的认识，国内外学界、业界对数据新闻的界定分类三类："流程说""构成说""综合说"。

"流程说"是将数据新闻视为一种新闻生产流程。资深数据记者乔纳森·史特里（Jonathan Stray）认为数据新闻是基于公共利益采集、报道、策展（curating）⑤ 和发布数据的新闻。⑥ 德国之声记者米尔科·劳伦兹（Mirko Lorenz）认为数据新闻可被视为一种提炼流程（a process of refinement），在这一过程中，原始数据转化为有意义的内容。当复杂的事实被提炼成清晰的故事被公众理解和记住时，数据对公众的价值得以增加。数据新闻的生产流程可以

① HOWARD A B. The art and science of data-driven journalism [EB/OL]. (2014-05-30) [2018-07-15]. http://towcenter.org/wp-content/uploads/2014/05/Tow-Center-Data-Driven-Journalism.pdf.
② GRAY J, CHAMBERS L, BOUNEGRU L. The data journalism handbook [M]. Sebastopol: O'Reilly Media. 2012: 2.
③ MARZOUK L, BOROS C. Getting started in data journalism [R]. Balkan Investigative Reporting Network in Albania, Tirana, 2018.
④ ZAMITH R. Transparency, interactivity, diversity, and information provenance in everyday data journalism [J]. Digital Journalism, DOI: 10.1080/21670811.2018.1554409.
⑤ 在新闻领域中，策展是指在信息超载环境下，由新闻策展人（通常是专业的新闻人）从海量信息中筛选、分析、提炼信息给受众的行为。
⑥ STRAY J. A computational journalism reading list [EB/OL]. (2011-01-31) [2018-05-15]. http://jonathanstray.com/a-computational-journalism-reading-list.

分为数据（data）、过滤（filter）、可视化（visualize）和故事（story）四个阶段（见图 2 - 1），在这四个阶段推进的过程中，数据对公众的价值越来越大。①

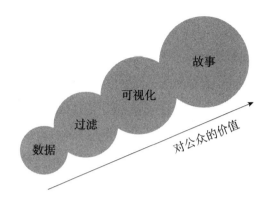

图 2 - 1　劳伦兹的数据新闻生产流程

资料来源：EUROPEAN JOURNALISM CENTRE. Data driven journalism：what is there to learn? [EB/OL]. (2010 - 08 - 24) [2018 - 05 - 15]. http：//mediapusher. eu/datadrivenjournalism/pdf/ddj_paper_final. pdf.

"构成说"是将数据新闻的构成要素列出组成定义。这类定义最多，它一般围绕三个构成要件——对象、方法和呈现手段展开。其代表性的定义包括以下几种。

数据新闻是用结构化的数据所做的新闻②，而非用数据做的新闻。③

这一定义认为数据新闻的核心要素是结构化数据。对结构化数据的强调意味着数据是可被计算机处理的。④ 但这个定义没有划清数据新闻与计算机辅助报道的界线。因为结构化数据在日常新闻生产中早已是计算机辅助报道的处理对象，如今数据新闻的数据对象还包括半结构化数据和非结构化数据。

数据新闻以服务公众利益为目的，以公开的数据为基础，依靠特殊

①　EUROPEAN JOURNALISM CENTRE. Data driven journalism：what is there to learn? [EB/OL]. (2010 - 08 - 24) [2018 - 05 - 15]. http：//mediapusher. eu/datadrivenjournalism/pdf/ddj_paper_final. pdf.

②　KAYSER-BRIL N. Celebrating 10 years of data journalism [EB/OL]. (2016 - 10 - 13) [2017 - 07 - 27]. http：//blog. nkb. fr/ten-years-datajournalism.

③　KAYSER-BRIL N. Datajournalism [EB/OL]. (2015 - 09 - 08) [2017 - 07 - 27]. http：//blog. nkb. fr/datajournalism.

④　同③.

的软件程序对数据进行处理，挖掘隐藏于宏观、抽象数据背后的新闻故事，以形象、互动的可视化方式呈现新闻。①

这一定义涵盖了数据新闻构成的三要素——对象、方法论和呈现方式，但是对方法论的描述并不具体："特殊"的软件程序是什么？

> 数据新闻是信息社会中的一种新型新闻形态，立足于对新近发生的事件予以数据支持，或者从大量数据中提取出可供报道的事实性信息。在制作过程中必须依靠互联网技术采集、处理和分析数据，通过可视化的表达形式制作发布新闻。②

这一定义对方法论的界定也较为模糊，认为是"互联网技术"，笔者更倾向于将这种表述理解为一种生产数据新闻的方式。

2016 年西蒙·罗杰斯终于为数据新闻下了一个定义：

> 数据新闻是结合了新闻业最好的技巧（包括数据可视化、简明的解释和最新的技术）和最好的可能路径用数据讲故事。它应该是开放的、易用的和具有启发性的。③

西蒙·罗杰斯的这一定义强调用数据讲故事的方法和路径，并试图用"最好的技巧""最好的路径"之类的表述，将其与 1821 年以来《卫报》用数据讲故事的新闻和 21 世纪的数据新闻进行区分，但他对数据新闻的边界仍没有厘清。

"综合说"是将"流程说"和"构成说"结合的一种定义方式。其代表性定义为：

> 数据新闻是基于数据分析和计算机技术的可视化新闻样式，它在新闻叙事中使用数据呈现原本仅靠文字所难以呈现的内容，或者通过数据

---

① 刘义昆，卢志坤. 数据新闻的中国实践与中外差异 [J]. 中国出版，2014（20）：29-33.
② 沈浩，罗晨. 数据新闻：现代性视角下的历史图景 [J]. 新闻大学，2016（2）：1-5.
③ ROGERS S. Data journalism matters more now than ever before [EB/OL]. (2016-03-07) [2018-07-27]. https://simonrogers.net/2016/03/07/data-journalism-matters-more-now-than-ever-before/.

分析发现问题，并进而挖掘出新闻故事。①

为了便于理解和界定，笔者采用"构成说"的方式界定数据新闻的边界，认为：

> 数据新闻是基于新闻价值和公共利益，采用数据科学方法从各类数据中发现事实，通过数据可视化方法呈现数据的新闻样式。

与传统新闻相比，数据、数据科学和数据可视化是数据新闻三个独特的构成要素。"新闻价值"和"公共利益"是数据新闻中数据被选中的两个重要标准。"数据科学"方法指出数据新闻在方法论上与传统新闻的主要区别。虽然前文所述的一些观点认为数据新闻的方法论是统计科学②，处理的是结构化数据③，但随着数据新闻实践的发展，数据处理的方法已由统计学扩展到数据科学，由处理结构化数据扩展到处理结构化数据、半结构化数据和非结构化数据。"从各类数据中发现事实"指出数据新闻的生产客体是"数据"，通过数据反映并揭示事实；"事实"则指向数据新闻的目标和新闻属性。"数据可视化"则是指数据由"抽象"变"直观"的"转译"过程。

二、数据新闻与传统新闻的差异

数据新闻是新的新闻实践还是换了一种说法的"噱头"，在很大程度上取决于它的"特殊性"。数据新闻与传统新闻有何区别？它为何被称为"数据"新闻或"数据驱动"（data-driven）新闻？

有观点认为，数据新闻源于传统的调查性报道，是通过系统调查问题探寻故事的一种不同方式，是补充传统新闻报道方法的一套技能。④

琳赛·格林·巴伯（Lindsay Green-Barber）认为数据新闻可以提供可信

---

① 吴小坤. 数据新闻：理论承递、概念适用与界定维度 [J]. 新闻与传播研究，2017（10）：120 - 126.

② HOWARD A B. The art and science of data-driven journalism [EB/OL]. （2014 - 05 - 30）[2018 - 07 - 15]. http：//towcenter. org/wp-content/uploads/2014/05/Tow-Center-Data-Driven-Journalism. pdf.

③ KAYSER-BRIL N. Celebrating 10 years of data journalism [EB/OL]. （2016 - 10 - 13）[2017 - 07 - 27]. http：//blog. nkb. fr/ten-years-datajournalism.

④ MARZOUK L，BOROS C. Getting started in data journalism [R]. Balkan Investigative Reporting Network in Albania. Tirana，2018.

的证据来支持主张，用数据的方式向受众呈现信息，而非基于文本的叙事。[①] 在这一点上，她与阿德里安·哈罗瓦的观点是一致的。

数据新闻是对用文本或表格形式不易感知的复杂关系的处理和呈现。[②] 数据新闻之所以用"数据"命名，缘于以往的新闻报道以文字为主、数据为辅，或者是数字与文字并重，而数据新闻以数据为主，文字退居辅助角色。[③]

在新闻价值要素中，数据新闻都实现了增值效应：全时性和预测性报道创新了新闻时新价值；长时段大样本数据的应用宏观全面地呈现事件影响；结构化数据语言揭示内在关系、凸显新闻要点；独到选题与可视化处理彰显新闻趣味。[④] 数据新闻可包含长时间段的信息内容，具有某种深度报道的写作特点。[⑤] 而对数据的使用则转变了记者的工作核心，从追求最先报道转向探寻某一事态发展的真正含义。[⑥]

与传统的新闻报道相比，数据新闻是一种新的信息采集与加工过程。保罗·布拉德肖用数据新闻的倒金字塔结构来说明数据新闻的生产流程：数据的收集（compile）、数据的清洗（clean）、了解数据的背景（context）、数据的结合（combine）。[⑦]

以"数据"为中心区分数据新闻和传统新闻似乎不足以解释继承者与前任的核心差异。有观点认为数据新闻强调的是"产品"的概念，产品强调商

[①] GREEN-BARBER L. Beyond clicks and shares：how and why to measure the impact of data journalism projects [EB/OL]. (n. d.) [2019-02-27]. https：//datajournalismhandbook. org/handbook/two/situating-data-journalism/beyond-clicks-and-shares-how-and-why-to-measure-the-impact-of-data-journalism-projects.

[②] CHARBONNEAUX C, GKOUSKOU-GIANNAKOU D. "Data journalism", an investigation practice? a glance at the German and Greek cases [J]. Brazilian Journalistic Research，2015（2）：244-267.

[③] 闫婷，李明德. 数据新闻：报道方式的创新与拓展 [J]. 西安交通大学学报（社会科学版），2016（2）：119-126.

[④] 戴世富，韩晓丹. 增值与"异化"——数据新闻范式中的新闻价值思考 [J]. 传媒观察，2015（3）：42-43.

[⑤] 王贵斌. 新技术应用与新闻生产的形变——兼论"什么在决定新闻"[J]. 西南民族大学学报（人文社科版），2016（10）：158-162.

[⑥] GRAY J, CHAMBERS L, BOUNEGRU L. The data journalism handbook [M]. Sebastopol：O'Reilly Media. 2012：4.

[⑦] 彭兰. 数据与新闻的相遇带来了什么？[J]. 山西大学学报（哲学社会科学版），2015（2）：64-70.

业模式，统一的开发、运营环境，而非构思文章、加工视频的作品概念。①

　　笔者认为以上探讨从不同方面对数据新闻与传统新闻报道做了区分，将二者的边界逐渐厘清，但也要看到，数据新闻既与传统新闻报道不同，也与同样运用"数据"的其他新闻实践存在差异。

三、数据新闻与精确新闻、计算机辅助报道、计算新闻的关系

　　数据新闻本质上属于量化取向的新闻（quantitatively oriented journalism）。在欧美新闻学界和业界有几个彼此相关的概念：数据新闻、精确新闻、计算机辅助报道和计算新闻（computational journalism）。

　　精确新闻最早可追溯到 20 世纪 50 年代，当时美国记者利用计算机对数据库中的信息进行分析。20 世纪 60 年代美国学者菲利普·迈耶（Philip Meyer）提出"精确新闻"的概念，于 1973 年出版了《精确新闻报道：记者应掌握的社会科学研究方法》（*Precision Journalism：A Reporter's Introduction to Social Science Methods*），主张将社会调查方法应用到新闻传播实践，提高信息传播的科学性、真实性和客观性。自此精确新闻在美国兴起，随后传遍世界。②

　　伴随着电脑的普及和数据存储技术的提高、计算机辅助报道的兴起，数据库逐渐成为记者发现新闻线索的重要来源。虽然计算机可以帮助记者搜集分析数据，但是计算机辅助报道首先是一种技术（technique），没有从根本上影响新闻生产流程。③ 从精确新闻到计算机辅助报道，二者的关系可总结为理念与手段的关系。精确新闻是一种新闻实践理念，计算机辅助报道则是实现精确新闻理念的一种技术手段。

　　数据新闻是否和计算机辅助报道一样也是一种手段呢？对此有两种观点。

---

　　① 白贵，任瑞娟. 传统新闻与数据新闻的比较与再审视 [J]. 云南社会科学，2016 (1)：186 - 188.

　　② 石磊，曾一. 融合传播视角下的数据新闻 [J]. 四川师范大学学报（社会科学版），2014 (6)：143 - 147.

　　③ EUROPEAN JOURNALISM CENTRE. Data driven journalism：what is there to learn? [EB/OL]. (2010 - 08 - 24) [2018 - 05 - 15]. http：//mediapusher. eu/datadrivenjournalism/pdf/ddj_paper_final. pdf.

一种观点认为，数据新闻和计算机辅助报道没有实质上的差异。① 数据新闻和计算机辅助报道都是量化取向的新闻，通过定量分析的方式获取数据分析结果用于新闻报道。

另一种观点认为计算机辅助报道和数据新闻存在差异。（1）在承续关系上，数据新闻是计算机辅助报道发展到一定阶段的产物。数据新闻的兴起既有大数据时代的背景，更有新闻生产商业价值上的考虑。② （2）在新闻形态上，计算机辅助报道不是一种独立的新闻样式，而是一种报道方法，数据新闻注重整个新闻工作流程中处理数据的方式。数据新闻需要三种不同的新闻技能：计算机辅助报道、新闻应用开发和数据可视化。③ 所以数据新闻的内涵和外延比计算机辅助报道更广。④ （3）在内容生产路径上，计算机辅助报道与数据新闻的区别在于生产合理信念（justified beliefs）的路径不同（见表2-1），计算机辅助报道是假设驱动路径（hypothesis-drivenpath），数据新闻是数据驱动路径（data-driven path）。⑤

表2-1　　　　假设驱动路径与数据驱动路径的比较

	假设驱动路径	数据驱动路径
数据库最有价值的特征	可抽样	完整性
假设程度	强假设	弱假设
记者对数据的兴趣所在	允许记者确认或取消新闻由头	允许记者探索信息并发现新的由头
调查层面	集合或社会群体	粒度的（granular）或事件层面的
与定性信息搜集的关系	定性信息帮助形成假设并说明相关的主张	数据的处理帮助收集补充信息

① NICAR. About [EB/OL]. (n. d.) [2016-10-17]. http：//www. ire. org/nicar/about/.
② 苏宏元，陈娟. 从计算到数据新闻：计算机辅助报道的起源、发展、现状 [J]. 新闻与传播研究，2014（10）：78-92.
③ DAL ZOTTO C, SCHENKER Y, LUGMAYR A. Data journalism in news media firms：the role of information technology to master challenges and embrace opportunities of data-driven journalism projects [EB/OL]. (2015) [2016-09-25]. http：//aisel. aisnet. org/ecis2015_rip/49/.
④ 方洁，颜冬. 全球视野下的"数据新闻"：理念与实践 [J]. 国际新闻界，2013（6）：73-83.
⑤ PARASIE S. Data-driven revelation? [J]. Digital Journalism, 2015 (3)：364-380.

续前表

	假设驱动路径	数据驱动路径
对政府问责的方式	通过数据样本识别不公正的情况或职员行为	在较长时间段内持续追踪政府行为，识别出不一致的情形

资料来源：SYLVAIN PARASIE S. Data-Driven Revelation？［J］. Digital Journalism，2015（3）：364－380.

祝建华认为，从精确新闻的出现到计算机辅助报道的兴起，再发展到数据库新闻以及数据驱动新闻，这一演化过程并不是替代关系而是增量关系。[①]精确新闻倡导客观主义原则和社会统计方法，计算机辅助报道在此基础上实现了调查数据的数字化，数据新闻在承袭了以上优势外，通过数据可视化让报道更具可视性。[②]

随着新闻业的发展，仅对精确新闻、计算机辅助报道和数据新闻进行比较和区分显然是不全面的。近几年在西方新闻界还兴起了计算新闻。马克·科丁顿（Mark Coddington）认为计算新闻是一种技术导向的新闻，重在计算和计算思维在信息采集、意义寻求、信息呈现上的运用，而不是一般意义上数据或社会科学方法的新闻学应用。[③] 计算思维（computational thinking）是指运用计算机科学的基础概念去求解问题、设计系统和理解人类的行为，它的本质是抽象和自动化：抽象能力如抽象算法、模型、语言、协议等，自动化能力如系统、程序、编译等。[④] 由于数据新闻对电子表单（spreadsheet）的利用多于算法（algorithm），因此不是所有的数据新闻都可被视为计算的（computational）。[⑤] 马克·科丁顿从几个维度对计算机辅助报道、数据新闻和计算新闻的差异进行了探讨（见图 2－2）。

（1）在专业层面上，计算机辅助报道倾向于让记者成为专业行家（pro-

① 王欣．祝建华：数据新闻的前世今生［EB/OL］.（2017－07－10）［2018－09－25］. http://media. people. com. cn/n/2014/0710/c386639－25265252. html.
② 黄骏．新闻产生机理观察：从精确到数据［J］. 重庆社会科学，2015（9）：100－105.
③ CODDINGTON M. Clarifying journalism's quantitative turn：a typology for evaluating data journalism，computational journalism，and computerassisted reporting［J］. Digital Journalism，2015（3）：331－348.
④ 白红义．大数据时代的新闻学：计算新闻的概念、内涵、意义和实践［J］. 南京社会科学，2017（6）：108－117.
⑤ STRAY J. A computational journalism reading list［EB/OL］.（2011－01－31）［2018－05－15］. http://jonathanstray. com/a-computational-journalism-reading-list.

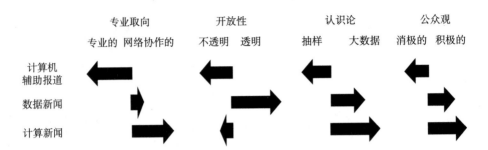

图 2 - 2　计算机辅助报道、数据新闻和计算新闻在四个维度上的差异

资料来源：CODDINGTON M. Clarifying journalism's quantitative turn：a typology for evaluating data journalism，computational journalism，and computerassisted reporting［J］. Digital Journalism，2015（3）：331 - 348.

fessional expertise），并限制新闻生产的参与性，实现记者对内容的专业控制。而数据新闻和计算新闻根植于开源文化，倾向于开放性和参与性。例如数据新闻虽然强调数据分析和呈现中的编辑选择、专业新闻评判，但是它在生产中向非专业人士开放（如众包）。计算新闻与数据新闻相比更强调网络协作生产，数据新闻强调叙事，计算新闻则倾向于生产一个有形的（tangible）产品或平台。

（2）在开放性上，计算机辅助报道深受传统新闻生产理念影响，生产并不透明。对开放数据（open data）和开源软件（open source software）的运用，让数据新闻生产更为透明。计算新闻虽然深受开源运动影响，但由于算法往往被视为商业机密，生产并不透明。

（3）从认识论看，计算机辅助报道的数据对象是抽样样本，而数据新闻和计算新闻的数据对象是大数据，相比较而言，计算新闻处理的数据量比数据新闻要更大。

（4）从公众的能动性看，计算机辅助报道在传统新闻生产理念影响下将公众视为"消极的"（passive），并未将其视为新闻生产流程中一个创造性的和互动性的部分。① 数据新闻通过数据可视化或网络应用（Web applications）

---

① LEWIS S C. The tension between professional control and open participation：journalism and its boundaries［J］. Information，Communication and Society，2012（6）：836 - 866.

让公众分析和理解数据，计算新闻同样如此，它比数据新闻更进一步，提供工具让受众自己运用计算思维分析数据。二者本质上将公众视为"积极的"（active）。

（5）从量化取向看，计算机辅助报道根植于社会科学方法，具有调查性报道的审慎风格和公共事务的取向。数据新闻以参与式开放（participatory openness）和跨界混杂（cross-field hybridity）为特征。

马克·科丁顿对计算机辅助报道、数据新闻和计算新闻的比较让人直观地看到三者在不同维度上或大或小的差异。笔者不认同的是，数据新闻的数据对象并非都是大数据，根据笔者对英美主流媒体数据新闻实践的观察看，大数据新闻所占比重极低，结构化的小数据是目前数据新闻主要的处理对象。

对计算机辅助报道、数据新闻和计算新闻的差异，笔者基于以上讨论分析，总结出下表（见表2-2）。

表2-2　　　　　　计算机辅助报道、数据新闻和计算新闻的比较

	开放程度	认识论	公众	传受关系	数据形态	专业理念	方法论	路径
计算机辅助报道	低	样本数据	被动的	自上而下	结构化数据	客观性	统计科学	假设驱动
数据新闻	高	各类数据	主动的	平等	各类数据	客观性透明性	数据科学	数据驱动
计算新闻	较低	海量数据、大数据	更主动的	平等	各类数据	客观性	数据科学	数据驱动

第二节　当代数据新闻诞生与发展的语境

数据新闻何以诞生，并快速成为业界的一道景观？为何在英美等新闻业较为发达的国家，数据新闻被主流媒体更为积极地实践着？

有观点认为，在大数据浪潮的推动下"数据新闻"应运而生①，它是大数据时代兴起的一种跨学科、跨领域的新闻生产方式②，也是全球媒体应对大数据时代变迁所做出的关键革新③和产生的"红利"④。

数据新闻的诞生是否与大数据有必然联系？2011年6月，美国麦肯锡咨询公司发布研究报告《大数据：下一个竞争、创新和生产力的前沿领域》（Big Data：The Next Frontier for Innovation，Competition，and Productivity），"大数据热"由此开启。《卫报》的数据新闻实践1821年就已存在，当代数据新闻的理念2006年由阿德里安·哈罗瓦提出，2008年12月西蒙·罗杰斯正式提出数据新闻概念，从时间节点上看，数据新闻与大数据没有因果关系。从"数据"的含义看，阿德里安·哈罗瓦和西蒙·罗杰斯所指的数据是结构化数据，而非大数据。如果大数据催生数据新闻的说法成立，数据新闻处理的对象应是大数据，而目前国内外数据新闻实践仍以小数据为主，所以"数据新闻与大数据基本上是独立发展的"⑤。

数据新闻为何在21世纪的最初十年诞生？笔者引入发生学方法考察其诞生的必然因素。发生学认为事物的发生、发展有其内在的机制。⑥ 发生学方法是反映和揭示自然界、人类社会和人类思维形式发展、演化的历史阶段、形态和规律的方法。这种方法强调对研究对象进行动态的考察，注重分析历史过程中主要的、本质的和必然的因素。⑦ 如果仅停留在对先后发生的事件的阶段性描述上，没有指明其产生的深刻原因和发展规律，则不能称为发生学。⑧

数据新闻的诞生有其特定的语境（context）。语境在语言学中指的是各

① 袁满，强月新. 我国数据新闻研究的回顾与前瞻 [J]. 郑州大学学报（哲学社会科学版），2016（2）：130-135.
② 文卫华，李冰. 从美国总统大选看大数据时代的数据新闻报道 [J]. 中国记者，2013（6）：80-81.
③ 刘义昆，卢志坤. 数据新闻的中国实践与中外差异 [J]. 中国出版，2014（20）：29-33.
④ 李远，周均. 数据新闻：融通中外的表达方式 [J]. 新闻知识，2015（11）：49-50.
⑤ 祝建华. 从大数据到数据新闻 [J]. 新媒体与社会，2014（4）：11-13.
⑥ 张乃和. 发生学方法与历史研究 [J]. 史学集刊，2007（5）：43-50.
⑦ 冯契. 哲学大辞典：上[M]. 上海：上海辞书出版社，2001：218.
⑧ 张乃和. 发生学方法与历史研究 [J]. 史学集刊，2007（5）：43-50.

种词汇的交织，单词或者语句的意义是由其存在的语段或对话决定的。一般来说，语境代表了"某物发生于其中的相互联系的条件"①，具体来看语境是一个关系范畴，不是一个独立自存的实体，也不仅指外在的环境，而是行动者及其环境之间表现出来的耦合状态，是不同事物间发生关系时表现出来的相关性。语境是一种"当下"的关系，具有"即时性"，这也是语境的"历史性"②。

数据新闻不是独立超然的自在之物，如果将其抽离社会语境孤立地考察，人们将很难理解它为何在这个特定的时空下产生。③ 考察当代数据新闻诞生的语境，不仅能把握数据新闻诞生的内在逻辑，更有助于深刻理解数据新闻的内涵。

一、政治语境：开放数据运动

有数据的地方就有数据新闻。④ 数据新闻是围绕数据展开的一系列生产活动。没有数据就没有数据新闻，没有足够的数据也就不可能有广泛、深入的数据新闻实践。数据从何而来？2005 年兴起的开放数据运动为数据新闻提供了潜在的数据资源，也成为推动数据新闻诞生的重要政治力量。

开放数据是指可以被任何人、任何主体免费使用、再利用和再扩散的数据。⑤ 开放数据不是大数据，不是非结构化数据，而是政府手中涉及公众和公共利益的结构化数据。⑥

开放数据运动与开放政府运动（Open Government Movement）密切相关，二者也深受开源运动（Open Source Movement）的影响。在 20 世纪 80 年代世界范围内兴起的开放政府运动中，公众要求政府从传统的公共行政转

---

① 朱春艳，陈凡.语境论与技术哲学发展的当代特征［J］.科学技术哲学研究，2011（2）：21-25.

② 同①.

③ 钱进，周俊.从出现到扩散：社会实践视角下的数据新闻［J］.新闻记者，2015（2）：60-66.

④ 罗杰斯.数据新闻大趋势：释放可视化报道的力量［M］.岳跃，译.北京：中国人民大学出版社，2015：4.

⑤ OPEN DATA HANDBOOK. What is open data? ［EB/OL］.［2016-10-12］. http://open-datahandbook.org/guide/en/what-is-open-data/.

⑥ 徐佳宁，王婉.结构化、关联化的开放数据及其应用［J］.情报理论与实践，2014（2）：53-56.

向公共治理，提高政府运作效率，提升社会治理水平。开放政府的内涵是"通过信息公开、数据开放、政府与公众之间的互动和对话、政府与企业和非营利性社会组织之间的合作，提升政府的治理能力"[①]。开放政府运动的动因是公众对政府的不信任，因而要求政府"开放"。开放数据、开放政府与大数据的关系见图2-3。

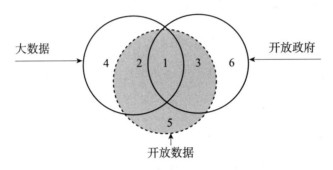

1 大规模政府数据集（如气象数据、GPS数据、医保数据）
2 来自科学研究、社交媒体或其他非政府机构的大规模数据集
3 来自国家、地方政府的公共数据（如预算数据）
4 非公共数据（如商业数据、国家安全数据）
5 公开的商业数据
6 其他公共信息

图2-3 开放数据、开放政府与大数据的关系

注：笔者对原图进行了修改。

资料来源：GURIN J. Big data and open data：what's what and why does it matter? [EB/OL]. (2014-04-15)［2018-12-20］. https：//www. theguardian. com/public-leaders-network/2014/apr/15/big-data-open-data-transform-government.

　　开放数据并不等于信息公开（见图2-4），政府信息公开的目的是保障公众的知情权，提高政府透明度，促进依法行政，侧重政治和行政价值；开放政府数据强调公众对政府数据的利用，重在发挥政府数据的经济和社会价值。政府信息公开侧重于信息层面的公开，而开放政府数据则是将"开放"深入到数据层面。[②] 另外，政府信息资源再利用是指社会对政府信息资源的再利用，一般须事先得到政府部门的授权许可，而开放政府数据是免于授权的。

---

① 王本刚，马海群. 开放政府理论分析框架：概念、政策与治理 [J]. 情报资料工作，2015 (6)：35-39.

② 郑磊. 开放数据的现实困境 [J]. 网络传播，2016 (4)：48-49.

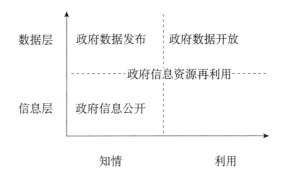

图 2 - 4 政府数据开放、政府信息公开和开放政府数据的区别

资料来源：郑磊．开放数据的现实困境［J］．网络传播，2016（4）：48 - 49.

开放数据不仅仅是数据的免费获取，更重要的是多个数据源的数据连接起来后能产生无法估量的价值，在看似不相关的领域得到创新应用，使数据的能量层层放大。[①]

21世纪初，开放数据运动首先由美国的技术精英发起，他们认为，"在互联网时代，无论是代码还是数据，只有开放……才能真正推动社会的进步"[②]。2007年12月，开放数据推动者在美国加利福尼亚州集会，制定发布了开放数据的8条标准和原则：（1）数据必须是完整的；（2）数据必须是原始的；（3）数据必须是及时的；（4）数据必须是可读取的；（5）数据必须是机器可处理的；（6）数据的获取必须是无歧视的；（7）数据格式必须是通用非专有的；（8）数据必须是不需要许可证的。[③]

2009年1月，美国前总统奥巴马签署《开放透明政府备忘录》；5月，美国公共数据开放网站 Data. gov 上线，成为全世界第一个开放政府数据网站。该网站向公众免费提供用于数据研究和数据产品开发的可机读数据资源。[④]当年12月，美国政府颁布《开放政府指令》，提出开放政府的三原则是透明

---

① 徐佳宁，王婉．结构化、关联化的开放数据及其应用［J］．情报理论与实践，2014（2）：53 - 56.

② 涂子沛．大数据［M］．桂林：广西师范大学出版社，2013：191.

③ OpenGovData. The 8 principles of open government data ［EB/OL］. ［2016 - 12 - 01］. https://opengovdata.org/.

④ 赵军，狄涛，张平，邢馨月．数据开放网站：数据开放的新途径［J］．电子政务，2016（3）：109 - 117.

(transparency)、参与（participation）和协作（collaboration）：政府应是透明的，透明要求政府有解释的责任，告知公民政府正在做什么；政府应是能参与的，公民的参与有助于提高政府的效率和决策质量；政府应是协作的，协作将让更多的公民参与到政府的决策过程中来。

现在，美国政府已开放了近20万个数据集，涵盖农业、商业、气候、消费、生态、教育、能源、金融、卫生、制造业、海洋、公共安全、科研、地方政府等领域。

2009年12月，英国政府发布《第一前线：更聪明的政府》报告，将开放政府数据和加强政府透明度作为国家的首要战略。2010年，英国前首相卡梅伦率先提出"数据权"的概念，承诺要为英国民众普及数据权。卡梅伦认为："新的'数据权'将确保人民有权向政府索取各种数据用于社会创新或商业创新。通过这些措施，我们可以创建一个最开放、最负责和最透明的政府。"①

开放数据对于媒体而言不仅仅提供了数据这种"原材料"，更重要的是二者在目标上的一致性。开放的政府数据是公众监督政府的有效载体之一。在"第四权力"理念深入人心的西方新闻界，开放数据成为新闻业监督政府的有效方式。二者最终的目的都是维持民主制度的正常运转。

数据开放了，并不意味着公众可以正确、深入地理解与公共利益相关的数据，也不意味着公众会主动查询、搜集这些数据，在开放数据与公众之间还存在一条"数据鸿沟"难以逾越。对媒体而言，与公共利益相关的数据本身就是新闻生产的一部分，当大量数据开放时，如何利用这些数据资源洞察社会现实便成为一个重要的问题。在开放数据运动中，开放数据的推动者（如开放知识基金会）与新闻业建立了"合作"关系，让数据新闻具有与计算机辅助报道不一样的"政治气质"。"这种新的、经过改进的数据新闻能够履行一个极具价值的民主功能：变成一座桥梁——连接数据与世界，这是原始数据和理解数据方式的迫切需要。"②

---

① 涂子沛. 大数据［M］. 桂林：广西师范大学出版社，2013：271.

② ROGERS S. Hey wonk reporters, liberate your data!［EB/OL］.（2014-04-24）［2018-07-27］. http://www.motherjones.com/media/2014/04/vox-538-upshot-open-data-missing.

所以公众对数据新闻寄予厚望，不仅仅在于数据新闻的创新实践形式，还在于数据公开中蕴含的公正与公平元素。数据新闻实践将有助于新闻机构用更经济的方式从事调查性报道，监督政府，促进民主。[①]

二、技术语境：开源运动

如果说开放数据运动为数据新闻的诞生提供了政治基础和生产资源，在技术领域的另一场运动——开源运动，则让数据新闻生产从"理想"走进"现实"。

1984 年，美国麻省理工学院人工智能实验室研究员理查德·斯多曼（Richard Stallman）发起了开源运动[②]。斯多曼认为，计算机软件应当是自由的，如果不是自由的，就会出现由少数人统治计算机软件业的局面。[③] 这项运动经过 30 多年的发展已经深入人心，直接推动了开放数据运动的展开。

开源运动的直接结果是开源软件的涌现。开源软件是指计算机软件以及构成其源代码的版权所有者允许任何人对其进行研究、修改和分发，并将其用于任何目的的用途。[④] 开源软件与专属软件（proprietary software）的区别在于专属软件的软件代码是受法律保护的[⑤]，而开源软件则不是。始于 20 世纪 50 年代的计算机辅助报道使用的是专属软件，这也被视为数据新闻与计算机辅助报道的区别之一。

开源运动所倡导的"开源"理念在技术上是一种透明的参与式编码，所有的源代码都能够被人使用和修改，修改后的源代码也可以被他人获得，这种"分享"理念是黑客伦理的核心[⑥]，鼓励人们通过编写开放源代码的程序

---

① 胡瑛，普拉特，陈力峰. 美国大选新闻中的数据迷思 [J]. 新闻战线，2016（23）：133 - 135.

② 其前身叫自由软件运动（Free Software Movement）。

③ 李伦. 自由软件运动与科学伦理精神 [J]. 上海师范大学学报（哲学社会科学版），2005（6）：39 - 44.

④ 钱进. 作为开源的数据新闻 [J]. 新闻大学，2016（2）：6 - 12.

⑤ 同④.

⑥ 李岩，李赛可. 数据新闻："讲一个好故事"？——数据新闻对传统新闻的继承与变革 [J]. 浙江大学学报（人文社会科学版），2015（6）：106 - 122.

推动信息的获取和计算机资源的利用。①

在新闻领域，开源软件为记者提供了低成本、高效率和极具创新性的新闻生产工具。数据新闻专家大卫·麦坎德利斯（David McCandless）认为，数据之所以越来越重要，不在于数据量越来越大，而在于记者有工具、有能力去分析这些数据。② 西蒙·罗杰斯认为："免费工具的出现打破了数据分析、数据可视化和数据展示的技术壁垒，使之不再是少数人的专利。"③ 这里的免费工具多指开源软件。

媒体为何使用开源软件而不是购买专属软件，主要原因在于：（1）在对数据的再利用、再加工前景不明的情况下，购买专属软件需要进行资金和人员投入，开源软件免费易得、操作简单，可有效降低投入成本。（2）专属软件的某些功能如需"定制"，必须由开发者完成，费用较高，而开源软件由于代码公开，媒体可依据自身需要，自行设计特定功能。（3）开源软件已经发展到一定程度，数据新闻生产相关的处理环节或者功能，开源软件基本上都可以找到相应的产品，无须购买专属软件。

三、行业语境：英美新闻业危机

数据新闻的行业语境是新闻业危机，包括信任危机和专业性危机。对于英美新闻业而言，创造并接纳数据新闻的动因之一是行业本身求生、求新发展的需要。

（一）英美新闻业的信任危机

美国公众特有的基本假设之一是民主制度之所以繁荣兴旺，在某种程度上归结于新闻媒介传播的信息。④ 在新闻市场竞争中，传统新闻生产强调时效性和独家，侧重争夺注意力这一稀缺资源，却使真相成为真正的稀缺资源。

---

① 计海庆. 黑客文化的技术史探源 [J]. 社会科学，2005（5）：124－128.
② ROGERS S，GALLAGHER S. What is data journalism at The Guardian? [EB/OL].（2013－04－04）[2018－07－27]. https://www.theguardian.com/news/datablog/video/2013/apr/04/what-is-data-journalism-video.
③ 罗杰斯. 数据新闻大趋势：释放可视化报道的力量 [M]. 岳跃，译. 北京：中国人民大学出版社，2015：296.
④ 阿特休尔. 权力的媒介 [M]. 黄煜，裴志康，译. 北京：华夏出版社，1989：20.

由于利益集团的介入和"眼球经济"的刺激，新闻品质不断下降。新闻记者过分注重新闻事件，有意无意放弃了对新闻事实真相的追求，限制了新闻业在社会民主生活中的作用。①

自 21 世纪以来，美国公众对媒体的信任度不断下降。盖洛普公司 2016 年的美国媒体信任度调查显示，仅有 32% 的受访者认为美国的新闻媒体有能力做出"全面、准确和公平"的报道，为 1972 年有该调查以来的历史最低。盖洛普公司的评价是"美国人对媒体的信任度正随着时间而降低"②。"报道有偏见"是美国人不信任新闻媒体的主要原因。③

民调机构舆观（YouGov）对英国公众的媒体信任度调查显示，BBC 记者最受公众信任，支持率为 61%。在报纸方面，高级报纸支持率最高，为 45%，小报的支持率只有 13%。④

新闻业信任危机不仅发生在英美，在不少发达国家新闻业的信任度也不高（见表 2 - 3）。在路透新闻研究所发布的《数字新闻报告 2016》（*Digital News Report* 2016）中，英国和美国公众信任本国媒体的比例分别为 42% 和 30%，信任记者的比例分别为 29% 和 27%（见表 2 - 3）。⑤

信任危机对新闻业的直接影响是媒介权力的消解。媒介权力来自受众某种形式的授权，反映了社会成员对媒体服务公共利益的美好期望。⑥ 媒介权力依附于公众对媒介的认同程度，公众信任媒体，媒介权力才能实现。⑦ 一个没有媒介权力的媒介，无法获得社会的支持，也没有存在的必要。

---

① 姜华. 新闻业能为民主做什么——简评迈克尔·舒德森《为什么民主需要不可爱的新闻界》[J]. 新闻记者，2011（2）：57 - 60.

② 郑昊宁. 怪大选？美国人对新闻媒体信任程度再创新低 [EB/OL]. （2016 - 09 - 16）[2018 - 03 - 22]. http：//news. xinhuanet. com/world/2016 - 09/16/c_129283096. htm.

③ 石中玉. 调查显示美国人"不信"媒体 称其太保守或太开放 [EB/OL]. （2014 - 09 - 19）[2018 - 03 - 22]. http：//news. xinhuanet. com/world/2014 - 09/19/c_127002148. htm.

④ 陈雪霁. 英国人信任维基百科多过新闻记者 [EB/OL]. （2014 - 08 - 12）[2018 - 03 - 23]. http：//ex. cssn. cn/hqxx/bwych/201408/t20140812_1288654. shtml.

⑤ NEWMAN N，FLETCHER R，LEVY D A L，NIELSEN R K. Digital news report 2016 [EB/OL]. [2018 - 05 - 23]. http：//media. digitalnewsreport. org/wp-content/uploads/2018/11/Digital-News-Report-2016. pdf？x89475.

⑥ 王宏飞. 媒介权力的异化分析 [J]. 山东社会科学，2013（5）：128 - 130.

⑦ 陈小文. 从媒介的发展看媒介权力的变迁 [J]. 现代视听，2011（6）：11 - 13.

表 2-3   部分国家 2016 年媒体信任度

国家	信任新闻媒体的比例（%）	信任记者的比例（%）
英国	42	29
美国	30	27
法国	28	29
德国	47	40
澳大利亚	39	32
意大利	43	33
希腊	16	11
加拿大	52	47
巴西	56	54

资料来源：NEWMAN N，FLETCHER R，LEVY D A L，NIELSEN R K. Digital news report 2016［EB/OL］．［2018-05-23］．http：//media. digitalnewsreport. org/wp-content/uploads/2018/11/Digital-News-Report-2016. pdf？x89475.

公众需要媒体是因为对真相的渴求，媒体之所以存在，在于媒体可以发现真相。反观现实，相当一部分新闻报道有"新闻"却无"真相"[1]。

进入 21 世纪，新媒体的发展挑战着以往以传统媒体为中心的新闻生产格局。技术的发展与赋权使海量信息的快速传播成为可能，也使辨别信息真假和对海量信息的审核花费的成本激增。弥尔顿设想的"意见的自由市场"的自净功能并未实现，很多情况下谣言往往"稀释"真相。当"信用"成为一种稀缺资源后，传统媒体面临新的机遇，即从"注意力市场"转向"公信力市场"（trust market）。[2] 新闻业重建信任，需要一种新的新闻样式，这种样式应当有别于传统新闻，生产过程应当被视为可信的、权威的。类似科学知识生产的新闻类型无疑在公信力竞争上占据优势。

美国西北大学人文与社科学院教授布瑞恩·基冈（Brian Keegan）认为："数据驱动的新闻可以为关于政策、经济趋势、社会变革的讨论提供更为坚实

---

①　姜华. 新闻业能为民主做什么——简评迈克尔·舒德森《为什么民主需要不可爱的新闻界》［J］. 新闻记者，2011（2）：57-60.

②　黄超. 复杂议题融合报道中的大数据策略——以《卫报》网"解读骚乱"专题为例［J］. 新闻界，2013（21）：9-15.

的经验基础。"① 独立记者桑德拉·菲什（Sandra Fish）认为："数据能对那些我们曾认为正确的假说提出质疑，但更多时候，数据能让新闻故事更确凿、更真实。"② 数据新闻使新闻回归本质：挖掘公众无暇处理的信息，核实、理清信息的内涵后将其发布给公众。③

所以数据新闻可以提升新闻业"第四权力"的地位，用软件可以实现更复杂的调查，发现其中的联系，而在过去，这些新闻没有被全面地报道，或者就从来没有被报道过。④ 数据新闻通过整合优势，让新闻重获合法性。⑤

（二）新闻业的专业性危机

边界工作（boundary work）是科学社会学家吉尔因（Gieryn）在研究科学划界问题时提出的重要概念，即"科学家选择性地赋予科学体制（即其从业者、方法、知识存量、价值和工作的组织）一些特性，以建构一条将一些知识活动区别为'非科学'的社会边界"⑥。在 1983 年发表的一篇论文中，吉尔因指出科学家在科学与非科学之间建构边界的三种策略：扩张（expansion）、排除（expulsion）和自主权保护（protection of autonomy）。⑦ 新闻专业建构边界亦是如此（见表 2 - 4），通过以上三种策略，新闻专业维系着自身的边界，保持着自身的专业性不受侵犯或被替代。

随着公民记者在全球的兴起，专业新闻生产者的内容生产特权被打破⑧，

---

① 霍华德. 数据新闻何以重要？——数据新闻的发展、挑战及其前景 [J]. 新闻记者，2015 (2)：67 - 71.

② EDGE A. How to enhance your stories with data [EB/OL]. (2015 - 04 - 27) [2018 - 05 - 17]. https：//www. journalism. co. uk/news/how-to-enhance-your-stories-with-data-/s2/a564923/.

③ EUROPEAN JOURNALISM CENTRE. Data driven journalism：What is there to learn？ [EB/OL]. (2010 - 08 - 24) [2018 - 05 - 15]. http：//mediapusher. eu/datadrivenjournalism/pdf/ddj_paper_final. pdf.

④ GRAY J，CHAMBERS L，BOUNEGRU L. The data journalism handbook [M]. Sebastopol：O'Reilly Media，2012：137.

⑤ 彭兰. 数据与新闻的相遇带来了什么？ [J]. 山西大学学报（哲学社会科学版），2015 (2)：64 - 70.

⑥ 马乐. STS 中的边界研究——从科学划界到边界组织 [J]. 哲学动态，2013 (11)：83 - 92.

⑦ GIERYN T F. Boundary-work and the demarcation of sciencefrom non-science：strains and interests in professional ideologies of scientists [J]. American Sociological Review，1983 (6)：781 - 795.

⑧ 王贵斌. 新技术应用与新闻生产的形变——兼论"什么在决定新闻"[J]. 西南民族大学学报（人文社科版），2016 (10)：158 - 162.

传播技术让任何人都可以用最小的成本成为记者，在消除了公共表达障碍的同时，也让媒介专业化技能被大规模业余化了①。只要具备基本的新闻敏感、专业知识以及采编技能，任何人都可以成为"记者"，即便不能获得主流媒体的认可，也可以借由自媒体和社交网络"发声"。当人人都是传播者时，"自媒体的政治社会学意义首先就在于它削弱并分享了传统媒体的媒介权力"②。如此一来，不再拥有垄断地位的媒体必须通过提供知识来争取自己的权威地位。③

表 2 - 4　　　　　　　　　　新闻边界工作的形式

	参与者 (participants)	实践 (practices)	专业主义 (professionalism)
扩张 (expansion)	将非传统记者纳入 例如，公民记者	接受新媒体实践 例如，推特新闻	吸收新媒体成为可接受的新闻业 例如，电视和博客进入专业新闻
排除 (expulsion)	排除异常的主体 例如，杰森·布莱尔被《纽约时报》解雇	排除异常实践 例如，解散狗仔队	排除异常形式和价值观 例如，将政党新闻（par-tisan news）、小报新闻（tabloidnews）界定为非新闻
自主权保护 (protection of autonomy)	阻止非新闻信息主体 例如，公关代理、广告部门和公民	维持界定正确实践的能力 例如，莱韦森调查，泄密的合法性	保护免受非专业局外人影响 例如，远离编辑控制

资料来源：CARLSON M. LWEIS S C. Boundaries of journalism：professionalism, practices and participation [M]. New York：Routledge, 2015.

与此同时，新闻业正在经历去边界化（de-boundedness）的过程。新闻业和其他公共传播形式的边界（如公共关系、博客和播客的软文等）正在消失。④ 从新闻业的角度看，去边界化的实质是新闻业边界的扩展，这是基于

① 周红丰，吴晓平. 重思新闻业危机：文化的力量——杰弗里·亚历山大教授的文化社会学反思 [J]. 新闻记者，2015 (3)：4 - 12.

② 潘祥辉. 对自媒体革命的媒介社会学解读 [J]. 当代传播，2011 (6)：25 - 27.

③ 科瓦奇，罗森斯蒂尔. 真相：信息超载时代如何知道该相信什么 [M]. 陆佳怡，孙志刚，译. 北京：中国人民大学出版社，2014：191.

④ LOOSEN W. The notion of the "blurring boundaries" [J]. Digital Journalism, 2015 (1)：68 - 84.

新闻业本身的内生发展和互联网技术外力挤压下产生的形态变异现象。①

在这种情况下，开放数据为新闻业提供了一次提升专业门槛的契机。在开放数据运动中，有观点质疑：数据开放了，公众就被赋权了吗？② 数据虽然开放了，公众却无法理解抽象的数据。尽管开源软件在搜集、处理、分析数据和进行可视化呈现上降低了门槛，但不得不承认的是，对于复杂问题的数据生产，并非一般公众所能胜任。于是在政府与公众之间需要一个中介（intermediary）③，将开放的数据转化为信息或知识给公众（见图 2-5）。新闻媒体的职责是通过内容生产服务于公共利益，成为开放数据的可信赖中介，这也使媒体内容生产的专业性得到提升。

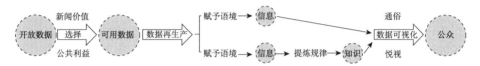

图 2-5 新闻媒体中介下的开放数据生产流程

作为一种公共产品（public good），数据新闻正促进围绕数据展开的"民主对话"（democratic conversation），尤其是在社交空间（social space）的对话。④ 由于数据、算法都不是中立的，新闻记者的职责之一就是帮助公众区分好新闻与坏新闻。⑤ "数据新闻赋予记者一种全新的角色，让我们成为一座桥梁或是一本指南，一头连接着掌握数据的权贵，一头连接着渴求数据的公众。"⑥ 数据可以让新闻业比以往任何时候都强大。⑦ 对新闻业而言，数据新闻成为新闻业"再专业化"的契机。

---

① 赵立敏，倪宁 . 社会系统论视角下新闻边界的变异及其重构 [J]. 中州学刊，2016（5）：168-172.

② JANSSEN K，DARBISHIRE H. Using open data：is it really empowering？［EB/OL］.（2012）［2017-07-17］. https：//www. w3. org/2012/06/pmod/pmod2012_submission_39. pdf.

③ 同①.

④ BOYLES J L，MEYER E. Letting the data speak [J]. Digital Journalism，2016（7）：944-954.

⑤ BELL E. Journalism by numbers ［EB/OL］.（2012-10-01）［2018-05-13］. http：//www. cjr. org/cover_story/journalism_by_numbers. php.

⑥ 罗杰斯 . 数据新闻大趋势：释放可视化报道的力量 [M]. 岳跃，译 . 北京：中国人民大学出版社，2015：34-35.

⑦ SUNNE S. Diving into data journalism：strategies for getting started or going deeper（2016-03-09）［2018-06-11］. https：//www. americanpressinstitute. org/publications/reports/strategy-studies/data-journalism/.

第三节　数据新闻的创新

埃弗雷特·罗杰斯（Everett Rogers）认为，当一个观点、方法或物体被某个人或团体认为是"新"的时候，它就是一项创新。创新的定义和它是否为客观上的新、是否为第一次使用等关系不大；个体对它的反应决定它是否属于创新，如果人们认为它是新颖的，它就是创新。① 数据新闻是一种"破坏性创新"（disruptive innovation），但到底"新"在哪里？笔者对比传统新闻和计算机辅助报道，从认识现实、探索现实、建构现实、表达现实上的"新"来探讨。

一、认识现实的独特方式：发现数据中的"现实"

"数据新闻的重要意义在于公共数据是它的来源与核心。"② 清华大学教授沈浩认为，数据新闻让新闻的定义发生了变化，由"新近发生的事实的报道"转为"新近发现的事实的报道"。从"发生"到"发现"暗含新闻报道客体的扩展。美国加利福尼亚大学教授列夫·曼诺维奇（Lev Manovich）认为，数据库为人们提供了一种新的组织结构来构建人们对自我与世界的体验。由于以往的新闻生产往往将数据置于较为边缘的位置，并未意识到开放数据的价值，因而对开放数据的再利用极为有限，尤其是大规模、海量数据并不在记者的工作对象之中。③ 人民日报社"中央厨房"负责人叶蓁蓁认为，在虚拟和现实深度融合的当下，越来越多的新闻发生在数据世界里，需要挖掘这些"看不见的新闻现场"④。

数据新闻诞生之初，业界曾有"数据是新闻吗"（Is data journalism?）"发布一个原始数据库是新闻吗"（Is it journalism to publish a raw database?）的争论。阿德里安·哈罗瓦 2009 年 5 月 21 日在博客上回应：谁在乎数据是不

---

① 罗杰斯. 创新的扩散 [M]. 5 版. 辛欣，译. 北京：电子工业出版社，2016：14.
② 罗杰斯. 数据新闻大趋势：释放可视化报道的力量 [M]. 岳跃，译. 北京：中国人民大学出版社，2015：297.
③ MANOVICH L. The language of new media [M]. Massachusetts：The MIT Press，2001：194 - 195.
④ 郭沛沛. 大数据与新闻表达 [J]. 网络传播，2016（7）：45.

是新闻？我希望我的竞争对手尽可能浪费时间争论这个问题。[①]

《得克萨斯论坛报》(*Texas Tribune*) 的马特·斯蒂尔斯 (Matt Stiles) 和宁朗·巴巴洛拉 (Niran Babalola) 在阐述该报运营理念的博文中认为，发布数据就是新闻 (Publishing data is news.)。[②] 2015 年 5 月，阿根廷《国家报》(*La Nación*) 与三个非政府组织合作开发了一款基于 Web 的官员财产可视化应用 Declaraciones Juradas Abiertas，让公众直观、便利地查询到官员的个人财产信息，"这些信息不仅是冷冰冰的数字，还有方便理解的信息图"[③]。还有的媒体自行搜集数据，建立数据库，为公众提供更具针对性的信息服务。[④]

"与照片捕捉了瞬间的情景一样，数据是现实世界的一个快照。"[⑤] 当人类进入大数据时代，数据的本体地位得到了张扬。数据从描述事物的符号变成了世界万物的本质属性之一。[⑥] 数据是表征现实的一种方式，如果将数据进行历时或关联分析，就可以从中发现深刻的洞见；基于数据的分析，还可揭示某些掩盖的真相。

财新《从调控到刺激：楼市十年轮回》回顾了 2005 年以来国家对楼市政策调控的效果。该作品用动态交互图展示了全国 70 个城市 10 年间逐月的房价变化。通过各地房价环比涨幅的比较，明显看出政策对房价的作用是有效的，十年间市场共遇上三次调整，每次下调都有相应刺激政策出台。对比之前两次调整，2014 年整体房价下调后，刺激政策在大部分城市都收效甚慢。

2014 年《华尔街日报》推出的数据新闻系列报道《医保解密》(Medicare Unmasked) 利用 920 万条美国医疗索赔数据揭露了总额 6 000 亿美元的

---

① HOLOVATY A. The definitive, two-part answer to "is data journalism?" [EB/OL]. (2009 - 05 - 21) [2018 - 07 - 15]. http://www.holovaty.com/writing/data-is-journalism/.

② STILES M, BABALOLA N. Memorial data [EB/OL]. (2010 - 05 - 31) [2018 - 07 - 15]. https://www.texastribune.org/2010/05/31/texas-tribune-database-library-update/.

③ 毛川. 大数据时代的第四权力：官员财产可视化应用 [EB/OL]. (2014 - 04 - 18) [2018 - 07 - 15]. http://djchina.org/2014/04/18/argentina-declaraciones-juradas/.

④ 毕秋灵. 数据新闻中的开放数据应用 [J]. 湖北社会科学，2016 (17)：190 - 194.

⑤ 邱南森. 数据之美：一本书学会可视化设计 [M]. 张伸，译. 北京：中国人民大学出版社，2014：6.

⑥ 黄欣荣. 大数据的本体假设及其客观本质 [J]. 科学技术哲学研究，2016 (2)：90 - 94.

老年人和残疾人项目的运作情况。其他媒体根据这些数据又进一步发掘了新的医疗欺诈和滥用行为。①

二、探索现实的科学路径：用数据科学作为求真的方法

"维基解密"（Wikileaks）创始人朱利安·阿桑奇（Julian Assange）相信"新闻业应该更像科学"，"尽可能让事实应该能被证实，如果记者想长期获得专业上的公信力，他们必须沿着这个方向走——对读者更敬重。"②

记者常用的求真方法，如采访、搜集资料，运用归纳、演绎、推理等思维方式获得对某个现象、问题、事件的认知、判断与解释，是定性的。《亚特兰大商业纪事报》执行总编玛格丽特·弗雷尼（Margaret Freaney）认为：过去业界把新闻报道称为"坊间"新闻，如果记者发现三个例子，就可以简单总结为一种"趋势"。实际上这个报道没有任何说服力，记者说的都是特例。现在如果记者进行系统研究，用数字支持推测，那就非常可信了。③

英国卡迪夫大学（Cardiff University）新闻学教授理查德·萨姆布鲁克（Richard Sambrook）认为："在怀疑主义盛行的时代，人们更愿意相信通过数据收集和分析发现的新闻，更愿意阅读通过数据呈现的新闻事实。"④

数据新闻将数据科学作为求真的方法，与其他新闻类型划清了界限。或许会有人质疑：计算机辅助报道难道不是运用数据科学作为求真的方法吗？实际上传统意义上的计算机辅助报道运用的是统计学方法。虽然统计学的对象也是数据，但统计学和数据科学还是有差异的。

现代统计学是从处理小数据、不完美的实验等这类现实问题发展起来的，数据科学则是因处理大数据这类问题而兴起的。从数据对象看，统计学中的

---

① 毕秋灵. 数据新闻中的开放数据应用［J］. 湖北社会科学，2016（7）：190 - 194.

② GREENSLADE R. Data journalis'scores a massive hit with Wikileaks revelations［EB/OL］.（2010 - 07 - 26）［2018 - 04 - 13］. https：//www. theguardian. com/media/greenslade/2010/jul/26/press-freedom-wikileaks.

③ 许有泉，王朝阳. 从"引语"到"数字"：传统新闻到数据新闻的革命性转变——对话原《亚特兰大商业纪事报》执行总编 Margaret Freaney［J］. 中国记者，2015（7）：122 - 123.

④ SAMBROOK R. Journalists can learn lessons from coders in developing the creative future［EB/OL］.（2014 - 04 - 27）［2018 - 04 - 13］. https：//www. theguardian. com/media/2014/apr/27/journalists-coders-creative-future.

数据是结构型数据，数据科学的数据既包括传统的结构型数据，也包括文本、图像、视频、音频、网络日志等非结构型和半结构型数据。① 所以数据科学的理论基础是统计学，数据科学可以看作统计学在研究范围（对象）和分析方法上不断扩展的结果，特别是数据导向的、基于算法的数据分析方法越来越受到重视。② 如 538 网站负责人纳特·西尔弗（Nate Sliver）通过建立统计模型对新闻事件进行预测。2008 年美国大选纳特·西尔弗预测对了 50 个州选举结果中的 49 个；2012 年美国大选，50 个州全部预测准确。美国 BuzzFeed 网站与 BBC 合作利用算法对 2009—2015 年的 26 000 场国际职业网球联合会（Association of Tennis Professionals，ATP）赛与大满贯顶级男子网球赛进行分析，得出了涉嫌打假球的场次和球员名单。所以数据新闻的方法论已不仅限于统计学，而是数据科学。

三、建构现实的多维面貌：复杂叙事能力的彰显

数据新闻的叙事多属复杂叙事，是对用文本或表格形式不易感知的复杂关系的处理和呈现③，它从新闻事件出发，通过运用数据方法把新闻"做宽（广度）、做深（深度）、做厚（时间）"④。

"一个事件具有新闻价值并不仅仅因为事件本身，还因为我们能用已有的叙述符码对其进行叙述。"⑤ 语言在叙事上的自由度是有限的，图像则具有多义性，需要借助语言（如文字或有声语言）来"锚定"特定的意义。更为重要的是，以语言为主的叙事方式往往按照时间或因果的线性逻辑展开，无法包容更多的叙事线索和维度。

数据新闻具备复杂叙事的"叙述符码"，数据新闻可视化表征系统决定了

---

① 魏瑾瑞，蒋萍. 数据科学的统计学内涵 [J]. 统计研究，2014（5）：4-8.

② 同①.

③ CHARBONNEAUX J, GKOUSKOU-GIANNAKOU P. "Data journalism", an investigation practice? a glance at the German and Greek cases [J]. Brazilian Journalistic Research，2015（2）：244-267.

④ 白贵，任瑞娟. 传统新闻与数据新闻的比较与再审视 [J]. 云南社会科学，2016（1）：186-188.

⑤ 比格内尔. 传媒符号学 [M]. 白冰，黄立，译. 成都：四川教育出版社，2012：70.

它擅于复杂叙事：数据新闻的语言是多模态的、编码方式是视觉化的、涵盖的层面是高维的。在叙事语法上，数据新闻突破了传统树形二维叙事结构的局限，形成了立体的叙事法则。[①]

传统新闻从业者认为读者对长故事不太感兴趣，记者在讲故事时力求简短，新闻中大篇幅的描述或解释段落有时会从报道中删除，复杂议题常不被触及。[②] 对于新闻报道而言，宏观叙事与微观叙事的兼顾将使报道显得更加真实、客观、生动，但传统新闻报道在实际操作中很难兼顾这两个方面。[③]

西方新闻报道中有"华尔街日报体"，它被视为宏观叙事与微观叙事结合的典范。这种写作方法的要求是从某一具体的事例（人物、场景或细节）写起，经过过渡段落，进入新闻主体部分，之后又回到开头的事例中，从叙事的层次看是"微观层面—宏观层面—微观层面"，兼具人情味、故事性，多用于特稿写作中。但"华尔街日报体"的微观叙事其实是讲一个微观个案的故事，它的本质是增强报道的趣味性，通过"以小见大"和移情的方式让受众深刻地理解报道内容。数据新闻将宏观叙事与微观叙事的结合走得更远，它的微观叙事不是投射到某个个案，而是通过互动和个人化的方式为受众提供有针对性的个性化叙事内容。例如，《华盛顿邮报》获普利策新闻奖的作品《今年被警察射杀的人》（People Shot Dead By Police This Year），既有从宏观层面对美国 2015 年被警察枪击身亡事件的总体叙述，也有从中观层面对各州发生类似事件的概率的统计（见图 2-6）。更为重要的是，受众可以针对自己感兴趣的内容进行信息筛选，点击所在州、性别、种族、年龄、携带武器类型、是否患有精神疾病、危险等级等的选项，查看图表、案件简介、报道文字、视频等（见图 2-7）。

传统新闻报道让受众对信息的获取是均质化的，如果在内容选择上兼顾不同的受众，往往使内容出现两种极端："大而空"和"小而窄"。"大而空"

---

① 张军辉. 从"数字化"到"数据化"：数据新闻叙事模式解构与重构 [J]. 中国出版，2016 (8)：39-43.

② 甘斯. 什么在决定新闻 [M]. 石琳，李红涛，译. 北京：北京大学出版社，2009：204.

③ 白贵，任瑞娟. 传统新闻与数据新闻的比较与再审视 [J]. 云南社会科学，2016 (1)：186-188.

每百万人被射杀死亡人数的各州分布
到今年，全国每百万人被射杀人数一直是3.1人。人数最多的州位于南部和西部。
0 2.6 5.2 7 10
AK
ME
WI
VT
NH
WA ID MT ND MN IL MI NY MA CT
OR NV WY SD IA IN OH PA NJ DE RI
CA UT CO NE MO KY WV VA MD
AZ NM KS AR TN NC SC DC
OK LA MS AL GA
HI TX FL

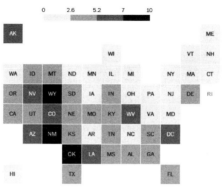

图 2-6 今年被警察射杀的人(1)

资料来源：https：//www. washingtonpost. com/graphics/national/police-shootings/.

STATE
AL AK AZ AR CA CO CT DE DC
FL GA HI ID IL IN IA KS KY
LA ME MD MA MI MN MS MO MT
NE NV NH NJ NM NY NC ND OH
OK OR PA RI SC SD TN TX UT
VT VA WA WV WI WY
性别
Male 949
Female 42
Unknown 0
武器
Deadly weapon 772
Vehicle 55
Toy weapon 43
Unarmed 94
Unknown 27
种族
White 495
Black 258
Hispanic 172
Other 38
Unknown 28
精神病迹象
Yes 254
No or unknown 737
年龄
Under 18 18
18 to 29 330
30 to 44 355
45 and up 277
Unknown 11
威胁水平
Attack in progress 730
Other 217
Undetermined 44

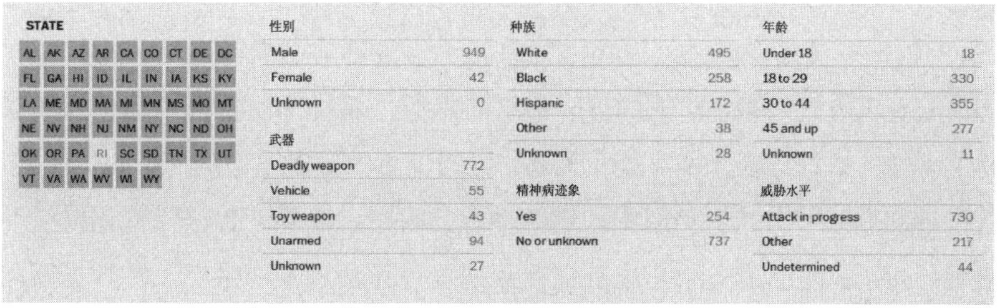

图 2-7 今年被警察射杀的人(2)

资料来源：https：//www. washingtonpost. com/graphics/national/police-shootings/.

是指覆盖面大，针对性的信息少；“小而窄”是指信息针对特定人群导致传播面窄。米歇尔·舒德森（Micheal Schudson）认为，现代新闻常给人一种“标准化”的感觉：“报道应不分男女老少、人种和性别偏好。”①

数据新闻由于在宏观叙事与微观叙事层面的灵活转换，让新闻内容由标准化转向个性化。由于大规模数据集不能被传统新闻叙事形式有效呈现，新闻生产需要用交互、具有视觉吸引力的清晰、简洁的叙事手段进行补充。②

① 王辰瑶．未来新闻的知识形态［J］．南京社会科学，2013（10）：105－110.

② BOYLES J L，MEYER E. Letting the data speak［J］. Digital Journalism，2016（7）：944－954.

数据新闻则利用新媒体平台和数据库技术呈现多层次信息，从而兼顾更广泛受众群体的传播面与针对性。

四、表达现实的直观形式：数据可视化的阅读快感

数据新闻的最终产品形态是一套视觉符号系统，相比传统新闻以语言为主的叙事方式，它在语法、形态和表现方式上发生了根本性的"图像转向"（pictorial turn）[1]：在对时间、空间等抽象信息的表达上，图表通过具象的元素和逻辑的秩序来表现内容[2]；数据间错综复杂的关系、规律，以及由数据"阐释"的世界，借助数据可视化被"表征"出来，满足了人们的视觉快感（visual pleasure）。

视觉快感来源于两个方面：一个是"看"的乐趣，另一个是"入迷"。"看"是人的主动行为，观看对象是能满足人们视觉欲望、带来快感的客体。[3] 数据可视化将难以可视化之物或者不易被理解的复杂问题，通过化繁为简的直观方式，满足了人们理解信息的需要，通过"看"带来的是知识获得的乐趣。数据可视化本身蕴含美感，无论简单的静态图还是复杂的交互图，其设计都遵循一定的审美原则，愉悦受众的眼睛。此外，数据可视化以一种直观、明了、生动的方式拓展着以往新闻报道无法触及的维度。在数据新闻出现以前，新闻多数只能以文本、图片、影像等形式展现，在篇幅、时长既定的条件下，文本整合的信息量是有限的，通常一篇新闻并不能将一个事件的完整信息全部展现出来。数据新闻则突破了这一缺陷，它利用数据可视化将更多的事件信息整合到较小的新闻篇幅中，给受众呈现的是更完整的事件信息。[4] 例如财新的《周永康的人与财》，如果用文字对其中人物间的关系进行叙述，最终将导致受众接收信息发生超载现象，而借由数据可视化，只需一张图即可看懂里面人物间错综复杂的关系。

---

① 刘涛. 西方数据新闻中的中国：一个视觉修辞分析框架［J］. 新闻与传播研究，2016（2）：5-28.

② 王燕霞. 信息图表设计中的时间可视化设计［D］. 南京：南京师范大学，2014.

③ 王星伟. 凝视快感——消费文化的视觉化倾向［J］. 大众文艺，2015（2）：262-263.

④ 陈绍伟. AP（美联社）：数据新闻对传统新闻报道的突破［EB/OL］.（2016-03-11）［2018-03-25］. http://www.toutiao.com/i6260807587923493378/.

"入迷"则是让受众沉浸其中。数据可视化虽然会凸显创作者的一些意图和信息，但也允许受众自己进行探索。从接受理论看，受众本身也是一个创作者，尤其凭借对交互手段的运用，受众可以探索自己感兴趣的内容，获得基于人机互动的个性化体验。这与传统新闻让受众被动地接收、制造一种"拟人际传播"的情境有着明显的不同：受众是积极的，而非被动的。这种"入迷"快感的满足，让新闻报道告别了"速读式"的浅尝辄止，增加了新闻阅读的沉浸度和乐趣。

所以，数据可视化拓展了新闻报道的叙事空间，增强了新闻叙事的自由度。"现在我们或许无须再畏惧新闻的多面化和复杂性，相反，我们要大胆拥抱复杂性。"①

第四节　数据新闻"数据"内涵的泛化

数据新闻的根本"气质"不在于"科学"，而在于"开放"，数据新闻的"数据"内涵在数据新闻最初发展的十年间也悄然发生变化。本节首先从数据新闻的历史梳理出发，探讨开放数据运动与新闻业的"共生"（symbiotic）关系，探寻数据新闻"数据"一词的初始内涵，之后剖析"数据"内涵泛化的深层原因。

一、开放数据运动与新闻业的"共生"关系

数据新闻虽是一种创新的新闻样式，却不单纯是媒体的自发创新行为，它是新闻业与开放数据运动"共生"的结果，新的数据开放后由记者立刻进行分析并告知公众。②"共生"原指不同生物间形成的互利依存关系，笔者在这里用该词指代不同行动者之间形成的彼此依赖、互利相生的关系。

---

① LUPI G. The architecture of a data visualization [EB/OL]. (2015 - 02 - 26) [2018 - 03 - 22]. https://medium.com/accurat-studio/the-architecture-of-a-data-visualization-470b807799b4#.jp1jkufua.

② STONEMAN J. Does open data need journalism? [EB/OL]. (2015) [2017 - 10 - 12]. https://ora.ox.ac.uk/objects/uuid: c22432ea-3ddc-40ad-a72b-ee9566d22b97.

（一）开放数据运动与《卫报》的主动参与

在开放数据运动中，《卫报》是重要的推动者。《卫报》长期呼吁政府发布所掌握的数据，并发起"释放我们的数据"（Free Our Data）项目。[①] 2006年3月，《卫报》技术部门发表文章《归还我们皇冠上的明珠》（Give Us Back Our Crown Jewels），要求政府资助或授权的机构，如地形测量局、水文局、高速公路局等，向公众提供免费的数据，并指出："为什么政府部门不能像 Google Maps（谷歌地图）或者 Xtides program 一样让我们很容易地获取数据呢？"[②] "释放我们的数据"项目由此开始。《卫报》技术部专门建立了网站（www. freeourdata. org. uk）积极促进项目的展开。"释放我们的数据"项目体现了新闻媒体对开放数据的诉求，由此不难理解为何《卫报》能成为当代数据新闻的先驱和积极的探索者。如今，《卫报》在数据新闻后附上原始数据，公众可免费下载[③]，体现出其对开放数据运动的持续支持。

西蒙·罗杰斯认为数据新闻将开放数据的洪流与新型报道相结合，它不只是分析数据，还要让数据可获得（available），并展示记者的工作。[④]《卫报》开办数据博客的主要目的之一在于向公众提供记者整理好的数据：

> 我们必须核查这些数据，确保它们是从最可靠的来源获得的最好的数据。过去它们会在报纸刊发的那一刻"活着"，之后就消失在硬盘中，在一年后数据更新前很少出现。所以我们与这个网站一同推出数据商店（Data Store）——一个我们发布的所有统计数据的目录，向所有人开放这些数据。每当我们遇到一些有趣的、相关的或有用的东西时，我们都会把它贴在这里，告诉你我们打算用它做什么。[⑤]

---

① 罗杰斯. 数据新闻大趋势：释放可视化报道的力量 [M]. 岳跃，译. 北京：中国人民大学出版社，2015：25.

② ARTHUR C，CROSS M. Give us back our crown jewels [EB/OL]. (2006 - 03 - 09) [2016 - 12 - 01]. https：//www. theguardian. com/technology/2006/mar/09/education. epublic.

③ 徐笛. 数据新闻：发展现状与趋势 [J]. 中国出版，2016 (10)：12 - 15.

④ ROGERS S. Hey wonk reporters，liberate your data! [EB/OL]. (2014 - 04 - 24) [2018 -07 - 27]. http：//www. motherjones. com/media/2014/04/vox - 538 - upshot-open-data-missing.

⑤ ROGERS S. Welcome to the datablog [EB/OL]. (2009 - 03 - 10) [2018 - 07 - 27]. https：//www. theguardian. com/news/datablog/2009/mar/10/blogpost1.

（二）开放数据推动者对新闻业的支持

在开放数据运动中，阳光基金会、奈特基金会、开放数据研究院、数据透明推广联合会等组织发挥了巨大的推动作用。这些组织不仅为想要运行开放数据项目的政府提供指导，还提供关于开放数据使用的工具、建议、课程和认证。[①] 由于将"数据"视为生产知识的前提，开放数据推动者将开放源代码的理念扩充至原始数据分享，以实现"信息民主"（democratization of information），让更多的人参与政治。同时，开放数据推动者意识到他们要成为公众的数据中介者，将原始数据提炼成知识提供给公众。[②] 尽管"信息民主"是为了让每个人都有解读原始数据的权利，但是开放数据推动者也意识到，一般人没有时间和专业知识做到这一点，要想实现"信息民主"，单纯依靠自身能力不太现实，还需要自身之外的中介。

在开放数据运动中，开放数据推动者对中介的选择标准有三个：（1）数据驱动：该中介应该能够处理大量复杂的数据集给他人。（2）开放：该中介能将数据通过故事或应用程序送达受众，从而将分享的数据应用。（3）参与：该中介能够积极地让公民参与公共议题，中介不仅是信息提供者，也应与受众有合作关系。[③] 符合这三个标准的是非政府组织和专业记者，于是开放数据推动者尝试与之合作。

对于媒体而言，专业技能的培训和数据处理能力的提高需要资金和人力投入。开放数据虽好，却不一定能纳入媒体的日常生产实践中，开放数据推动者的介入为数据新闻实践注入了动力。如 The Knight-Mozilla Fellows Ship 项目的合作媒体包括《纽约时报》、《卫报》、《华盛顿邮报》、ProPublica、Zeit Online、BBC、半岛电视台等。这些媒体也成为当前全球数据新闻实践的先锋。

"维基解密"制造的一系列"泄密"事件构成了开放数据运动的另一部分。在 2010 年"维基解密"事件中，朱利安·阿桑奇与《卫报》《纽约时报》《明镜周刊》合作，推出了《伊拉克战争日志》和《阿富汗战争日志》。阿桑奇认为："如果媒体真能投入资源分析报道两套日志，定会推动信息公开自由

---

① 方洁. 数据新闻概论：操作理论与案例解析 [M]. 北京：中国人民大学出版社，2015：57.

② BAACK S. Datafication and empowerment: how the open data movement re-articulates notions of democracy, participation, and journalism [J]. Big Data & Society, 2015 (2): 1-11.

③ 同②.

的根本大业向前发展。当时我唯一真正的工作就是与媒体合作，从材料中提取精华。其实这还不是唯一的工作：我还要监督他们的诚信。谁知很快这就变成了我的全职工作……"① 现在"维基解密"已经与全球50多个国家和地区的80多家新闻机构建立了合作关系。②

美国记者克雷格·斯沃曼在《维基解密是如何转包核查的重任》的文章中写道："如果这些数据由'维基解密'直接在自己的网站上公布，可能人们关心的焦点是它的真实性。当三家传统媒体在提炼出真实有用的数据，并在此基础上讲述故事时，人们才有可能去思索其中的政治内涵。"③

在开放数据运动中发挥重要作用的奈特基金会2015年9月向美联社资助40万美元用于支持公众对关键信息的获取和数据新闻方面的建设，扩大了美联社与美国国内数据新闻团队的合作，并将其作为数据新闻最佳实践案例《2017年美联社手册》（2017 Associated Press Stylebook）加以推广。④

所以，数据新闻扩散中有开放数据推动者的推动，数据新闻业者并非完全主动拥抱数据新闻，而数据新闻实践不仅宣传了开放数据运动，也成为开放数据运动的有机组成部分。西蒙·罗杰斯认为："现在仍有大量的数据没有发布，我们正好充当了数据开放进程的加速器。"⑤

二、对数据新闻"数据"泛化的可能解释

在数据新闻的全球扩散中，一个值得关注的现象是，数据新闻的"数据"内涵正在失去它原本的"开放数据"本义。全球数据新闻奖将"开放数据奖"奖项单列，也说明开放数据并不是目前所有数据新闻的"标配"，人们更倾向

---

① 朱利安·阿桑奇. 阿桑奇自传：不能不说的秘密（14）［EB/OL］.（2013 - 08 - 02）［2018 - 03 - 15］. http：//szsb. sznews. com/html/2013 - 08/02/content_2574446. htm.

② HINTZ A，BREVINI B，MCCURDY P. Beyond WikiLeaks implications for the future of communications，journalism and society［M］. Hampshire：Palgrave Macmilla，2013：257.

③ 丘濂. 事实核查：大数据时代的新角色［EB/OL］.（2013 - 10 - 08）［2018 - 05 - 15］. http：//www. lifeweek. com. cn/2013/1008/42726_2. shtml.

④ EASTON L. AP to expand data-driven journalism with $400,000 from Knight［EB/OL］.（2015 - 09 - 30）［2018 - 07 - 10］. https：//blog. ap. org/behind-the-news/ap-to-expand-data-driven-journalism-with - 400 - 000-from-knight.

⑤ 罗杰斯. 数据新闻大趋势：释放可视化报道的力量［M］. 岳跃，译. 北京：中国人民大学出版社，2015：299.

于从数据科学的层面理解"数据"的内涵：既包括开放数据，也包括其他各类数据。数据新闻的"数据"内涵已经被泛化，究其原因，主要有两点。

（一）数据新闻业者对数据新闻接纳的不同动因

数据新闻是一个未经深思熟虑定义的多义术语。^① 假如西蒙·罗杰斯当初将数据新闻命名为"开放数据新闻"，或者将数据新闻界定清楚，或许就不会导致当前学界、业界的"众声喧哗"了。当然，这只是假设。

2008 年 12 月，当西蒙·罗杰斯提出数据新闻时，数据新闻只是《卫报》的一种创新实践，没有知名度。有观点认为，新闻生产发展的两条线（图表使用、数据获取与分析）在 21 世纪的最初十年一直在发展，但被新闻领域的其他技术发展"遮蔽"了。在 2010 年"维基解密"事件中，《卫报》的《伊拉克战争日志》以数据新闻的形态创新了报道方式在世界范围引发关注。英美主流媒体由此掀起了数据新闻发展的第一波大潮。^② 数据新闻的概念在"维基解密"事件之后被频繁提及。^③

当《卫报》的数据新闻受到业界关注时，人们更容易从数据新闻的外在形式上去认识、理解它。数据新闻的外在构成是"数据＋数据可视化"，在对数据新闻的"直观"认识中，数据新闻诞生的语境被抽离，"数据"的内涵被忽视。或许"数据"的内涵在学习者眼中也并非是个关键问题。作为一种新闻实践，学习者更关心怎样学习和实践，而非它是什么。这就涉及数据新闻业者在实践中接纳数据新闻的动因问题。总体看，数据新闻业者接纳数据新闻主要基于"新闻责任"和"新闻创新"两种动因。

数据新闻的兴起与西方社会的民主传统息息相关，与开放政府的主张和行动相联系，遵循调查性报道为公众服务的传统。^④ 在西方，数据新闻业者

---

① LEWIS N P, WATERS S. Data journalismand the challenge of shoe-leather epistemologies [J]. Digital Journalism, 2018 (6): 719-736.

② AZZELZOULI O. Data journalism meets UK hyperlocal media: what's hindering the potential? [EB/OL]. (2016-10-03) [2018-05-15]. http://datadrivenjournalism.net/news_and_analysis/data_journalism_meets_uk_hyperlocal_media_whats_hindering_the_potential.

③ 丘濂. 事实核查：大数据时代的新角色 [EB/OL]. (2013-10-08) [2018-05-15]. http://www.lifeweek.com.cn/2013/1008/42726_2.shtml.

④ CODDINGTON M. Clarifying journalism's quantitative turn: a typology for evaluating data journalism, computational journalism, and computerassisted reporting [J]. Digital Journalism, 2015 (3): 331-348.

将数据制作成"可浏览的信息"（glanceable information），让用户快速、本能地浏览数据新闻，成为对话的催化剂。① 根据皮尤研究中心 2015 年的调查结果，65％的美国公众在过去一年内查询过有关政府的数据，其中 56％的人认为开放数据可以让新闻界更全面地报道政府活动，53％的人认为开放数据可以让政府更负责任，49％的人认为开放数据可以提高政府服务水平。②

在德国，数据新闻作为民主政治理想的推手出现，数据新闻提升着新闻业的生产水平，维护新闻业的专业声誉；在希腊，数据新闻起初是在开放数据时代下媒体服务公众的一种手段，随后又契合了希腊债务危机时期公众了解政府花费的需要，数据新闻业者扮演的是教授新的专业技能和信息研究方法的"导师"角色③；在瑞典，开放数据较为充分，数据新闻被大部分主流媒体所实践④。

基于"新闻责任"的数据新闻与受众的关系是积极的。数据新闻重新确立了人们相信新闻业还在做调查报道和专业报道的信念。⑤ 数据新闻不只是一种修辞，而是对神圣事实的一种更有能力（权力）的逼近，是对社会共同体责任的更大担当和承诺。⑥

在开放数据程度并不高的国家和地区，数据新闻实践多基于"新闻创新"。马来西亚记者法马（Fama）认为，尽管在马来西亚在线数据越来越多，但是数据新闻实践不尽如人意，并未被大部分媒体采用，记者只报道老板和政府告诉他们的事。⑦ 驱动中国数据新闻实践的因素主要有商业考量和专业

---

① BOYLES J L，MEYER E. Letting the data speak [J]. Digital Journalism，2016（7）：944 - 954.

② HORRIGAN J B，RAINIE L. Americans' views on open government data [EB/OL]. (2015 - 04 - 21) [2018 - 05 - 15]. http：//www. pewinternet. org/2015/04/21/open-government-data/.

③ CHARBONNEAUX J, GKOUSKOU-GIANNAKOU P. "Data journalism", an investigation practice? a glance at the German and Greek cases [J]. Brazilian Journalistic Research, 2015 (2)：244 - 267.

④ STONEMAN J. Does open data need journalism？ [EB/OL]. (2015) [2017 - 10 - 12]. https：//ora. ox. ac. uk/objects/uuid：c22432ea-3ddc-40ad-a72b-ee9566d22b97.

⑤ BOYLES J L，MEYER E. Letting the data speak [J]. Digital Journalism，2016（7）：944 - 954.

⑥ 李煜. 数据新闻：现实逻辑与"场域"本质 [J]. 现代传播，2015（11）：47 - 52.

⑦ WINKELMANN S. Data journalism in Asia [EB/OL]. (2013) [2018 - 03 - 15]. https：//www. kas. de/documents/252038/253252/7_dokument_dok_pdf_35547_2. pdf/9ecd0cfc-9d30-0967-1d7e04dd9c7c66de? version＝1.0&t＝1539655194206.

诉求，与英美迥异的发展背景在一定程度上限制了中国数据新闻在社会民主政治中的作用。① 有研究者对国内数据新闻的早期实践者进行深度访谈发现，"他们之所以冒出做数据新闻的念头，就是因为受到国际一些前沿媒体的影响，如英国的《卫报》和美国的《纽约时报》等均是他们学习的对象。对数据新闻的采纳主要是基于特性的模仿"②。这也就不难理解国内数据新闻实践为何将重点放在"可视化"上，而非"数据驱动"下极具专业性的量化报道和深度报道。③

（二）开放数据不足以支撑日常数据新闻生产

数据新闻使用的数据一般具备两个特点：一是涉及公共利益，二是具有新闻价值。开放数据运动的假设是政府将数据开放可以形成一个良性的循环：政府开放的数据越多越广泛，社会创新成本（如避免数据重复收集）和风险就越小；数据利用者的能力越强，数据利用效果就越好，创造的价值也越大，如此一来，又促使政府开放更多更广的数据资源。④

在与开放数据运动"共生"的数据新闻实践中，政府开放数据的程度不深会阻碍数据新闻实践的推进。⑤ 现在大量的政府数据集仍掌握在行政体系内部，未能及时提供给社会利用⑥，存在数据条块分割严重、数据平台缺乏统一标准、一些数据资源丰富的部门不愿共享等问题⑦。2016 年的《全球数据开放晴雨表报告》（Open Data Barometer）显示，纳入评价的 92 个国家和地区都发布了政府的一些数据，在抽查的 1 380 个政府数据集中，只有 10%

---

① 方洁，胡杨，范迪. 媒体人眼中的数据新闻实践：价值、路径与前景——一项基于七位媒体人的深度访谈的研究 [J]. 新闻大学，2016（2）：13－19.

② 李艳红. 在开放与保守策略间游移："不确定性"逻辑下的新闻创新——对三家新闻组织采纳数据新闻的研究 [J]. 新闻与传播研究，2017（9）：40－60.

③ 同①.

④ 杜振华，茶洪旺. 政府数据开放问题探析 [J]. 首都师范大学学报（社会科学版），2016（5）：74－80.

⑤ 方洁，胡杨，范迪. 媒体人眼中的数据新闻实践：价值、路径与前景——一项基于七位媒体人的深度访谈的研究 [J]. 新闻大学，2016（2）：13－19.

⑥ 唐斯斯，刘叶婷. 全球政府数据开放"印象"——解读《全球数据开放晴雨表报告》[J]. 中国外资，2014（9）：28－31.

⑦ 孙洪磊，南婷，韦慧，李惊亚，马意翀. 政府垄断致公共数据束之高阁浪费严重 [EB/OL].（2015－02－25）[2018－03－22]. http：//www. chinanews. com/cj/2015/02－25/7076397. shtml.

是完全开放的，而开放的这些数据集还有很多存在质量问题。①

在《全球数据开放晴雨表报告》中评分最高的英国，很多数据也是静态数据。以访问量最多的道路安全数据为例，在 2015 年 9 月只能检索到 2013 年及以前的完整数据，2015 年上半年和 2014 年全年的数据均未发布。② 所以在开放数据程度较高的英国和美国，数据记者很多时候需要通过《信息自由法》申请所要数据。③

当开放数据无法满足数据新闻的日常生产时，对于数据记者而言，将"数据"边界拓展是一个可行的策略。随着大数据时代的来临，对海量非结构化数据的处理也成为新闻生产的题中之义，数据新闻的数据对象不可避免地会发生改变。也有观点指出，数据新闻对开放数据的利用不足还缘于开放数据推动者与媒体的合作不够。"开放数据运动目前为止并未将新闻业视为关键部分。记者和开放数据推动者更正式的合作将是一件很有力量的事情。开放数据仍在主流新闻之外。"④

理解和界定数据新闻的边界关键在于理解"数据"的含义及其诞生的背景。构成数据新闻的不是形式⑤，而在于其中蕴含的政治气质及其目标。如果将数据新闻简单理解为数据科学上的意义，最终将导致数据新闻的边界模糊、泛化。数据新闻之所以被称为一项创新的实践，不只在于它用数据可视化的形式解决了以往新闻报道无法处理抽象数据的问题，更在于它是开放的数据和公众的桥梁，人们可以从数据中发现事实，用数据创造价值，用数据可视化实现新闻监督政府、促进对话的"功能性意义"⑥（functional significance）。

---

① WORLD WIDE WEB FOUNDATION. Executive summary and key findings [EB/OL]. (n. d.) [2018 - 03 - 12]. http://opendatabarometer.org/3rdEdition/report/#executive_summary.

② STONEMAN J. Does open data need journalism? [EB/OL]. (2015) [2017 - 10 - 12]. https://ora.ox.ac.uk/objects/uuid：c22432ea-3ddc-40ad-a72b-ee9566d22b97.

③ 同②.

④ 同②.

⑤ BELL M. What is data journalism? [EB/OL]. (2015 - 02 - 04) [2018 - 03 - 25]. https://www.vox.com/2015/2/4/7975535/what-is-data-journalism.

⑥ 功能性意义是指一种选择在多大程度上能满足用户的欲求、需求和兴趣。见克劳福德. 游戏大师 Chris Crawford 谈互动叙事 [M]. 方舟, 译. 北京：人民邮电出版社, 2015：34。

第三章　数据新闻生产的多元模式

　　数据新闻是"开放"理念下的生产实践，这种"开放"体现在：开放的资源（开放数据）、开放的技术（开源软件）、开放的合作（众包、外包等合作形式）、开放的创意（各种呈现手段）……数据新闻体现出较强的包容性和强烈的创新意识，成为开放新闻（open journalsim）的有机组成部分。同时数据新闻生产实践又具有多层次性。《卫报》现任数据主编阿尔贝托·纳德利（Alberto Nardelli）将该报的日常数据新闻分为三类：第一类是快速的、运用相关数据的短数据新闻，即"讨巧的数据新闻"，它用简短、吸引人的方式告诉读者一两个与当天发生事件相关的信息，一般以静态图表直接呈现。第二类是数据调查型报道。第三类是让复杂议题具有相关性的大型报道。① 开放的生产理念与数据新闻实践的多层次性必然带来数据新闻生产模式的多样化。笔者依据数据新闻生产主体对内外部资源的整合与协作方式，将数据新闻的生产模式分为五种：内生模式、外包模式、众包模式、黑客马拉松模式和自组织模式。在数据新闻日常生产中，前两种模式经常被媒体运用。

第一节　自给自足的内生模式

　　什么是内生模式？在何种情况下可以应用内生模式？如何评价内生模式？本节我们将探讨这些问题。

一、内生模式的含义

　　经济学中有"内生式发展"的概念，指一个本地社会动员的过程，它需

---

① ALASTAIR R. "Without humanity, data alone is meaningless": data journalism insights from The Guardian [EB/OL]. (2015 - 03 - 31) [2019 - 10 - 13]. https://www.journalism.co.uk/news/-without-humanity-data-alone-is-meaningless-data-journalism-insights-from-the-guardian/s2/a564652/.

要一个能够将各种利益团体集合起来的组织结构，去追求符合本地意愿的战略规划过程以及资源分配机制，最终目的是发展本地在技能和资格方面的能力。[①]

在数据新闻生产模式中，有一种类似于经济学中"内生式发展"的方式，笔者称之为"内生模式"。内生模式是指媒体依靠吸纳、整合、优化、提升内部资源进行数据新闻生产的模式。媒体为了解决自身数据新闻生产能力问题，多采用引进人才、技能培训和员工自主学习的方式。

内生模式用于数据新闻生产各角色配置齐全或各类资源较充沛的生产主体，简言之就是"自给自足"，如《纽约时报》、《卫报》、《华盛顿邮报》、《华尔街日报》、《经济学人》、ProPublica、538 网站、BBC、财新、澎湃新闻等媒体的日常数据新闻生产多采用这种模式。

二、内生模式的团队搭建

内生模式虽然依靠媒体自身资源，但也秉承了开放的理念，即对内开放。在内生模式中，传统上以新闻编辑部为核心的单体作战模式被打破，新闻生产倾向于媒体内的跨界融合。这种融合不是各个生产环节的拼接或交接，而是各个生产岗位从一开始就彼此了解，从选题阶段就要介入的交叉式深度合作。这种融合方式让以往处于编辑部生产线"下游"、经常做一些辅助性工作的程序员成为内容生产的关键，甚至核心，编辑部与技术部门间的"局内人"和"局外人"界限模糊。在《华盛顿邮报》和《芝加哥论坛报》出现了"嵌入编辑部的开发者"（Embedded Developers）团队。[②]

数据新闻生产内生模式的团队搭建方式可分为团队式和个体式两种。

团队式是指数据新闻生产由媒体内部成员组建而成。这种团队依据不同媒体对数据新闻的战略定位可分为专业团队和临时团队。

专业团队是指媒体中专门有人从事数据新闻生产，在媒体内部管理中是一

---

① 张环宙，黄超超，周永广 . 内生式发展模式研究综述 [J]. 浙江大学学报（人文社会科学版），2007（2）：61-68.

② 钱进，周俊 . 从出现到扩散：社会实践视角下的数据新闻 [J]. 新闻记者，2015（2）：60-66.

个独立的实体。如澎湃新闻的数据新闻团队、《纽约时报》的交互新闻技术团队（Interactive News Technologies Department）、BBC 的数据新闻团队等。

临时团队是指数据新闻生产人员日常分散于媒体各部门，通过临时搭建的方式进行组合，这种团队可以是长期的，也可以是短期的。长期的临时团队是指各部门中固定人员，一人多职，当需要组队时，可迅速组成团队，任务完成后回归各部门。短期的临时团队是指完全基于某一任务临时组建的团队。

例如，财新在生产交互式数据新闻时多采用临时团队的形式，从不同部门抽调人员共同完成某一任务。这种团队搭建形式由于来自不同部门的成员分别代表原来的部门参与团队的工作，把原来需要在不同部门之间沟通协调的工作变为在团队内部沟通协调，在形成早期消耗大量时间。① 央视 "'据'说" 系列报道项目负责人郭俊义指出了这种合作的局限性：

> 我们在做大数据新闻项目的时候，各个岗位的文字编辑、视频编辑、演播室制作人员包括主播都是临时参与此项目，项目结束大家也就解散了，下一个项目我们再召集来一起合作。尽管这种形式很灵活，却不够专业化。通过一年多做大数据新闻的体会来看，大数据新闻是具有非常强的专业性的，它需要各方面的专业人才来合作完成。②

个体式是指数据新闻生产完全由一名数据记者完成的生产方式，它需要记者具备选题、数据搜集、数据分析、新闻写作和数据可视化等整套数据新闻生产技能。西蒙·罗杰斯在《数据新闻大趋势：释放可视化报道的力量》一书中提到的《卫报》日常数据新闻生产中的 "讨巧的数据新闻"。这是一种制作过程相对简单的数据新闻。在新闻事件正在发生的时候，记者能非常迅速识别关键数据进行分析，引导受众参与到报道中。③

---

① 王怀明. 组织行为学：理论与应用 [M]. 北京：清华大学出版社，2014：228.

② 郭俊义. 央视大数据新闻 "创始记"（二）[EB/OL].（2015 - 08 - 31）[2018 - 03 - 15]. https：//mp. weixin. qq. com/s?__biz＝MjM5MDM3NzUxMA＝＝&mid＝290585660&idx＝1&sn＝1926c2f6f2dd7747583dd67a94ea23bc&3rd＝MzA3MDU4NTYzMw＝＝&scene＝6♯rd.

③ 罗杰斯. 数据新闻大趋势：释放可视化报道的力量 [M]. 岳跃，译. 北京：中国人民大学出版社，2015：9.

财新、澎湃新闻、《卫报》、《纽约时报》、《华盛顿邮报》等媒体对这种相对简单数据新闻多采用个体式的生产方式。在生产中，记者对数据的采集通常基于二手数据进行简单的分析，或者对一手的小数据（如小规模的调查）进行分析、解读，这类数据新闻通常有相对固定的模板。《卫报》有基于不同功能的图表风格、调色板和交互可视化的模板，记者可以快速地生产数据新闻。BBC和《金融时报》也有类似的模板。[①]

"讨巧的数据新闻"在适应新闻媒体快节奏新闻内容生产的同时，也存在弊端：

其一，放弃数据新闻的复杂叙事能力，数据新闻有沦为"数字"新闻的危险。受众对于数据新闻的认知是通过数据新闻业者的日常实践获得的，如果"讨巧的数据新闻"占据主流，甚至有些连"讨巧的数据新闻"都算不上的"伪数据新闻"占据相当比重，无疑影响受众对数据新闻实践的评价。

其二，不利于媒体的深度数字化转型。数据新闻与媒体数字化转型并不矛盾，调查性数据新闻报道或大型数据可视化交互作品需要程序开发人员，这些人员并非只能从事数据新闻的工作，更是媒体内部融合新闻的关键力量。将数据新闻做深、做大，从媒体层面来说，可整体提升媒介内容生产水平和专业性。而低层次的数据新闻实践，无助于媒体的深度数字化转型，只是一种"中看不中用"的点缀。在推行数据新闻的过程中，一些媒体的很多做法已背离了数据新闻兴起的基本理念。[②]

三、内生模式的SWOT分析

内生模式的适用性需具体问题具体分析。一般来说，大型媒体由于专业技术人员配备相对齐全或人员综合素质较高，多采用内生模式。一些小型或地方媒体，虽然也可能采用内生模式，但在数据新闻生产水平和产量上的劣势可能使数据新闻生产变成"鸡肋"，无法达到媒体所期待的品牌效应。下面

---

① DICK M. Interactive infographics and news values [J]. Digital Journalism，2014（4）：490 - 506.

② 方洁，高璐. 数据新闻：一个亟待确立专业规范的领域——基于国内五个数据新闻栏目的定量研究 [J]. 国际新闻界，2015（12）：105 - 124.

笔者借用 SWOT 分析框架对内生模式的优势、劣势、机遇和威胁进行系统分析。

SWOT 分析框架最早由哈佛商学院的肯尼斯·安德鲁斯（Kenneth R. Andrews）于 1971 年在其《公司战略概念》中首次提出①，它通过分析优势（strengths）、劣势（weaknesses）、机遇（opportunities）、威胁（threats）的 2×2 矩阵进行战略决策。需要指出的是，媒体间的差异决定了同一种模式用 SWOT 分析法评价时的结论差异。为论述方便，笔者从一般意义上来对其进行总结。

（一）内生模式的优势分析

首先，内生模式可实现媒体对数据新闻内容生产从选题到刊发整个生产链的把关控制，从而对报道框架、内容、角度等进行有效管理。笔者通过对国内部分数据新闻业者的访谈发现，"把关"是数据新闻生产中的关键词。把关存在于新闻报道的各个环节，数据新闻也不例外。在中国语境下，数据新闻业者同样需要遵守新闻纪律。数据新闻生产的起点是从选题开始的，选题没通过，即便有充足的数据集可以利用，该选题也不能进入生产流程。有的选题在选题会上或近期宣传部门发的通知中没有被认定"不能报道"，有时在刊发后也可能因为诸多原因被删除。

深度访谈（A 编辑，B 媒体数据新闻报道负责人；在线访谈）

我们之前做过一个三峡大坝的（数据新闻）选题，交互＋拍摄＋3D＋制图加在一起耗时三个月，结果上线三小时就被要求下架。

选题之后的数据新闻生产环节，数据新闻业者可以管控整个流程，保证数据新闻的生产符合采编规范，对生产中遇到的问题、偏差、分寸、角度等进行及时调整。

深度访谈（A 编辑，B 媒体数据新闻报道负责人；在线访谈）

比如，我们查国内火箭发射记录，运载火箭研究院说 155 次，长城集团说 227 次，航天集团说 225 次，都是权威机构，数据不一样，那么

① 倪义芳，吴晓波. 论企业战略管理思想的演变 [J]. 经营管理，2001（6）：4-11.

最终结果就是不做这个选题了。

其次，内生模式可有效整合媒体内部资源，促进不同岗位间的交流与融合。传统的新闻生产方式中各岗位的关系多是"上下游"关系。记者在"上游"，技术人员和美编在"下游"，各岗位之间有交流，但地位并不平等，记者、编辑是新闻生产的"主角"，技术人员和美编多根据记者的要求展开工作，成为"配角"。数据新闻生产中各工种的生产虽然也可以采用"上下游"的模式进行，但是从目前的实践模式看，较为成功的内生模式多是记者、技术人员和美编在选题阶段就一同介入的深度合作。2012 年首届全球数据新闻奖获奖作品的经验显示，数据新闻比拼的是团队协作，而非团队规模。[1] "编辑应该在项目一开始就让数据记者加入选题讨论，充分理解选题。这样他们也可以尽早确定相关数据项目所需的内容。"[2] 程序员需要根据数据记者的选题和研究问题判断开发的难度和成本。[3]

内生模式打破了部门间、岗位间的"壁垒"，促进不同学科背景人员间的交流与融合。通过交流与合作，可以促进不同人员间的彼此了解和技能学习，在一定程度上改变以往"隔行如隔山"的状况。

（二）内生模式的劣势分析

首先，内生模式的数据新闻生产水平受媒体自身生产能力制约。媒体作为内容生产商，在数据处理、数据可视化制作方面与专门的数据公司、数据可视化公司还是存在较大差距的，如果数据新闻业者仅采用内生模式进行数据新闻生产，其生产水平会受自身生产能力，尤其是人员素质的制约。

深度访谈（C 记者，供职湖南某报社，从事数据新闻报道；在线访谈）

---

① 徐锐，万宏蕾. 数据新闻：大数据时代新闻生产的核心竞争力 [J]. 编辑之友，2013（12）：71-74.

② AU E. 如何打造深度调查的数据团队 [EB/OL]. (2016-10-24) [2018-06-15]. https://cn. gijn. org/2016/10/24/报道亚洲-如何打造深度调查的数据团队/.

③ 黄志敏，张玮. 数据新闻是如何出炉的——以财新数据可视化作品为例 [J]. 新闻与写作，2016（3）：86-88.

我们没有程序员，只能做些简单的数据表。

国内一些数据新闻制作简单，往往以"一张图"呈现，反映了目前一些媒体数据新闻生产能力较低的实际情况。为了扭转这种局面，在资金、人力有限的情况下，一些媒体往往打造"学习型团队"，借此提高数据新闻生产水平。但不可否认的是，简单的数据新闻制作，记者可以通过自学来提升，但更高水平的数据新闻生产却不是通过自学就能学会的，所以内生模式提升生产水平的方式最快的途径是通过培训或直接引进人才。《卫报》数字内容总编艾伦·菲尔霍夫（Aron Pilhofer）在对美国数据新闻业考察后认为，培训在美国媒体推广数据新闻的过程中非常有效，每家美国媒体都配备了数据专家，因为相关培训非常重要。[①]

深度访谈（A编辑，B媒体数据新闻报道负责人；在线访谈）

我们（成员）中有美国密歇根大学和日本名古屋大学毕业的，都是数据新闻出身，国外这方面的培养已经很成熟了，如果国内这方面的学生再培养不出来，（我们团队）后续（发展）的压力会很大。

其次，内生模式对媒体生产管理提出了新要求。数据新闻生产是跨学科、跨部门协作的，团队搭建后是否有效运作，对媒体生产管理提出了较高的要求，以往部门内部的管理变成了跨部门的团队管理。艾伦·菲尔霍夫认为，数据新闻生产的问题之一在于"你有一堆可用的资源，但却难以把设计师、开发人员、图片艺术师、摄影师集中起来，进行跨部门协作"[②]。

在媒体生产管理中，对记者工作的考核是一个现实问题。如何在数据新闻生产中公平地对待每一个参与者考验考核机制的科学性。在传统的新闻生产中，记者的工作量多以篇（平面和网络媒体）、条数（广播电视媒体）计算，不同的媒体还会加入其他的考核标准，如转发量、收视率、是

---

① REID A. Guardian forms new editorial teams to enhance digital output［EB/OL］.（2014-10-10）［2018-03-22］. https://www. journalism. co. uk/news/guardian-forms-new-editorial-teams-to-enhance-digital-output/s2/a562755/.

② 同①.

否出差、稿件质量等。在有的媒体，多人作品采用平均分配的形式计算工作量。

有数据新闻主管表示由于多人一起参与，如果将任务量划得过细，其实也不利于日后的合作，因此，她作为负责人采用的是较为弹性的方式，即介于严格区分工作量和绝对平分之间。

当然，除了团队成员间的工作量分配问题，数据新闻与其他新闻生产间也存在考核标准的差异。"采编的工作量明显增大，以往 1 000 字的消息稿可以一小时完成，如今一个数据新闻也许需要十倍百倍的时间，薪酬体系的倾向性或是保障的利器。"① 国外有数据记者也表示，数据新闻生产缺少一个类似文字记者的薪酬标准。② 有的数据新闻简单，有的复杂，有的还可能半途夭折，数据新闻如何考核？不同的数据新闻如何考核？此外，一些临时性的数据新闻生产项目会抽调人手，如何保证新闻采编常规工作不受大影响，都是媒体管理者需要考量的问题。

（三）内生模式的机遇分析

首先，日常新闻生产对简单的数据新闻有大量需求。世界新闻媒体网络（World Newsmedia Network，WNMN）2015 年和 2016 年对五大洲 40 个国家和地区 144 家媒体进行的数据新闻调查显示，数据新闻已成为媒体应对数字传播趋势的重要手段。③

作为新兴的新闻报道样式，数据新闻近些年被媒体所青睐，有越来越多的媒体开办数据新闻栏目，为内生模式的推广提供了无限的机遇。作为数据新闻栏目，需要在定期更新栏目内容，通过"约会意识"吸引受众对栏目的持续关注。如果全部依赖外包（Outsourcing）不太现实，因为新闻媒体作为营利机构，需要测算生产成本，对于简单的数据新闻生产，内生模式无疑是最好的选择。

---

① 邹莹. 可视化数据新闻如何由"作品"变"产品"？——《南方都市报》数据新闻工作室操作思路 [J]. 中国记者，2015（1）：92-93.

② BRADSHAW P. Data journalism's commissioning problem [EB/OL].（2016-05-05）[2018-07-02]. https：//onlinejournalismblog. com/2016/05/05/data-journalisms-commissioning-problem/.

③ 辜晓进. 数据新闻已成媒体是否先进的试金石？去纽约听听业界前沿声音 [EB/OL].（2016-05-17）[2018-07-02]. http：//www. thepaper. cn/newsDetail_forward_1468494.

新媒体时代的新闻竞争讲究时效性，在信息爆炸的时代，受众对一般热度的事件和话题关注周期短。数据新闻的日常生产不得不考虑事件、话题的热度、时效性、受众注意力、新闻生产周期等问题。毫无疑问，在利益最大化方面，内生模式更能适应新媒体平台"7/24"① 的工作节奏。

其次，多种多样的数据新闻学习资源为记者数据技能的提升创造了机会。随着数据新闻实践的深入开展，数据新闻学习资源日益增多。记者可以通过慕课、数据新闻专业网站、论坛、讲座、黑客马拉松、教材等多种形式进行线上、线下的学习。这些学习资源有效弥补了记者在数据素养和技能上的不足。

（四）内生模式的威胁分析

笔者认为内生模式的主要威胁来自外包等模式。在专业高度分化、"术业有专攻"的今天，内生模式的局限无疑为外包等其他模式提供了可发展的空间。如果未来从事数据新闻生产的主体越来越多、成本越来越低，媒体很可能会放弃以内生模式为主的生产方式。

第二节 协作分工的外包模式

内生模式有其适用性，更为复杂、专业的数据新闻生产单纯依靠媒体自身资源很难胜任，如何借助外力是数据新闻业者在实践中需要面对的现实问题，外包模式可以是一个备选项。

一、外包模式

外包是企业通过整合、利用其外部最优秀的专业化资源，从而达到降低成本、提高效率、充分发挥自身核心竞争力和增强企业应对外界环境能力的一种管理模式。② 数据新闻的外包模式是指媒体通过整合、利用外部专业化资源，将数据新闻生产任务全部或部分委托他人按照一定标准进行生产的行

---

① 每周 7 天、每天 24 小时全天候。
② 张利斌，钟复平，涂慧. 众包问题研究综述 [J]. 科技进步与对策，2012 (6)：154 - 160.

为。比如国内的"天眼查"与一些媒体合作发布一些数据新闻，"图政"等数据新闻生产主体除了自己生产数据新闻外，也承接其他媒体的合作或外包业务。国外的数据可视化公司 Periscopic 等承接媒体和非政府组织的数据新闻制作业务。德国的开放数据城市公司与媒体合作提供数据新闻服务，还赢得了格林在线新闻奖和里德奖。①

二、外包模式的应用

外包模式在数据新闻生产中应用广泛，无论在数据再生产环节还是在数据可视化生产环节，甚至整个数据新闻流程都可采用。汤森路透的部分大型数据新闻项目采用外包方式，供应商提供了包括程序员、设计师、文案作者等专业人才，负责设计开发相关应用的前端，供应商的团队结构与媒体十分相似，能较为容易地实现路透社编辑想要的效果。② ProPublica 成立 6 年间发展了 111 个合作伙伴，除了独家稿件外，还借助其他媒体的力量，以约稿或合作采写的形式进行数据新闻报道。③

央视 2015 年 10 月推出的大数据新闻系列报道《数说命运共同体》是由四个团队共同完成的，它们分别是新闻主创团队、素材外拍团队、数据可视化团队和后期视效团队。其中新闻主创团队由央视新闻中心成员组成，素材外拍队是央视下属的科影纪录片团队，数据可视化团队由专业计算机领域的公司搭建，后期视效团队是曾参与过《变形金刚3》制作的国内顶级特效团队④，数据可视化团队和后期视效团队对央视而言就是外包团队。外包任务委托出去之后，媒体还会介入外包公司的产品生产中，记者的作用类似于项目经理，协调每个环节顺利进行。⑤ 英国斯特灵大学艺术人文学院埃迪·博尔赫斯-雷伊（Eddy Borges-Rey）博士认为，将数据分析外包是未来主流

① 于淼. 数据新闻实践：流程再造与模式创新［J］. 编辑之友，2015（9）：69 - 72.

② AU E. 如何打造深度调查的数据团队［EB/OL］.（2016 - 10 - 24）［2018 - 06 - 15］. https：//cn. gijn. org/2016/10/24/报道亚洲-如何打造深度调查的数据团队/.

③ 徐超超，徐志伟. 场域视角下数据新闻研究——以 ProPublica 的新闻实践为例［J］. 新闻研究导刊，2015（9）：209，220.

④ 吴克宇，闫爽，舒彤. 央视数据新闻的创新与实践［J］. 电视研究，2016（5）：20 - 21.

⑤ 于淼. 数据新闻实践：流程再造与模式创新［J］. 编辑之友，2015（9）：69 - 72.

媒体数据新闻生产的趋势之一。[①]

三、外包模式的 SWOT 分析

（一）外包模式的优势分析

外包强调高度专业化，是社会专业化分工的必然结果和专业化作用下规模经济的产物。外包主张让专业的人干专业的事，让企业"有所为、有所不为"[②]。央视《晚间新闻》"'据'说"系列的数据再生产环节多采用外包模式，如百度提供的百度地图与检索数据、新浪提供的微博数据、360 提供的网络安全数据、腾讯提供的社交网络数据、阿里巴巴提供的交易数据以及拓尔思提供的数据分析技术等。[③]

深度访谈（A 编辑，B 媒体数据新闻报道负责人；在线访谈）

外包的情况很多，其实主要是技术，因为不是每个媒体都有钱养得起一个高端工程师。（如果）做 3D 的话，也不是每个媒体都有能力养得起一个 3D 团队的。

一些对于媒体业者而言难度较大或者不易掌握的数据新闻生产环节，外包无疑可以快速解决生产问题。

（二）外包模式的劣势分析

媒体需要对报道的内容负责，也需要对各环节层层把关以确保质量。然而有时媒体因为在人力、技术、专业能力上无法满足实现预期目标的要求，只得将有些业务外包，这样一来就导致内容生产的主导权被掌握在外包公司手中，媒体对外包公司的数据新闻生产环节缺少有效监控，也无力监控。因此有数据新闻业者就表示，在看不见或者看不懂的数据生产环节，他们是不

---

① 白梓含.走近数据新闻前沿——Eddy Borges-Rey 博士在新闻出版学院开展系列讲座［EB/OL］.（2018-04-18）［2019-06-15］.http://xwcb.bigc.edu.cn/xydt/78553.htm.

② 张利斌，钟复平，涂慧.众包问题研究综述［J］.科技进步与对策，2012（6）：154-160.

③ 常江，文家宝，刘诗瑶.电视数据新闻报道的探索与尝试——以中央电视台《晚间新闻》"据"说系列报道为例［J］.新闻记者，2014（5）：74-79.

会采用外包的。

> **深度访谈**（A 编辑，B 媒体数据新闻报道负责人；在线访谈）
>
> 我们没有进行过数据（生产）的外包，倒是从其他机构买过数据。

（三）外包模式的机遇分析

新媒体时代，用户体验被置于更高的位置。数据新闻生产的多层次性既需要"快餐式"的"讨巧的数据新闻"，也需要更具交互性、专业性的大型数据新闻产品。例如，央视推出的一系列电视大数据新闻报道取得较好社会反响，在《晚间新闻》中播出的《"据"说春运》的收视率高于《晚间新闻》平均收视率。[①] 对数据新闻生产而言，数据的广度、深度和关联性，数据可视化的交互体验、视觉快感决定了用户体验的质量。外包公司在专业程度上的提升可以满足媒体对这类数据新闻的需求。有业内人士预测，媒体建立相对独立的数据新闻内容生产团队向其他媒体供稿，类似于"数据通讯社"，将是未来数据新闻的发展方向之一。[②]

（四）外包模式的威胁分析

技术的发展和高质量数据新闻人才进入媒体让高水平数据新闻生产变得更容易。与数据新闻相关的开源软件和专业软件在数量、专业化程度以及易用程度上都有所提升，这从一定程度上降低了数据新闻生产的专业门槛，提升了数据新闻的生产质量，可能蚕食外包公司原有的业务领域，因此需要外包公司在专业水准和服务上满足多样化、多层次的外包需求。

第三节　受众参与的众包模式

外包模式通常需要数据新闻业者给予接包方资金支持。如果既无资金，又需要外力协助，众包模式或许是一个不错的选择。

---

① 常江，文家宝，刘诗瑶. 电视数据新闻报道的探索与尝试——以中央电视台《晚间新闻》"据"说系列报道为例 [J]. 新闻记者，2014（5）：74 - 79.

② 戴玉. 数据新闻"遇冷"？"祛魅"之后，中国数据新闻的理性回归 [EB/OL]. (2017 - 02 - 03) [2018 - 04 - 22]. http://mp.weixin.qq.com/s/v7SdtIOoye1nqDci9couOA.

一、众包模式

众包（Crowdsourcing）最早在 2006 年 6 月由美国《连线》（*Wired*）杂志资深编辑杰夫·豪（Jeff Hawe）在《众包的崛起》（The Rise of Crowdsourcing）中提出的。数据新闻生产的众包模式可定义为：邀请特定人群参与数据新闻报道任务（如新闻采集、数据采集或分析）的行为。

众包的特点包括：（1）开放式的生产方式。众包通过对外部资源的整合来完成产品开发任务。众包者将项目研发过程开放给外部人士，让其通过开源的方式参与其中。（2）动态的组织方式。在线社区是众包的主要组织形式。（3）自主的参与方式。参与者与发包方不是雇佣关系，而是完全出于自主、自愿，根据自身需求理性参与，众包通过激励机制替代合约制，强调"自助协作"，联动各参与者有序高效地完成任务。[①] 众包项目有两种共同属性：一是参与者并不是以营利为目的的；二是他们利用业余时间进行工作。[②] 众包可以帮助企业借助外部智力资源，解决企业研发或生产中的困难，提升解决问题的效率或降低成本。外包和众包的主要区别见表 3 - 1。

表 3 - 1 外包与众包的区别

	外包	众包
诞生时间	20 世纪 80 年代	21 世纪初
实施平台	不限于互联网	互联网
双方关系	雇佣关系	合作关系
发包对象选择	专业人士和专业机构	草根阶层
发包对象数量	有限	无限
产品生产者	生产商	消费者、潜在用户

资料来源：张利斌，钟复平，涂慧. 众包问题研究综述［J］. 科技进步与对策，2012（6）：154 - 160.

二、众包模式的应用

在数据新闻生产中，众包模式的应用主要分为两类：一类是动员受众协

---

　　① 谭婷婷，蔡淑琴，胡慕海. 众包国外研究现状［J］. 武汉理工大学学报（信息与管理工程版），2011（2）：263 - 266.

　　② 豪. 众包：群体力量驱动商业未来［M］. 北京：中信出版社，2011：9.

助识别文档或数据，另一类是动员受众提供内容。

2009 年，英国爆出政客选举开支丑闻，《卫报》请求读者帮助筛选公布的100 万份文件，找出未被披露的渎职行为。该项目有超过两万名读者参与，17 万份收据记录在 80 小时内被检查完毕。① 其中一名读者审阅了 2.9 万份收据记录。②

2012 年美国总统大选前，ProPublica 推出了"释放文件"（Free the Files）项目，请受众整理美国联邦通信委员会（Federal Communications Commission，FCC）发布的大量复杂的电视竞选广告数据，从中提取出广告的购买者等关键信息③，但大量的数据整理工作依靠一个新闻机构的人力是无法完成的。④

在美国东北沿海地区，周期蝉（Magicicada）每隔 17 年破土而出。2013 年纽约公共广播电台推出《蝉虫跟踪》（Cicada Tracker）数据新闻众包项目，邀请听众利用自制的传感器测量家中的土壤温度，以观察该类蝉虫出土情况⑤，结果共收到 800 个不同地点的 1 750 份温度报告。⑥

在 2016 年美国大选报道中，沃克斯新闻网站（Vox）在大选当天推出"情绪跟踪器"（Emotion Tracker）项目，受众可以选择自己支持的候选人以及当时的心情，数据会实时上传至网站设计的象限图中，受众还可以多次登录跟踪自己的心态变化。作为一个众包项目，它完全展示了选举前夜到选举结果揭晓阶段人们的心情，共吸引 12 006 名受众参与（见图 3-1）。⑦

① 常江，杨奇光.数据新闻：理念、方法与影响力 [J].新闻界，2014（12）：10-18.
② 罗杰斯.数据新闻大趋势：释放可视化报道的力量 [M].岳跃，译.北京：中国人民大学出版社，2015：228.
③ 在美国政治中，购买竞选广告是一种通过金钱支持某个政党、影响选举结果的隐蔽方式.
④ 方可成.《纽约时报》怎样玩"众包"？[EB/OL].（2015-01-17）[2018-03-23].http：//fangkc.cn/2015/01/new-york-times-hive/.
⑤ 殷乐，于晓敏.国外物联网应用案例解析 [J].新闻与写作，2016（11）：18-22.
⑥ 许向东.大数据时代新闻生产新模式：传感器新闻的理念、实践与思考 [J].国际新闻界，2015（10）：107-116.
⑦ 周优游.年度盘点：美国大选中的数据新闻 [EB/OL].（2016-12-12）[2018-03-23].http：//djchina.org/2016/12/12/us-election-media/.

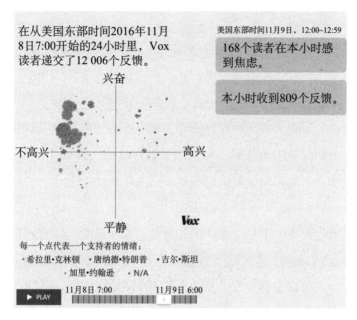

图 3 - 1　情绪跟踪器

资料来源：OH S, SUKUMAR K. Election day emotion tracker：share your feelings, and we'll tell you where you stand with others［EB/OL］. (2016 - 11 - 07)［2019 - 12 - 20］. https://www. vox. com/2016/11/7/13276244/election-day-emotion-tracker.

三、众包模式的 SWOT 分析

(一) 众包模式的优势分析

众包模式创造了新型的知识市场，它将闲散的、分布式的智力资源聚集起来。[①] 克莱·舍基在其《认知盈余》中指出，一方面，世界上有超过万亿小时的空闲时间；另一方面，互联网和数字技术使人们可以充分利用这些空闲时间创造有价值的内容，而不是仅仅消费内容。认知盈余和网络技术构成了众包的软件和硬件基础。[②] 成功的众包模式可以将有参与意愿的受众聚集起来，将任务拆分，实现任务的快速分解与完成，提升数据新闻生产效率，弥补媒体在处理这些任务人力、技术和资源上的不足。

---

① 冯小亮. 基于双边市场的众包模式研究［D］. 武汉：武汉大学，2012.

② 赵嘉敏. 突然死亡的《卫报》中文网［EB/OL］. (2015 - 05 - 22)［2018 - 03 - 23］. http://www. hbrchina. org/2015 - 05 - 22/3001. html.

（二）众包模式的劣势分析

众包是自愿参与的，发包者与接包者不存在契约关系，也非强制关系。众包的前提是假定接包者认真、负责、具有一定的专业知识或在某些方面具有不可替代的优势（如现场的目击者、利益相关者等）。但潜在风险在于，如果要众包，众包采集的数据和内容质量不稳定，实施者无法控制这些数据的质量。在这种情况下，团队就一定要确保做好数据的核查工作。① 这也意味着在新闻生产环节准确与否的关键相当一部分取决于众包者，由此导致混合责任（blended responsibility）的出现。②

另外，众包也不一定总是成功的。例如，为了分析《阿富汗战争日志》，法国新闻网站"身份不明的网络对象"（Objet Web Non Identifié，OWNI）发起众包，读者可以查看日志并指出他们感兴趣的故事，结果最后只有250人参与，其中七成参与者只分析了一个文件就停止了，有价值的日志整理工作主要被专家完成了。③

（三）众包模式的机遇分析

众包理念的扩散与众包群体的形成为数据新闻生产的众包模式应用提供了越来越多的可能。杰夫·豪在《众包：群体力量驱动商业未来》（*Crowdsourcing：Why the Power of the Crowd Is Driving the Future of Business*）中认为，众包的实现取决于四个条件：业余爱好者阶级的出现、生产方式由封闭独占向开放共享的转变、生产工具的民主化以及有效的生产组织模式——社区。④ 随着互联网的普及，以自由、开放、平等、协作为主要特点的众包让受众的创新热情和创新能力彰显出更大的能量和商业价值，以

---

① AU E. 如何打造深度调查的数据团队 [EB/OL]. （2016 - 10 - 24）[2018 - 06 - 15]. https：//cn. gijn. org/2016/10/24/报道亚洲-如何打造深度调查的数据团队/.

② AITAMURTO T. Crowdsourcing as a knowledge-search method in digital journalism [J]. Digital Journalism，2016（2）：280 - 297.

③ LÉCHENET A. Global database investigations：the role of the computer-assisted reporter [EB/OL]. （2014）[2018 - 06 - 10]. https：//reutersinstitute. politics. ox. ac. uk/our-research/global-database-investigations-role-computer-assisted-reporter.

④ 李亚玲. 畅想"众包"模式下的"新闻共产"[J]. 新闻爱好者，2013（6）：38 - 40.

"用户创造内容"为代表的创新民主化形成突破性创新，正在成为一种新趋势。①

（四）众包模式的威胁分析

众包模式的威胁来自其自身，即在面对不同的众包任务时，媒体如何构建一个成功的众包模式。从选题上看，数据新闻的众包"适合以面的铺陈为报道诉求，而非以点的挖掘为报道目的的新闻选题；它适合呈现一个话题的多样性表现，但难以呈现话题本身的历时性延展；它适合收集与公众利益相关、相对直观的数据，但在报道专业问题和收集权威数据时则难以显现优势"②。此外数据新闻的众包还需要媒体对受众参与众包的动机、需求、行为有所了解。《卫报》记者西蒙·威利森（Simon Willison）认为，接包者是没有报酬的，所以众包任务必须有趣。西蒙·罗杰斯认为，用游戏的方式设计众包任务非常重要。《卫报》在政客选举开支丑闻众包中加入了游戏机制（game mechanics），受众可以看到众包的进度和努力的目标。③ 另外，在众包过程中需要记者对受众接包的内容进行核实，以保证质量。媒体还需要考虑接包者对众包任务的专业识别和承担能力，通常越简单有趣的任务越能吸引更多的人参与。媒体还要注意社群建立（community building）④，每一次的众包参与者都不应被视为一次性的资源，而应与其建立长期的关系。

第四节 激发创意的黑客马拉松模式

在数据新闻生产中，程序员是团队的技术核心，数据新闻对程序员的接纳不仅实现了跨界生产，也带来文化上的交融。黑客马拉松模式就是源自软件开发的一种极具挑战和刺激的临时性生产模式。

① 张利斌，钟复平，涂慧. 众包问题研究综述 [J]. 科技进步与对策，2012 (6)：154-160.
② 方洁. 数据新闻概论：操作理论与案例解析 [M]. 北京：中国人民大学出版社，2015：139.
③ VEHKOO J. Crowdsourcing in investigative journalism [EB/OL]. (2013) [2018-03-23]. http://reutersinstitute. politics. ox. ac. uk/publication/crowdsourcing-investigative-journalism.
④ 同②.

一、黑客马拉松

黑客马拉松（Hackathon）又称编程马拉松，是一种开发软件的活动形式，其要求是软件开发者在一定期限内以合作的方式开发软件，主办方为参与者提供学习机会和场地，并把活动发布到网络上。[①] 黑客马拉松的原型为20 世纪 80 年代美国麻省理工学院学生发起的"24 小时马拉松风暴"。黑客马拉松的活动期限从几天到一周不等，开发者、程序员、设计师以小团队的形式合作，围绕特定的主题进行创意研发。

随着程序员进入数据新闻领域，世界范围内出现了专门针对数据新闻创新需求的数据新闻黑客马拉松。对程序员而言，他们无法识别出数据中有趣的故事；对记者而言，他们虽意识到数据新闻的重要性，却缺少技术去构建想要的东西。而黑客马拉松能把二者很好地结合在一起，因此它也被视为促进记者与程序员合作交流的有效形式之一。

二、黑客马拉松模式的应用与评价

2010 年 3 月，荷兰乌得勒支省的数字文化组织 SETUP 启动了"编程新闻"（Hacking Journalism）项目，旨在鼓励开发人员与记者间更广泛的合作。当时数据新闻刚刚兴起，在乌得勒支省没有媒体有意向和预算雇用程序员，媒体对数据新闻持观望态度，而黑客马拉松提供了程序员与记者合作交流的机会。当时那场黑客马拉松时长 30 小时，30 位参赛者被分成 6组，每组聚焦不同的主题，包括犯罪行为、健康、运输、安全、老龄化和能源问题。

2015 年 2 月 13 日至 14 日，美国佛罗里达国际大学和迈阿密黑客联盟联合举办了一场"媒体编程马拉松"，该活动旨在优化地方数据新闻的可读性，使报道能够为公众提供及时的信息。[②]

---

① LINDERS B. Experiences and good practices from Hackathons ［EB/OL］.（2014 - 12 - 27）［2018 - 03 - 23］. https：//www. infoq. com/news/2014/12/experiences-practices-hackthons.

② TRUONG E. How to create a Hackathon in your newsroom ［EB/OL］.（2015 - 10 - 07）［2018 - 03 - 23］. http：//www. poynter. org/2015/how-to-create-a-hackathon-in-your-newsroom/377355/.

2015 年 12 月，"记者/黑客都柏林"（Hacks/Hackers Dublin）在爱尔兰都柏林举办了一场数据新闻马拉松（Data Journalism Hackathon），其主题是对一次调查的数据进行分析。具体做法是，调查软件公司考垂克斯（Qualtrics）在欧洲调查了 5 000 名受访者对工作的态度，数据新闻马拉松参赛者被分成 6 个小组、用两天的时间对这些调查数据进行分析，获奖作品在《爱尔兰时报》（*Irish Times*）上发表。①

纵观近些年与数据新闻相关的黑客马拉松，这种形式大体可以分为两类：一类是完全开放的数据新闻黑客马拉松，由行业协会、非政府组织、高校、媒体主办。另一类是只面向内部人士开放的数据新闻黑客马拉松，多由媒体自己主办。

有的数据新闻编辑部已经将黑客马拉松文化应用于日常的新闻生产中，我国香港端传媒（Initium Media）的数据实验室负责人胡辟砾表示：

> 我发现黑客马拉松的文化可以很好地用于新闻生产。很多时候大家完成一个选题可能比较磨蹭，但认真一点就能快速完成。我想我们可以花一天或者两天来使劲推一个项目，（这个项目）可能平时做不出来，在黑客马拉松很短时间内就能"冲"出来。黑客马拉松也是一种组织内部拓展的机制，我们会跟外面的人，比如来自技术社区、数据新闻社区的人一块儿交流，看看别人是怎么处理同一件事情的。②

虽然黑客马拉松的生产模式并不常见，但是对数据新闻生产的作用却不能低估：首先，它促进了技术人员与新闻记者的合作，让两种不同学科的人士在活动中加深了解。其次，黑客马拉松可以在短期内生产出具有创意的数据新闻产品，或者解决某一个难题，提高了数据新闻生产效率。最后，技术员和记者在活动中彼此学到新技能。

---

① QUALTRICS DUBLIN OFFICE. Data journalism hackathon［EB/OL］.（2015 - 12 - 05）［2018 - 07 - 20］. http://www. meetup. com/hacks-hackers-dublin/events/226992595/.

② 胡辟砾. 媒体原来可以这样玩转"编程马拉松"［EB/OL］.（2015 - 11 - 11）［2018 - 03 - 23］. http://mp. weixin. qq. com/s?＿＿biz＝MzIwMDM5NzYyMQ＝＝&mid＝400687385&idx＝1&sn＝24620572e02717cf8aa4e21744a648ff&scene＝24&srcid＝07176hm5aYPrs8KsAO2LOPDH♯wechat_redirect.

第五节 志趣相投的自组织模式

在中国的数据新闻生产中，还有一种独特的模式：参与者没有工资、互不见面，而是以自发的形式组织起来生产数据新闻。这种独特的模式就是自组织（self organization）模式。

一、自组织模式的含义

"自组织"的概念来源于自然科学和工程技术。组织是自然界和人类社会中事物的一种有序化的过程和构成方式。事物从无序走向有序或从较低级有序到较高级有序的进化有两种方式：一种方式是自我组织起来实现有序化，这种方式被称作"自组织"；另一种方式则是"被组织"或"他组织"，即在外界指令下被动地从无序走向有序。① 协同学的创始人赫尔曼·哈肯（Hermann Haken）认为："如果一个系统在获得空间的、时间的或功能的结构过程中，没有外界的特定干涉，我们便说该体系是自组织的。这里'特定'一词是指那种结构或功能并非外界强加给体系的，而且外界实际是以非特定方式作用于系统的。"②

他组织是指由一个权力主体指定一群人组织起来，以完成一项被赋予的任务。自组织则是一群人基于自愿的原则主动地结合在一起。自组织的产生包括两个阶段：首先，一群人形成小团体。其次，小团体还须有特定目的，并为之分工合作、采取行动。只有当小团体进入自我管理阶段，能自发地为同一目标行动的时候才能称为自组织，否则只能是小团体。③

二、"图政"的自组织模式

笔者通过对国内外数据新闻生产主体的考察，发现"图政"是目前少有

① 杨贵华. 自组织与社区共同体的自组织机制［J］. 东南学术，2007（5）：117 - 122.
② 哈肯. 协同学自然成功的奥秘［M］. 上海：上海科学普及出版社，1988：29.
③ 罗家德. 自组织——市场与层级之外的第三种治理模式［J］. 比较管理，2010（2）：1 - 12.

的采用自组织模式进行数据新闻生产的媒体。

"图政"是一家自媒体，2014 年 7 月由记者戴玉创办，成员为从全国各地选拔出来的实习生。之所以选择这类人群为实习生有三个原因：对数据新闻感兴趣的专职记者太少，对数据感兴趣的人大多不从事记者工作，记者转型需要时间成本。而对数据新闻感兴趣、来自国内外重点高校跨院系、跨专业的实习生不存在上述问题，因此他们就成为数据新闻生产的主体，并逐渐走上数据新闻的流程化与专业化。[①] 目前"图政"与《南风窗》《南方周末》《南方都市报》《广州日报》等媒体合作，在新浪网、ZAKER、知乎等平台开设专栏。

"图政"以自组织的方式运行，自我管理、分工明确，由记者、编辑、美编、程序员、推广人员和统筹者组成，分为新闻组、研究组、美编组和推广组。它每周发布几条数据新闻。实习生每一届实习半年。成员间的交流方式也与专业媒体不同，他们通过线上团队协作系统 Tower 来组织日常的数据新闻生产，成员间没有面对面交流，一切在线上展开。时政类数据新闻没有现成的培训材料，他们自己制作案例和课件，并设计了内部培训课程。[②]

"图政"的成员都是高校大学生，日常上课，整个团队的正常运行全靠成员的自觉和彼此间制定的规则来约束。为了保证成员间的交流顺畅，各小组组长会与组员约定时间，每周至少交流一次。

深度访谈（刘文，曾担任"图政"新闻组组长，现内蒙古广播电视台记者；面对面访谈）

我和组员约定时间开会，一般选择晚上 8 点。平时大家都很忙，我会把问题提前列出来，开会时大家直奔问题，问题讨论完后就散会，没有闲聊的时间，用这种方式开会效率高。

"图政"的数据新闻生产流程与媒体大致相同（见图 3 - 2），与媒体中成员间交流相对较多不同的是，"图政"中成员间交流较少，任务往往是指定

---

① 张嘉佳. 数据新闻：大数据时代讲故事的新方式研究［D］. 兰州：兰州大学，2016.
② 戴玉.《南风窗》图政数据工作室戴玉：时政＋数据新闻怎么做？［EB/OL］.（2015 - 07 - 17）［2018 - 03 - 23］. http：//view. inews. qq. com/a/20150717A00NTT00.

的。因为是自媒体，不涉及盈利（成员也没有固定酬劳），成员都是凭兴趣和
热情参与其中。通常组长在定选题、定稿中有较大权限，但是对一些重大新
闻事件或者敏感事件，"图政"的管理人员（管理人员是在正规媒体供职的记
者）会介入，对稿件进行把关。

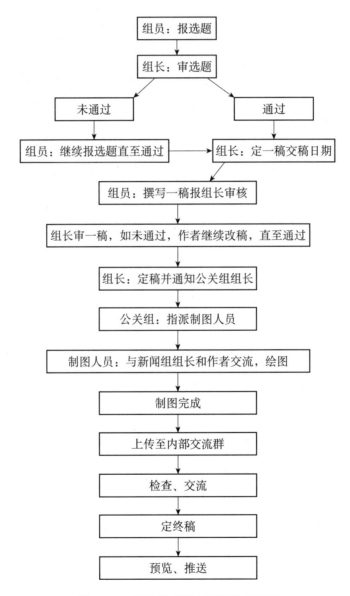

图 3－2　"图政"的数据新闻生产流程

"图政"的数据再生产相对简单，选题大多是本身有丰富数据的报告，成员对报告中有新闻价值的数据进行识别、整理或简单分析即可完成。

深度访谈（刘文，曾担任"图政"新闻组组长，现内蒙古广播电视台记者；面对面访谈）

我一般从网上搜"报告"一类的选题，这种选题数据比较好找，也算是一个捷径。

较为复杂和偏深度的数据新闻则是由研究组成员完成，研究组也时常与其他媒体合作，承接外包工作。对于一个完全由高校学生日常运营的自媒体，"图政"的自组织模式做得较为成功，但作为一个通过微信平台传送数据新闻生产内容的媒体，则存在不足。例如，数据新闻生产的水平和效率较低，成员间的沟通较少，不同工种间的衔接缺少共识，每个环节基本上体现的都是个人的想法等。

第四章 洞察现实：数据采集与分析

数据新闻＝80％的汗水＋10％的灵感＋10％的呈现。[①] 在数据新闻生产中，数据再生产环节居于核心地位。一般来说，处理结构化的小数据，统计分析方法较为常用。随着数据体量由小数据变为海量数据、大数据，统计分析无法处理，需要运用数据挖掘的方法。数据挖掘是从大量数据中挖掘出隐含的、先前未知的、对决策有价值的知识的过程。从理论来源看，数据挖掘和统计分析在很多情况下是相通的。数据挖掘是统计分析方法的延伸和扩展，它利用了统计学的抽样、估计和假设检验，以及人工智能、模式识别和机器学习的搜索算法、建模技术和学习理论等领域的思想。[②] 当然数据挖掘与统计分析又有所区别（见表 4-1）。目前的数据新闻实践多以结构化的小数据为主，所以媒体在数据再生产环节主要运用统计分析的方法。

表 4-1　　　　　　　　　　数据挖掘与统计分析的对比

数据挖掘	统计分析
数据挖掘不需要假设	统计分析通常需要从假设出发
数据挖掘可以自动建立方程	统计分析需要自己建立方程或模型与假设吻合
数据挖掘能够处理各类数据（如文本、音频、图片等）	统计分析处理的是数字化的数据
数据挖掘依赖于噪声小、记录完整的数据	统计分析在过程中可以发现并过滤数据
数据挖掘的结果有可能不容易解释	统计分析可直接对所产生的结果进行解释

资料来源：梁亚声，徐欣. 数据挖掘原理、算法与应用 [M]. 北京：机械工业出版社，2015：14.

统计分析的流程一般来说包括数据采集—数据清洗—数据分析。数据

---

① 罗杰斯. 数据新闻大趋势：释放可视化报道的力量 [M]. 岳跃，译. 北京：中国人民大学出版社，2015：9.

② 梁亚声，徐欣. 数据挖掘原理、算法与应用 [M]. 北京：机械工业出版社，2015：2-13.

采集是基于研究问题对数据的获取；数据清洗则是发现并纠正数据文件中可识别的错误程序，包括检查数据一致性、处理无效值和缺失值等；数据分析是用恰当的方法对收集来的数据进行分析，提取有用信息，形成结论。数据挖掘的流程则相对复杂，包括业务理解—数据理解—数据预处理—建立模型—对模型评价和解释—实施。本章笔者结合数据新闻数据再生产实际，兼顾统计分析和数据挖掘，重点对数据采集和数据分析环节进行探讨。

第一节　数据采集的方式

数据记者对数据的获取大致可分为四种方式：开放获取、申请获取、自行采集和共享获取。

一、开放获取

开放获取是指通过公开、无须许可的方式获取数据的手段。开放获取的数据都是免费数据，例如，开放的政府数据、企业公开发表的年报、调查和科研机构发布的调查报告、媒体的新闻报道和公开发表的其他数据等。

获得 2014 年全球数据新闻奖的作品《移民档案》（The Migrant Files）所用的数据就属于开放获取，它包括媒体报道、政府出版物、灰色文献①、联合国关于避难所寻找者的报道、一些关于欧洲及周边地区的移民和人口贩卖活动的报道。②

随着数据采集技术的进步，一些数据记者通过网络抓取（web scraping）自动抓取网络平台数据。ProPublica 的数据新闻《给医生的钱》（Dollars for

---

① 灰色文献通常指不经营利性出版商控制，而由各级政府、科研院所、学术机构、工商业界等所发布的非秘密的、不作为正常商业性出版物出售而又难以获取的各类印刷版与电子版文献资料。见洪烨林. 全球编辑网络数据新闻奖项揭晓［EB/OL］.（2014－07－13）［2016－08－23］. http：//djchina. org/2014/07/13/gendja_2014/.

② 洪烨林. 全球编辑网络数据新闻奖项揭晓［EB/OL］.（2014－07－13）［2016－08－23］. http://djchina. org/2014/07/13/gendja_2014/.

Docs）关注的是医药公司给医生的各种酬劳，按照法律规定，医药公司需在网站上公开这些数据。由于数据记者无法通过正常途径获得相关数据，于是便通过网页抓取采集了相关数据。① 2016 年 10 月，英国政府批准了希思罗机场修建第三跑道的计划。为了调查机场附近居民对噪音投诉的实际情况和影响，BBC 数据记者编写了网络爬虫程序抓取希思罗机场官网数据，结果发现平均每五分钟机场就会收到一个噪音投诉。②

《我们爬了蔡徐坤的微博，发现了粉丝刷量控评的套路》

网易"数读"2019 年 4 月 19 日的数据新闻作品《我们爬了蔡徐坤的微博，发现了粉丝刷量控评的套路》爬取了蔡徐坤微博的 28 万余条评论和潘长江微博的 6.4 万条评论，利用高频词间的共现关系，采用力导向布局绘制了高频词语间关系网络，揭示了这两个微博中控评的某些规律：蔡徐坤某条微博的 28.6 万多条评论由 11.8 万个微博账号贡献而来，人均贡献 2.4 条评论；评论数大于 10 条的账户仅有 3 869 个，约占总用户数的 3.3%，但创造了 9.8 万条评论，占比达到了 34.5%。③

开放数据受数据记者偏爱的原因在于数据易得、无须付费，在生产时不涉及授权等繁杂程序，只需明确交代数据来源即可。在数据新闻日常生产中，这些数据能够适应媒体"7/24"的运作模式。

二、申请获取

申请获取是指利用政府制定的信息公开法律、法规向有关部门获得数据的手段。美国 1966 年通过联邦《信息自由法》，随后各州颁布类似法规。2005 年，英国《信息自由法》正式实施，规定公众有权知晓任何与公共利益相关的政府信息。中国在 2007 年通过《政府信息公开条例》，规定了政府信

---

① 邱悦. 爱啃数据硬骨头的 ProPublica ［EB/OL］.（2015 - 01 - 22）［2016 - 08 - 23］. http://djchina. org/2015/01/22/data_newsroom_propublica/.

② WAINWRIGHT D. 伦敦希思罗机场有多扰民？BBC 数据记者用爬虫揭晓 ［EB/OL］.（2017 - 01 - 12）［2018 - 09 - 03］. http://cn. gijn. org/2017/01/12/伦敦希思罗机场有多扰民？bbc 数据记者用爬虫揭晓/.

③ https://mp. weixin. qq. com/s/td1JhXTruR6ZUdcHJuCPyg.

息公开的范围和方式，以及申请公开的程序和监督方式。截至 2016 年年底，世界上颁布《信息自由法》的国家和地区达到 115 个。①

在英美等国，数据记者通过《信息自由法》向政府索取相关数据已成常态，这种方式被称为"政府信息公开请求"②（FOIA request）。有研究对《卫报》2012 年全年的数据新闻进行统计发现，18 篇数据新闻是通过申请信息公开的方式获取的。③

虽然有申请的通道，但数据记者通过申请方式获得数据也存在局限。

首先，申请所要的数据和信息需要一定的时间。在美国，每个州对"政府信息公开请求"的规定各不相同。有的州（如路易斯安那州）规定所有"政府信息公开请求"必须在三天内得到回复。有的州则没有这种时效规定，一般耗时几个月，甚至几年。④ 有鉴于此，如果是调查性报道，整个报道的生产周期较长，记者可以等，但如果是时效性强的新闻，在得到答复、获得数据后可能就错过了最佳发稿期（或许可用于日后某些报道中）。

其次，申请的数据相关部门不一定提供。即便在英美等《信息自由法》实施多年的国家，政府部门在接受信息公开申请请求时也存在复杂的心态。⑤ 有记者表示，政府部门会用各种理由搪塞，如数据库太大，无法导出等。⑥

最后，申请到的数据不一定有用。2015 年，《纽约每日新闻》记者萨拉·赖利（Sarah Ryley）向纽约市警察局申请档案记录调查纽约市如何以违反《公害消除法》的名义驱逐居民。纽约市警察局向赖利提供了想要索取的资料，但对赖利的调查毫无帮助。⑦

---

① FREEDOMINFO. Eight countries adopt FOI regimes in 2016［EB/OL］.（2016 - 12 - 28）［2018 - 08 - 23］. http：//www. freedominfo. org/2016/12/eight-countries-adopt-foi-regimes-2016/.

② 邱悦. 爱啃数据硬骨头的 ProPublica［EB/OL］.（2015 - 01 - 22）［2016 - 08 - 23］. http：//djchina. org/2015/01/22/data_newsroom_propublica/.

③ 李宇. 西方数据新闻的特征研究——以英国《卫报》的实践为例［D］. 北京：中国人民大学，2014.

④ 同②.

⑤ 方洁. 数据新闻概论：操作理论与案例解析［M］. 北京：中国人民大学出版社，2015：104.

⑥ 同②.

⑦ 网易新闻学院. 数据界"马云爸爸"：ProPublica 建立数据销售平台［EB/OL］.（2016 - 10 - 09）［2018 - 06 - 23］. http：//news. 163. com/college/16/1009/15/C2URC4L8000181KO. html♯.

三、自行采集

自行采集是指媒体依据报道的问题，如通过问卷调查、众包、传感器收集的数据等，自己采集原始数据。媒体自采数据比例较低，原因在于自采数据有很多局限，如问卷调查需遵循严格的问卷调查设计程序组织人力、物力去实施，越大规模的调查越有说服力，同样也会导致新闻生产成本急剧增大。如果进行简单数据调查，则可信度和说服力会受质疑。此外，受访者是否愿意向媒体提供数据也是一个问题。澎湃新闻的《我们去了相亲角 6 次，收集了这 874 份征婚启事》采用的就是最"原始"的数据采集方式——派人去现场拍征婚启事的照片，之后将采集到的个人隐私数据脱敏，转化成可利用的数据。

《我们去了相亲角 6 次，收集了这 874 份征婚启事》

为了弥补媒体在自行采集上的局限，媒体有时通过众包的方式搜集受众提交的数据来满足对于某些数据的特定需求。虽然这种搜集方式并不涉及全样本或具有统计学上的意义，但可以从某种程度上反映和揭示一些问题。例如，为提升法国水资源市场透明度、维护公众权益，法国自由基金会（France Libertés）与《6 000 万消费者》（*60 Millions de Consommateurs*）杂志合作发起众包水价行动，四个月间 5 000 多名受众将自己家的水价账单上传至众包平台。①

近年来，传感器成为数据记者采集数据的重要方式。记者或通过利用政府部门、公共设施中的现有传感系统，或运用众包、购买、租用商业传感器等方式来收集数据信息。② 哥伦比亚大学新闻学院托尔数字新闻中心高级研究员弗格斯·皮特（Fergus Pitt）认为，记者需要的数据并不能全部从官方数据中得到，官方数据可能会隐瞒信息，这就鼓励记者开辟一些收集数据的方式。

---

① GRAY J，CHAMBERS L，BOUNEGRU L. The data journalism handbook [M]. Sebastopol：O'Reilly Media，2012：106 - 107.

② 许向东. 数据新闻中传感器的应用 [J]. 新闻与写作，2015（12）：70 - 72.

另外，传感器无处不在，可将一些抽象的东西量化，这也是记者采用传感器搜集数据的主要原因。[①] 为了让印度公众了解身边的空气污染情况，印度非营利新闻媒体"印度消费"（IndiaSpend）在全国安装了 60 多个空气质量传感器监测空气中的 PM2.5 值和 PM10 水平，公众可登录界面查看实时监测数据。因为政府虽然也设置了监测站，但是数量较少，全国只有 37 个，而且不是所有的监测数据都会公布。[②]

四、共享获取

共享获取是指通过与数据持有者协商、合作，有偿或无偿地获得数据的方式。例如，2014 年央视《晚间新闻》推出的《"据"说春运：广东被春运带走的人最多》（见图 4 - 1），其中的人口迁徙数据来自百度地图 LBS（Location Based Service）的定位数据。

《"据"说春运：广东被春运带走的人最多》

图 4 - 1　《"据"说春运：广东被春运带走的人最多》节目画面

---

① 刘胜男. 科技时代，新闻业可将"传感器"作为报道利器 [J]. 中国传媒科技，2015（6）：30 - 32.

② 宋洁. DJA 2016 中的传感器新闻 [EB/OL].（2016 - 06 - 27）[2018 - 07 - 15]. http：//mp. weixin. qq. com/s/_aRzWgCBtA8TDykOTosYTg.

在 2010 年"维基解密"事件中，朱利安·阿桑奇没有选择立刻公开获得的文档，而是与《卫报》《纽约时报》《明镜周刊》合作，由这三家媒体率先发布。2013 年 6 月，美国前中情局职员爱德华·斯诺登将棱镜门的秘密资料交给《卫报》和《华盛顿邮报》，并告诉媒体何时发布。《经济学人》在 2018 年美国中期选举前推出《如何预测美国人的投票》（How to Forecast an American's Vote），作品的核心是预测模型，其基础数据来自知名调查机构舆观（YouGov）提供的 12.5 万个美国投票者的反馈数据。[①] 需要提醒的是，在共享数据时，数据提供者需要考虑这种分享行为是否违反相关约定、协议，甚至法律。

第二节 数据采集存在的问题

在数据新闻生产中，作为原材料的数据看似遍在和充裕，实则稀缺。在数据采集中数据记者会遇到诸多问题，总结起来主要有以下三点。

一、数据垄断导致可用数据资源不足

政府数据开放可以形成一个良性的循环：政府开放的数据越多越广泛，社会创新成本（如避免数据重复收集）和风险就越小，数据利用者的利用能力越强，数据利用效果就越好，创造的价值也越大，如此又促使政府开放更多更广的数据。[②] 而政府开放数据的程度不深会阻碍数据新闻实践的推进。[③] 现在，大量的政府数据集仍掌握在行政体系内部，未能及时提供给社会利用[④]，存在数据条块分割严重、数据平台缺乏统一标准、一些数据资源丰富

---

① SELBY-BOOTHROYD A. The Economist's "build a voter" models [EB/OL]. [2019 - 06 - 15]. https: //datajournalismawards. org/projects/the-economists-build-a-voter-models/.

② 杜振华，茶洪旺. 政府数据开放问题探析 [J]. 首都师范大学学报（社会科学版），2016 (5)：74 - 80.

③ 方洁，胡杨，范迪. 媒体人眼中的数据新闻实践：价值、路径与前景——一项基于七位媒体人的深度访谈的研究 [J]. 新闻大学，2016 (2)：13 - 19.

④ 唐斯斯，刘叶婷. 全球政府数据开放"印象"——解读《全球数据开放晴雨表报告》[J]. 中国外资，2014 (9)：28 - 31.

的部门不愿共享等问题。①

2016 年 4 月，万维网基金会（World Wide Web Foundation）发布的《全球数据开放晴雨表报告》显示，纳入评价的 92 个国家和地区都发布了政府的一些数据，55％的国家和地区设立了开放数据机构，其中 76％是在线的。英国得分居首，紧随其后的是美国、法国、加拿大，欧美国家在榜单中总体居前，其次则是亚太地区，中国排名第 55 位。调查显示 93％的国家和地区的公众和技术人士利用过政府数据。在抽查的 1 380 个政府数据集中，只有 10％是完全开放的，而很多开放的数据集还存在质量问题。②

"中国开放数据探显镜"项目报告显示，中国地方政府的数据开放量较低，截至 2015 年 5 月 20 日，被调查的地方政府平均公开 278 个数据集。③ 我国的数据开放平台主要有中国政府公开信息整合服务平台、北京宏观经济与社会发展基础数据库、上海市政府数据服务网等。2014 年，新华社开始在 info. xinhua. org 网站免费提供重要新闻资料，将私有数据开放。百度指数在 2013 年将栏目重新定位为"大数据分享和探索平台"。从总体上看，开放的范围、类型仍然有限。

数据新闻使用的数据既要涉及公共利益，又要具备新闻价值。因此，开放数据的程度和质量在很大程度上影响着数据新闻的发展。

　　深度访谈（A 编辑，B 媒体数据新闻报道负责人；在线访谈）

　　有的时候因为缺数据，有的时候因为节点不对，不能做的数据新闻很多。

二、采集的数据质量存在问题

无论政府发布的开放数据还是经由申请获得的数据，数据质量是关涉数据利用价值的重要因素。数据质量的评价维度包括：（1）无误性（free of er-

---

① 孙洪磊，南婷，韦慧，李惊亚，马意翀 . 政府垄断致公共数据束之高阁浪费严重［EB/OL］. （2015－02－25）［2018－03－12］. http：//www. chinanews. com/cj/2015/02－25/7076397. shtml.

② WORLD WIDE WEB FOUNDATION. Executive summary and key findings［EB/OL］. （n. d. ）［2018－03－12］. http：//opendatabarometer. org/3rdEdition/report/＃executive_summary.

③ 郑磊 . 开放数据的现实困境［J］. 网络传播，2016（4）：48－49.

ror），数据是否正确；（2）完整性（completeness），包括架构完整性、列完整性、数据集完整性①；（3）一致性（consistency），包括一张或多张表中的多副本数据的一致性、相关数据元素之间的一致性、不同表中相同数据元素形式的一致性；（4）数据可信度，指数据的真实程度和可信程度，包括数据源的可信度、与内部的惯用标准相比的可信度和基于数据年龄的可信度；（5）数据适量性（appropriate amount of data），指解决这一数据问题所需要的数据量；（6）及时性（timeliness），指对于使用该数据的任务来说，数据更新的程度；（7）可访问性（accessibility），指获取数据的难易程度。②

在美国发生过由于媒体对所获数据核查不严，导致个人名誉受损的事件。该事件说的是《得克萨斯论坛》的一篇报道让当地一名男子莫名其妙地被扣上了"罪犯"的帽子，结果发现是该州犯罪数据库本身有问题。③

2014 年 9 月，美国医疗保险和医疗补助服务中心（Centers for Medicare & Medicaid Services）发布了国家医生收入透明项目数据库，但是记者检索发现，该数据库存在诸多不足，如未包含医生所有的收入数据，且三分之一的数据存在错误。④ 2012 年 12 月，美国数据记者尼尔·穆尔瓦德（Nils Mulvad）在获得他争取了七年的兽医处方数据后决定不发布数据，因为数据中有诸多错误。⑤ 国内一些数据新闻业者表示，不少政府部门发布的数据存在失真的情况。⑥

《全球数据开放晴雨表报告》对开放数据的质量评价标准是可机读、批

---

① 架构完整性是指架构的实体和属性没有缺失的程度。列完整性是指一张表中的一列没有缺失的程度。数据集完整性是指数据集中应出现的数据成员而没有出现的程度。见 LEE Y W, PIPINO L L, FUNK J D, WANG R Y. 数据质量征途 [M]. 黄伟，王嘉寅，苏秦，等译. 北京：高等教育出版社，2015：44 - 47.

② LEE Y W, PIPINO L L, FUNK J D, WANG R Y. 数据质量征途 [M]. 黄伟，王嘉寅，苏秦，等译. 北京：高等教育出版社，2015：44 - 47.

③ BRADSHAW P. Ethics in data journalism: accuracy [EB/OL]. (2013 - 09 - 13) [2018 - 11 - 12]. https://onlinejournalismblog.com/2013/09/13/ethics-in-data-journalism-accuracy/.

④ ORNSTEIN C. What to be wary of in the govt's new site detailing industry money to docs [EB/OL]. (2014 - 09 - 30) [2018 - 11 - 15]. https://www.propublica.org/article/what-to-be-wary-of-in-the-govts-new-site-detailing-industry-money-to-docs, 2014 - 09 - 30.

⑤ 同③.

⑥ 方洁，胡杨，范迪. 媒体人眼中的数据新闻实践：价值、路径与前景——一项基于七位媒体人的深度访谈的研究 [J]. 新闻大学，2016 (2)：13 - 19.

量、免费、开放式许可、更新、可持续、易于查找和关联数据等，然而该报告的调查显示其自身大量的开放数据是不可机读的。"中国开放数据探显镜"项目报告显示，数据应当符合易操作的可机读格式（如 xls，而非 pdf），而目前其可机读率为 84.1%。① 不可机读导致数据记者在前期耗费大量时间。

还有的数据在源头上就有问题。2016 年美国总统大选前的民调被指样本出现偏差：多数民意数据来自座机的电话随机访问，忽视了其他受访群体；即便是电话随机访问，其应答率不足 10%，导致样本在加权赋值后小样本的独特性被放大。② 2014 年，加拿大政府搜集失业数据，以此评价临时外籍劳工对本地居民就业的影响。通过政府搜集的数据得出的结论是：临时外籍劳工对当地居民就业没有影响。实际上，该数据样本存在问题，因为它没有涵盖当地原住民，遗漏了大量人口样本，因而得出的结论的可信度自然就有问题。③

新闻是讲究时效性的，一些开放数据的时效性比较差，无疑影响了数据的新闻价值。"中国开放数据探显镜"项目报告显示，中国各地方发布的多为静态数据，占比近九成，更新频率为一年或不定期。④

在开放数据实践程度较高的英国，很多数据也是静态数据。以访问量最多的道路安全数据为例，在 2015 年 9 月只能检索到 2013 年及以前的完整数据，2015 年上半年和 2014 年全年的数据均未发布。⑤ 可以想见，假定某一天发生道路安全重大事故，媒体想利用该数据库做一条梳理全国层面的道路安全情况的数据新闻时，它将面临两个选择：一是放弃使用该数据库中的数据，或是将数据的统计截至 2013 年。如果是后者，媒体必然会面临受众的质疑：

① 郑磊，高丰. 政府开放了多少数据？2015 中国开放政府数据"探显镜"[EB/OL].（2015 - 10 - 12）[2018 - 11 - 12]. http：//mp. weixin. qq. com/s/mIsmlhk2BKzOHBrJdFkKbg.

② 胡瑛，普拉特，陈力峰. 美国大选新闻中的数据迷思 [J]. 新闻战线，2016（23）：133 - 135.

③ MCBRIDE R. Giving data soul：best practices for ethical data journalism [EB/OL].（n. d.）[2019 - 06 - 25]. https：//datajournalism. com/read/longreads/giving-data-soul-best-practices-for-ethical-data-journalism？utm_source＝sendinblue&utm_campaign＝Conversations_with_Data_May_Ethical_Dilemmas&utm_medium＝email.

④ 同①.

⑤ STONEMAN J. Does open data need journalism？[EB/OL].（2015）[2017 - 10 - 12]. https：//ora. ox. ac. uk/objects/uuid：c22432ea-3ddc-40ad-a72b-ee9566d22b97.

为何没有最新的数据？虽然媒体可以解释无法获得最新数据，但这条数据新闻无论在新闻价值还是在受众需求上都无法占据主动。

2008年和2012年连续两次准确预测奥巴马当选的538网站负责人纳特·西尔弗却在2016年的大选预测中失利，其中一个重要原因就在于他的预测模型依赖数据，而数据来源于民调。大选民调的抽样点分布不够均匀，支持特朗普的人表示沉默或者说假话，导致了数据一边倒。而抽样方法、样本选取等都与结果紧密相关，如果没有足够的有效数据，纳特·西尔弗就不能进行精准的预测，这些都属于数据质量的维度。①

三、伦理规范欠缺引发侵权和争议

当原始数据成为记者的工作对象时，传统的新闻生产伦理便缺少了针对性。法律、法规的不完善，对数据采集、发布的伦理规范缺乏，往往导致数据新闻侵权情况的发生。

2013年12月，美国纽约州《新闻报》（*The Journal News*）发布了一幅威切斯特和罗克兰两个县的合法枪支分布地图，将两个县所有合法枪支拥有者的名字和家庭住址都列了出来。该报总裁珍妮特·哈桑（Janet Hasson）认为，纽约居民有权拥有枪支也有权获取公共信息，记者的角色之一就是及时公布公开信息。但公众认为发布的这些个人信息侵犯了隐私权。② 最后该报撤下了枪支地图，纽约州通过法案对枪支持有者进行匿名处理③，枪支登记者可以以隐私原因为由选择退出枪支的公共记录。④

另一个案例则涉及潜在的伦理风险。BuzzFeed 与 BBC 利用算法对

---

① CINDY. 为什么2016美国大选大数据预测普遍失灵［EB/OL］.（2016 - 11 - 13）［2018 - 11 - 12］. http：//mp. weixin. qq. com/s/6-B17oOEXdx0cwweYCG9fg，2016 - 11 - 13.

② WEINER R. N. Y. newspaper's gun-owner database draws criticism［EB/OL］.（2012 - 12 - 26）［2018 - 11 - 12］. http：//www. usatoday. com/story/news/nation/2012/12/26/gun-database-draws-criticism/1791507/.

③ BEAUJON A. N. Y. 's tough new gun law also prohibits disclosu-re of gun owners'names［EB/OL］.（2013 - 01 - 15）［2018 - 03 - 23］. http：//www. poynter. org/2013/n-y-s-tough-new-gun-law-al-so-prohibits-disclosure-of-gun-owners-names/200714/.

④ MCBRIDE K，ROSENSTIEL T. The new ethics of journalism：principles for the 21st century［M］. Thousand Oaks：CQ Press，2013：186.

2009—2015 年的 2.6 万场 ATP 与大满贯顶级男子网球赛进行了分析，得出涉嫌打假球的场次和球员名单。BuzzFeed 在 GitHub 上共享了这篇名为《网坛骗局》（The Tennis Racket）的报道的调查方法、经过匿名处理的数据以及算法。美国斯坦福大学的本科生利用 BuzzFeed 的方法重复了记者的数据分析过程并发现了打假球的运动员。虽然 BuzzFeed 在报道中提前声明测算的结果并不能作为打假球的证据，但如果他人通过这些匿名数据"识别"涉嫌打假球的运动员，BuzzFeed 可能会面临来自相关运动员的诉讼。[①]

另外，如何处理被"泄露"的数据也是一个棘手的问题。当"维基解密"把美国国防部和国务院 2010—2011 年的数据泄露给多家新闻机构时，各家媒体不仅要决定是否发布，还要决定怎样发布：一方面要防止曝光这些人的名字会让他们面临危险，另一方面也要考虑到公众有权利了解与政府有关的信息。[②]

数据记者在个人数据采集、分析和发布的各环节都需要对个人数据进行妥善保存。近年来，一些大型数据新闻作品采用跨境、跨界合作方式，当个人数据在不同的参与主体中"流转"时，尤其要避免个人敏感数据的泄露。伦敦大学学者科林·波莱扎（Colin Porlezza）认为，对于个人数据应当思考以下问题：谁控制数据？数据可以和谁共享？数据如何保护，并确保安全？新闻机构应对记者进行数据安全风险教育和避免由于数据共享导致的潜在数据滥用问题。[③] 随着数据新闻生产越来越常态化，对数据类型的采集多样化，伦理问题将变得更加突出。如何规避数据采集过程中的伦理风险，是一个亟待探讨的课题。

---

① DIAKOPOULOS N. BuzzFeed's pro tennis investigation displays ethical dilemmas of data journalism [EB/OL]. (2016-11-16) [2018-07-03]. http：//www.cjr.org/tow_center/transparency_algorithms_buzzfeed.php.

② HOWARD A. On the ethics of data-driven journalism：of fact，friction and public records in a more transparent age [EB/OL]. (2013-11-14) [2018-11-03]. https：//medium.com/tow-center/on-the-ethics-of-data-driven-journalism-of-fact-friction-and-public-records-in-a-more-transparent-a063806e0ee3.

③ EUROPEAN JOURNALISM CENTRE. Conversations with data [EB/OL]. [2019-06-11]. http：//r.thinkbrigade.org/mk/mr/OVBNwy8wYC1xiNe9VmFwMpHfu2gANNB9SPPzfjvoWA1A4Ho6_puHxvvHEQFKIbM4VLzXdtRrefj0ncQWm3Q8b5yKQMahHVukt94OpdHTLA.

第三节　数据分析的功能

数据分析是运用适当的统计方法对收集的资料进行分析，以最大化开发数据资料的功能、发挥数据的作用，是为了提取有用信息和形成结论而对数据加以详细研究和概括总结的过程。[①] 数据分析方法主要有三类：（1）描述性分析（descriptive analytics），即采用数据统计中的描述统计量、数据可视化等方法描述数据的基本特征，如总和、均值、标准差等；（2）预测性分析（predictive analytics），即通过因果分析、相关分析等方法基于过去/当前的数据得出潜在模式、共性规律或未来趋势[②]；（3）规范性分析（prescriptive analytics），即根据所拥有的已知数据，结合诸多影响因素，提供最佳决策方案。笔者依据数据新闻生产的实践，将数据分析在数据新闻中的应用分为四类：描述问题、解释问题、预测问题和决策问题。

一、描述问题

描述问题是指通过数据分析对事实、现象的现状、特征、演变等方面进行总结、判断和呈现。描述问题是数据分析最基本的功能，多运用描述性数据分析得出结论。描述问题的一般做法是，记者拿到数据经由评估、清洗之后，通过对比分析法、平均分析法、交叉分析法等分析数据的集中趋势、离散程度和分布情况。

在 2013—2016 年获全球数据新闻奖的报道样本中，73％的获奖作品的主要功能在于信息告知。[③] 在笔者对 2013—2018 年全球数据新闻奖获奖作品的数据分析方法统计中，93.5％的样本运用了描述性分析。[④] 当然，描述问题

---

① 赵守香，唐胡鑫，熊海涛. 大数据分析与应用 [M]. 北京：航空工业出版社，2015：94.

② 朝乐门. 数据科学 [M]. 北京：清华大学出版社，2016：18.

③ HERAVI B, OJO A. What makes a winning data story? [EB/OL]. (2017-01-24) [2018-03-23]. https://medium.com/@Bahareh/what-makes-a-winning-data-story-7090e1b1d0fc#.3fbubynuo.

④ 张超，闪雪萌，刘娟. 从去专业化到再专业化：数据新闻对数据科学的应用与趋势 [J]. 中国出版，2019（1）：25-28.

并不意味着描述性分析方法就一定简单。一些数据调查型报道和复杂的大型数据新闻作品，其数据分析的主要功能虽重在描述问题，但数据分析方法比较复杂，有的甚至使用了机器学习。

二、解释问题

解释问题是指通过数据分析探讨、揭示某一问题、现象发生、发展的原因。它通常记者需要综合运用多种数据分析方法探索、验证，有时还需定性分析。

2011 年 8 月发生的英国骚乱五天内从伦敦蔓延到英国六大城市，骚乱原因各方解释不同。《卫报》推出数据新闻报道专题《解读骚乱》（Reading the Riots）以让公众更好地理解谁是趁乱打劫者，以及为何参与抢劫。针对政客认为骚乱与贫困无关的言论，《卫报》运用描述性分析，将骚乱爆发地点与贫困人口分布地图结合，证明并驳斥了骚动与贫困无关的言论。

在 2013—2016 年获全球数据新闻奖的报道样本中，39％的获奖作品具有解释功能，如在选举时数百万少数族裔是如何基于计算机程序识别违规的规则而被无意中阻止投票的。[①]

三、预测问题

预测问题是指对某一事件、事态、现象在未来一段时间内某个属性的水平值或发生概率进行预测，主要运用预测性分析。记者在预测问题前要建立分析模型，常用的方法是回归预测模型和分类预测模型。在回归预测模型中，目标变量通常是连续型变量，例如预测股票价格；在分类预测模型中，目标变量通常是分类变量。[②] 2016 年美国总统大选期间《纽约时报》"The Upshot"栏目不仅推出了全国层面的预测性报道，还包括 50 个州的预测性报道。

预测问题亦有风险，尤其是对短期内可以看到结果的预测，如果预测失

---

① HERAVI B，OJO A. What makes a winning data story？［EB/OL］.（2017-01-24）［2018-03-23］. https：//medium.com/@Bahareh/what-makes-a-winning-data-story-7090e1b1d0fc#.3fbubynuo.

② 贝森斯. 大数据分析：数据科学应用场景与实践精髓［M］. 柯晓燕，张纪元，译. 北京：人民邮电出版社，2016：35.

败，会影响数据新闻的声誉。例如，2016 年美国总统大选美国主流媒体的预测遭遇"滑铁卢"。而长期内才能看到结果的预测，面临的风险则较小。例如获得全球数据新闻奖的作品《可视化二氧化碳排放的过去、现在和未来》（Visualizing the Past，Present and Future of Carbon Emissions）描述了当前"碳收支"给地球生态环境带来的问题，分析了造成这种现状的原因，预测了未来低、中、高、极高四种二氧化碳排放状况下的地球生态面貌。这种预测需要在未来相当长的一段时间内才能被证明，而且问题性质与大选不同，公众更倾向于将其视为一种科普方式，因此它面临的风险就小得多。

四、决策问题

决策问题是指通过数据获取有关未来行动的最优方案，以提供智力支持，主要采用规范性分析。当可选择的数据量较少时，基于描述性分析和预测性分析，可以选择出最优方案，但在更多的情况下，由于数据量的庞大和排列组合的方案太多，就需要运用规范性分析帮助人们从众多选择中选出一个最优方案。[①] 对于大数据时代的数据新闻生产而言，海量数据、关联数据可以使数据完成从信息到知识再到智慧的进阶，数据价值的终极目标是提供决策，提供个性化服务。

其实当前的一些数据新闻作品已经触及了决策层面。《纽约时报》的《租房还是买房》，用户输入居住年限、抵押贷款利率以及首付等数值可判断租房划算还是买房划算。ProPublica 的《拯救心脏病患者》（HeartSaver：An Experimental News Game）运用真实数据，让用户体验在具体情境（如医院治疗水平、患者距医院的距离）下的不同决策对病人存活概率的影响。

第四节　数据分析存在的问题

数据分析是解读数据的一种方式，但不是唯一方式，也不会带来唯一解

---

① 沃森，内尔森. 管理数据分析：原理、方法、工具及实践［M］. 王忠玉，王琼，译. 北京：机械工业出版社，2017：128.

释。在实践中，数据分析环节也是数据新闻生产可能出现问题的重要一环。

一、忽视数据原初语境，再语境化扭曲数据本义

任何文本意义的生产都依赖特定的生成语境。语境强调意义发生的底层规则或外部环境，它不仅确立了阐释的边界，还作为一种生产性的元素参与意义的直接建构。① 数据从来就不是中立的既定事实（data are never neutral "givens"）。② 对数据而言，没有语境就不可能有意义；一旦有意义，它必定存在于某种语境之中。数据新闻生产涉及两个语境：数据的原初语境和新闻文本设定的文本语境。

数据的原初语境主要涉及数据是基于何种目的、何种方法、解释何种问题而被收集的，涉及数据自身的阐释边界问题。新闻文本设定的文本语境是指新闻文本基于何种主题、意图利用数据，涉及数据的适用性问题。将数据从原初语境置于新闻文本设定的语境之中就会发生"再语境化"现象。英国社会语言学家费尔克劳夫认为，再语境化是"新视角化"（reperspectivization），是权力运作的一种手段。③ 在再语境化过程中，抽象的数据通过语境的置换、转移，可能"再生"出新的意义，甚至导致意义偏差，因此需要记者全面、综合地考虑数据使用问题，而非抽离数据的原初语境。一般来说，数据的原初语境和新闻文本设定的文本语境契合度越高，人们对数据的理解就越准确，数据表征的现实和对现实的解释就越可信。

《华盛顿邮报》的《世界种族宽容度地图》呈现的是不同国家和地区的公众在种族宽容度上的差异。记者在利用该机构 30 年的历时性数据时未考虑问卷设计的差异以及对种族宽容度的理解问题，导致数据间盲目比较，

---

① 刘涛. 语境论：释义规则与视觉修辞分析 ［J］. 西北师大学报（社会科学版），2018（1）：5－15.

② MCBRIDE R. Giving data soul：best practices for ethical data journalism ［EB/OL］.（n. d. ）［2019－06－25］. https：//datajournalism. com/read/longreads/giving-data-soul-best-practices-for-ethical-data-journalism? utm_source＝sendinblue＆utm_campaign＝Conversations_with_Data_May_Ethical_Dilemmas＆utm_medium＝email.

③ 王国凤. 诗歌翻译的再语境化——从龙应台的译作《紫杜鹃》谈起 ［J］. 外语与外语教学，2015（2）：80－85.

被专家所批评。① 这说明一些记者认为针对同一问题的调查，数据的原初语境和新闻文本设定的文本语境便是相同的。因此，对于历时数据以及不同机构对同一话题的调查数据在进行数据标准化（normalization）处理时要慎重，一定要了解数据间是否具有可比性。

另外，共时性数据由于语境的差异也会使数据间没有可比性。比如，高铁站给人的感觉是离市中心比较远，其实 75％的高铁站距离市中心都在 10 公里之内，那么为何会发生这种情况呢？ 这说明城市规模对人们的距离感知有影响，单纯比较高铁站距市中心的距离没有可比性，对数据的解读也会出错。财新《高铁站离你有多远》中引入了"距离指数"，即车站到市中心的直线距离和建成区半径的比，距离指数越小表明高铁站越近便，距离指数越大则越偏远。② 这样可以让共时性数据具有可比性，也更容易得出可靠的结论。

还有一种情况是大语境相同，由于对于历时性语境的截取不合理，导致再语境化后的数据在表征现实时出现较大偏差，甚至失真。2015 年被美国广泛报道的"美国犯罪潮"，其实只是一些特定城市近年来出现了短暂的高犯罪率时期。如果记者可以在更长的时间范围内求证一下，就会发现 10 年前的美国犯罪率比现在要高得多，20 年前的犯罪率几乎是现在的两倍。③

开放数据是数据记者日常经常利用的数据类型，但是专家提醒开放数据的存在是为行政机构服务的，而不是为记者服务的。这就是说，大多数数据集的命名、结构和组织都是从机构的角度，而不是从寻找故事的记者的角度进行的。④ 对于数据记者而言，他应当在采集、分析数据时就对数据的原初语境进行充分了解，避免误读数据结论或制造偏见。

① MITTER S. The cartography of bullshit ［EB/OL］. （2013－05－18）［2018－03－23］. http：//africasacountry. com/2013/05/the-cartography-of-bullshit/，2013－05－18.

② 财新数据新闻中心前端工程师刘佳昕 2019 年 6 月 3 日在上海"2019 数据创作者大会"上的发言。见有数编辑部. 数据叙事的新思路数据创作者大会演讲实录（2）［EB/OL］. （2019－06－19）［2019－06－20］. https：//mp. weixin. qq. com/s/uLsLO4MNzPn2wz2fDxKiRg.

③ 杨宇辰. The Quartz 坏数据手册 ［EB/OL］. （2016－07－12）［2017－01－23］. http：//djchina. org/2016/07/12/bad_data_guide/.

④ D'IGNAZIO C. Putting data back into context ［EB/OL］. （2019－04－04）［2019－06－23］. https：//datajournalism. com/read/longreads/putting-data-back-into-context? utm _ source ＝ sendinblue&utm _ campaign＝Conversations_with_Data_May_Ethical_Dilemmas&utm_medium＝email.

二、忽视分析方法适切性，结论得出不可靠

2016 年 9 月，《纽约时报》做了一次民意调查结果分析的实验，该实验对 867 名可能的佛罗里达州选民进行投票分析，分析结果是希拉里会以 1 个百分点的优势获胜。该报将原始数据发送给四位知名的民意调查分析师，结果四人反馈的结果各不相同，其中一人的分析结果认为特朗普获胜，造成这种分歧的原因在于研究设计的差异。^① 由此可见，数据分析方法的选择、结合对结论的得出至关重要，选用哪些方法、变量、模型、算法等需从整体考虑，否则得出的结论可能出错。

538 网站的《灾难损失多过以往，但不是因为气候变化》（Disasters Cost More Than Ever，But Not Because of Climate Change）一文认为过去 30 年灾难造成的损失越来越大，不是气候变化造成的，而是全球 GDP 的增长造成的。作者为了证明自己的观点，将灾难损失换算成 GDP 占比，得出灾难损失占全球 GDP 比重下降这一结论（见图 4 - 2）。

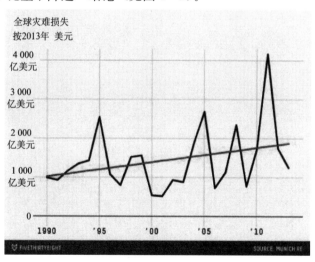

图 4 - 2　《灾难损失多过以往，但不是因为气候变化》截图

资料来源：PIELKE R JR. Disasters cost more than ever-but not because of climate change ［EB/OL］.（2014 - 03 - 19）［2018 - 06 - 16］. https：//fivethirtyeight. com/features/disasters-cost-more-than-ever-but-not-because-of-climate-change/.

① COHN N. We gave four good pollsters the same raw data. They had four different results ［EB/OL］.（2016 - 09 - 20）［2018 - 03 - 16］. http：//www. nytimes. com/interactive/2016/09/20/upshot/the-error-the-polling-world-rarely-talks-about. html? rref＝collection％2Fsectioncollection％2Fupshot&_r＝0.

该报道发表后遭到众多美国气象学家批评，被列出诸多错误：（1）报道没有包括更多可能的数据；（2）没有看到社会为抵御灾害进行的投入；（3）是否与气候变化有关，30 年的长度显然不够；（4）更为重要的是，作者自己没有充分证明灾难损失是否真的和气候变化无关。①

《卫报》的《联邦调查局的数据显示：谋杀案上升了 10.8%，为 1971 年以来最大增幅》（Murders up 10.8% in Biggest Percentage Increase Since 1971, FBI Data Shows）呈现了 1960—2015 年美国死于谋杀的人数变化情况（见图 4-3），从图中可以看出死亡人数在 20 世纪 90 年代达到峰值，此后虽有降低，但一直在中等区间徘徊。通过图表我们很难得出 2000 年以后是美国

美国凶杀案

谋杀和非过失杀人的估计数量

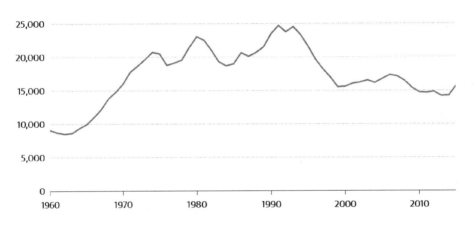

Note: Totals are based on data from all reporting agencies and estimates for unreported areas. Murder and nonnegligent homicides that occurred as results of the Oklahoma City bombing in 1995 and the events of September 11, 2001 are not included in the estimates.

Source: FBI, Uniform Crime Reports, prepared by the National Archive of Criminal Justice Data | Graphic: Jan Diehm/The Guardian

图 4-3 《联邦调查局的数据显示：谋杀案上升了 10.8%，为 1971 年以来最大增幅》截图

资料来源：BECKETT L，AUFRICHTIG A，DAVIS K. Murders up 10.8% in biggest percentage increase since 1971, FBI data shows [EB/OL]. (2016-09-26) [2020-01-21]. https://www.the-guardian.com/us-news/2016/sep/26/rate-murder-fbi-increase.

---

① SKEPTICAL SCIENCE. Cherry picked and misrepresented climate science undermines FiveThirtyEight brand [EB/OL]. (2014-03-25) [2017-10-17]. https://skepticalscience.com/fivethirtyeight-pielke-downplay-climate-damages. html.

社会治安最好的时期的结论。然而事实并非如此。1960—2015 年美国人口增长了 80％，实际上，如果按照每 10 万人案发比例算（见图 4 - 4），2015 年的数据接近 1960 年以来的最低值。① 《卫报》的记者只进行总人数的比较，对这个问题的分析无疑是片面的。

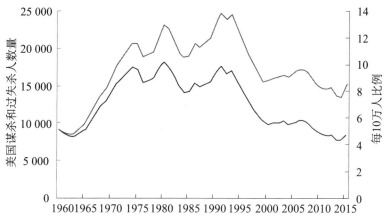

图 4 - 4　修改后的《联邦调查局的数据显示：谋杀案上升了 10.8％，
为 1971 年以来最大增幅》截图

当然"每 10 万人案发比例"的计算方式在类似报道中也未必永远客观。"米塞斯连线"（Mises Wire）网站发表的《缺乏枪支法，新罕布什尔比加拿大更安全》（With Few Gun Laws，New Hampshire is Safer than Canada）比较了美国和加拿大各州（省）的谋杀率，得出的结论是加拿大西北地区的谋杀率处于高位，在所有排名中排第三，10 万人案发率在 8～10 之间。现实情况是，加拿大地广人稀，该地区的总人口没有达到 10 万人，数据只比较 2014 年的，该年度该地区有三起谋杀案，前三年则是 0。②

以上案例，记者运用简单的数据分析就可以避免错误。还有一些复杂的数据分析可能会用到算法、模型，但并非用到了算法、模型，就能保证结论的可靠，因为方法的适切性对结论的影响更大。算法有优劣和适用性之分，

①　WHITBY A. Data visualization and truth ［EB/OL］. （2016 - 09 - 26）［2017 - 10 - 17］. https://andrewwhitby.com/2016/09/26/data-visualization-and-truth/.

②　RYAN M. With Few Gun Laws，New Hampshire Is Safer Than Canada ［EB/OL］. （2015 - 12 - 15）［2019 - 06 - 17］. https://mises.org/wire/few-gun-laws-new-hampshire-safer-canada.

模型的构建也非随意。以预测模型为例，不同的预测模型可适用于不同结构的样本数据，正确选择预测模型在数据挖掘过程中是关键的一步。① 2016 年美国大选美国媒体的预测普遍失败，其原因在于，有分析认为预测模型没有充分考虑州民调会同时出错的可能性。民调出错一般是因为民调机构没有接触到某类选民或错误估计了某类选民的投票率，在这种情况下人口组成相似的州很有可能同时出现民调错误。②

另一个正面的案例是，欧洲数据新闻网（European Data Journalism Net-work）联合几家媒体共同制作的《欧洲变暖 1 摄氏度》（Europe One Degree Warmer）分析了 1 亿个气象数据点，揭示了欧洲 558 个主要城市 21 世纪和 20 世纪的气温变化情况。记者使用了两个独立的数据库进行分析，由于数据库间的历时性数据直接比较没有可比性，因此记者采用了协调算法（recon-ciliation algorithm）让两个数据库的历时性数据具有可比性。③

三、忽视逻辑关系，相关关系误作因果关系

面对客观世界的种种不确定性，人们喜欢寻找原因，并将不确定性转化为某种程度上的确定性。变量间存在的不确定的数量关系称为相关关系。④ 在商业领域，相关关系对于决策已足够，然而新闻业对数据新闻的要求不止于探究"是什么"，更要回答"为什么"，这对数据分析的要求更进一步：在相关关系的基础上进一步探讨可能的因果关系。⑤

需要注意的是，不能将相关关系误作因果关系。假设持枪率更高的国家有更多的枪杀案（二者是相关关系），其原因是：（1）拥有枪支滋生了杀人案（人们有了枪就可能用它杀人）；（2）杀人案的存在导致更多人拥有枪（在不安全的地方居住，会买枪自卫）；（3）其他某种可以同时导致杀人案

① 梁亚声，徐欣. 数据挖掘原理、算法与应用 ［M］. 北京：机械工业出版社，2015：11.
② CINDY. 为什么 2016 美国大选大数据预测普遍失灵 ［EB/OL］. （2016 - 11 - 13）［2018 - 11 - 12］. http://mp.weixin.qq.com/s/6-B17oOEXdx0cwweYCG9fg.
③ EUROPE ONE DEGREE WARMER. Methodology ［EB/OL］. （2019 - 05 - 15）［2019 - 06 - 13］. https://gitlab.com/edjn/onedegreewarmer_method/blob/master/method.md.
④ 贾俊平，何晓群，金勇进. 统计学 ［M］. 6 版. 北京：中国人民大学出版社，2015：264.
⑤ 李明. 大数据时代新闻采编人员职业能力培训 ［J］. 中国出版，2013（17）：26 - 30.

与拥有枪支的原因（可能是贫困）；（4）这只是巧合（可用统计检验来排除这种可能性）。[①] 所以相关关系不等于因果关系，持枪率高不必然导致更多的枪杀案。在数据新闻实践中，由于逻辑关系辨识不清，将相关关系误认因果关系的情况时有发生。

在 538 网站的《工会越少，国家越有竞争力吗?》（Do Fewer Unions Make Countries More Competitive?）一文中，记者对几十个发达国家的全球竞争力指数进行分析，最后得出结论：工会密度越高，国家越有竞争力（见图 4-5 和附录）。然而有数据专家根据记者的原始数据重新进行了分析，发现记者在报道中混淆了相关关系和因果关系，由于 R 方值较小，所以线性相关性不强。[②]

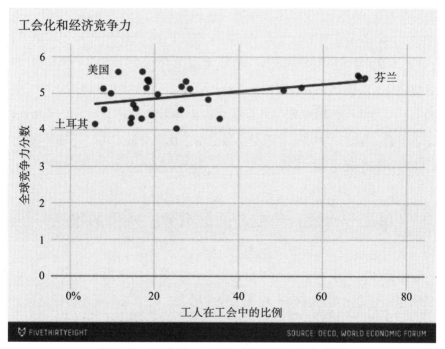

图 4-5　《工会越少，国家越有竞争力吗?》截图

资料来源：FLOWERS A. Do Fewer Unions make countries more competitive? ［EB/OL］.（2014-05-01）［2020-03-30］. https：//fivethirtyeight. com/features/do-fewer-unions-make-countries-more-competitive/.

---

① STRAY J. 由数据得出结论［EB/OL］.（2014-01-19）［2018-12-12］. http：//fangkc. cn/2014/01/drawing-conclusions-from-data/.

② WHITBY A. Guide to bad data journalism［EB/OL］.（2014-05-08）［2018-12-10］. https：//prezi. com/pweevqs1hunh/guide-to-bad-data-journalism/.

利用相关关系分析问题还需要避免虚假相关（spurious correlations）：有些看似的"相关"只是"巧合"，两个变量之间的相关是表面的，不代表两个变量间具有真的因果性。两个变量沿同一方向变动，可能是第三变量的变动引起的。《工会越少，国家越有竞争力吗?》就犯了类似的错误，因为工会化与很多变量有相关关系，记者只研究工会化与经济竞争力之间的相关关系，解释力不足，结论的得出也是比较武断的。①

大数据时代造就了大量的虚假相关，如果人们在大数据集上有足够的处理能力，就可以挖掘出大量的相关性。这些案例很多具有统计学上的显著性，但若想发现真正的因果关系，则比找到相关关系更困难。②

数据分析中还有一个常见的逻辑错误是将非线性现象与进行线性式的长期预测。例如，538 网站的《大多数人反对死刑要等到 2044 年》（An Anti-Death-Penalty Majority Might Be on Its Way in 2044）一文分析了 2000 年以来美国公众对于死刑态度的数据，最终记者得出结论：2044 年大部分美国人可能会反对死刑。人们对死刑的态度是由多种因素决定的，是非线性现象，若记者不看其他影响因素，只是进行数据间的比较分析，用线性逻辑去预测，那么这种预测毫无意义。

第五节　提升数据新闻数据分析水平的路径

数据新闻生产中出现的种种数据分析问题最终伤害的是新闻的真实性、可信度和公信力。如何减少、避免这种情况发生呢？笔者认为可以从提升记者的数据分析能力和引进专家介入生产流程两条路径出发。

一、提升记者的数据分析能力

作为一种新兴的新闻实践，国内外数据新闻生产主要依赖内生模式，即

---

① WHITBY A. Guide to bad data journalism [EB/OL]. (2014 - 05 - 08) [2018 - 12 - 10]. https://prezi.com/pweevqs1hunh/guide-to-bad-data-journalism/.

② FLETCHER J. Spurious correlations: margarine linked to divorce? [EB/OL]. (2014 - 05 - 26) [2018 - 12 - 12]. http://www.bbc.com/news/magazine-27537142.

媒体依靠吸纳、整合、优化、提升内部资源进行数据新闻生产。许多媒体的数据新闻团队是在原有记者团队的基础上重新整合而成的。团队的名称虽然变了，但记者的知识结构并没有发生质的变化。一些媒体生产数据新闻不是基于自身发展战略需要，而仅仅是因为数据新闻很流行，可以体现媒体的业务创新能力。调查显示，全球数据记者中超过 80％的人接受过专业级别的新闻训练，而在数据分析、编程、统计学、数据科学、机器学习及数据可视化等方面的训练则较少或一般。①

　　因此，提升数据分析水平的关键在于提升记者自身的数据分析能力。而要提升这方面的能力，打造"学习型团队"、进行专业培训、加大人才引进则是有效的方式。与此同时，一些国内媒体为了快速提升数据分析水平，在人才引进方面侧重引进国外新闻传播专业的人才，因为国外的数据新闻人才培养模式较为成熟，超过一半的美国新闻院校开设了数据新闻课程，部分学校还有专门的数据新闻方向或专业。②

二、引进专家介入生产流程

　　如果说简单的数据分析记者可以完成，面对复杂事件、复杂数据集的数据分析则需要依靠专家完成。与传统新闻生产将专家视为消息来源不同，数据新闻生产应将专家纳入新闻生产流程中，让专家"嵌入"编辑部，成为内容生产者。例如，《卫报》的《解读骚乱》是由 30 位经过专业培训的数据新闻工作者与伦敦政经学院的五位分析专家组成项目团队，对数据进行挖掘、分析、统计和归类的结果。③

　　专家在数据分析中可承担两种功能：

　　（1）对记者的数据分析全过程把关。在这一功能中，记者自身是把关者，专家在记者把关的基础上再进行二次把关，以确保记者数据分析的可靠与可

　　① HERAVI B R. Data journalism in 2017：a summary of results from the global data journalism survey ［C］//CHOWDHURY G，MCLEOD J，GILLET V，WILLETT P. Transforming digital worlds. iConference 2018. Lecture Notes in Computer Science，vol 10766. Springer，Cham，2018.

　　② 方洁，胡文嘉. 数据新闻教育的全球实践：特点、掣肘与趋势［C］//王琼，苏宏元. 中国数据新闻发展报告（2016—2017）. 北京：社会科学文献出版社，2018：193.

　　③ 陈钟昊，王朋进. 我国新闻网站数据新闻特征及问题［J］. 青年记者，2016（2）：62-63.

信。这种行为也符合数据新闻实用主义客观性的"主体间客观性检验标准"，即记者要把数据分析方法及其结论本身与专家、同行进行交流探讨，通过倾听不同的意见或建议，完善数据分析和对结论的解读，而不是自己单独做出决定。①

（2）直接负责数据分析环节。这相当于将数据分析环节"外包"给专家。实际上，许多大型的数据新闻作品都类似于科学研究，媒体囿于生产周期、人力、物力等因素，并不一定能顺利完成任务。专家在数据分析环节中起主导作用，这种合作方式不仅提升了数据分析的专业性、科学性，还提供给记者学习的机会，密切了业界与学界的关系。

第六节　全球数据新闻奖作品对数据科学的应用

长久以来新闻业不被视为理想类型的专业，因为记者所需技能的专业化（professionalization）程度有所欠缺。由于新闻业对公共服务的承诺和对自主性的要求，它又被认为是一个专业。② 新媒体时代，专业新闻生产者的内容生产特权被打破，传播技术让任何人可以用最小的成本成为记者，新闻采编技能被大规模"业余化"③ 了，新闻业面临"去专业化"（deprofessionalization）的危机，直接蚕食新闻业的合法性。其实今天公众对媒体专业性的要求不仅没有降低，反而是在提高，恰当运用机器、数据等技术手段则有助于提升新闻业的专业水准。④

数据新闻的诞生为提升新闻专业性提供了契机。数据新闻之所以被视为新的新闻范式，在于它以数据作为认识现实的"原材料"、以数据科学作为求

---

① 张超 . 论数据新闻的实用主义客观性原则［J］. 中州学刊，2018（9）：166-172. 相关讨论见本书第七章第一节。

② 李艳红 . 重塑专业还是远离专业？——从认知维度解析网络新闻业的职业模式［J］. 新闻记者，2012（12）：42-48.

③ 周红丰，吴晓平 . 重思新闻业危机：文化的力量——杰弗里·亚历山大教授的文化社会学反思［J］. 新闻记者，2015（3）：4-12.

④ 彭兰 . 更好的新闻业，还是更坏的新闻业？——人工智能时代传媒业的新挑战［J］. 中国出版，2017（24）：3-8.

真的方法论、以数据可视化作为表征现实的手段。数据科学方法论将其与计算机辅助报道、精确新闻、图解新闻区分开来。数据科学是在大数据背景下诞生的新兴学科，是计算机科学、数学和统计学以及专业知识的交集①，主要研究数据科学基础理论、数据加工、数据计算、数据管理、数据分析和数据产品开发②。在开放数据运动中，数据开放了，而公众无法理解抽象的数据，数据新闻业者就成为连接数据与公众的中介。

在数据新闻发展的第一个十年，数据新闻正在建构自身的专业话语，但未完成专业塑造，主要原因在于数据新闻业还未形成一套专业技能标准和伦理规范，对什么是"好"的数据新闻缺乏共识，因此如何评价数据新闻的专业性成为该领域研究的新问题。

全球数据新闻奖自 2012 年设立以来体现了全球数据新闻实践的最高水平。当前国内外对全球数据新闻奖作品的研究多聚焦数据来源、叙事模式、数据可视化、专业规范与伦理，还未触及数据科学方法论这一关键问题。本节选取 2013—2018 年全球数据新闻奖的获奖作品样本，依据数据采集和数据分析两个环节，研究数据采集、数据体量、数据类型、数据分析方法和数据处理难度③，管窥当前数据新闻在数据科学方面的专业化水平和发展趋势。

一、数据采集

在专业评价维度（evaluative dimension）上，作为专业的职业应拥有充分的自主性，保证其实现公共利益，形成特定的声誉。④ 记者在数据采集时对数据科学方法的使用，让一些重要数据采集的控制权转移到记者手中，在一定程度上提升了新闻生产的专业性和自主性，但这种提升有限。在可识别的样本（$n = 36$）中，利用数据科学方法采集数据的样本有 6 个，仅占

① 叶鹰，马费成．数据科学兴起及其与信息科学的关联［J］．情报学报，2015（6）：575-580．
② 朝乐门，卢小宾．数据科学及其对信息科学的影响［J］．情报科学，2017（8）：761-771．
③ 这里的研究对样本的选取方式是在剔除链接失效的获奖作品后，依据前期设计的分析类目辨识剩余样本。由于不是所有的样本都提供原始数据下载，有些类目无法辨识，所以不同类目的可识别样本数不同。
④ 李艳红．重塑专业还是远离专业？——从认知维度解析网络新闻业的职业模式［J］．新闻记者，2012（12）：42-48．

16.7％。如"医药幻觉"网站（Medicamentalia. org）用编程语言 Ruby 抓取发展中国家药品价格数据库中的数据；《特朗普和克林顿第一次辩论的事实核查》（Fact Check：Trump and Clinton Debate for the First Time）利用语音实时转录文字的技术，用编程方法获得辩论的原始数据。

之所以利用数据科学方法独立采集数据的比例较低，其原因在于大量数据掌握在政府和企业手中，很多数据可通过免费下载、信息公开申请、合作或购买等途径直接获取，在易得性和接近性上有优势。如果通过编程等数据科学方法采集，难度大、专业性强，更重要的是拉长了新闻生产周期。在样本中，大部分作品的数据直接依赖数据持有者。当然，严重依赖政府和企业采集的数据导致数据新闻表征的现实是按照政府和企业理解现实的方式建构的，使用中缺少对这些数据的批判意识。

二、数据体量

大数据时代已经来临，对数据新闻而言，多大体量的数据才能称得上"大数据"？路透新闻研究所《媒体大数据》（Big Data for Media）报告认为，大数据是用 TB 及以上的单位衡量的。在获奖作品中，称得上大数据新闻的是《巴拿马文件》（The Panama Papers）：包含 2.6TB 的数据、1 150 万份资料。

更多的样本未提供数据体量的说明，笔者借用"记录数"来评价这一指标。记录数是一个数据集的行数，达到"万级"可以评价为数据体量较大，达到"百万级"的可归为大数据。在可识别的样本（$n=30$）中，记录数达到"千级"的有 14 个样本，"万级"的有 8 个，"百万级"的有 3 个。

如果将记录数转换成数据体量，样本中的数据体量还是以小数据为主，其主要原因在于：

（1）数据新闻制作周期的限制。在"7/24"的新闻生产中，基于大数据的数据新闻生产势必占用更多的新闻采编资源和更长的生产周期，是否值得为大数据新闻投入更多资源需要媒体权衡。

（2）处理大数据的能力问题。在媒体人才结构中，数据科学人才匮乏，大部分新闻机构还是依赖以文科背景为主的记者、编辑进行层次较低的数据新闻生产。即便一些媒体"有心"，也"无力"处理大数据。

目前数据新闻对大数据的利用还极为有限，有学者预计大数据新闻的规模化生产在 2020 年以后会逐步到来，但笔者认为这一预计过于乐观。

三、数据类型

数据类型可分为结构化数据和非结构化数据。结构化数据是指存储在数据库中具有一定逻辑结构和物理结构的数据，日常新闻处理的数据基本上是结构化数据；非结构化数据是指结构化数据以外的数据，它不存储在数据库中，而是以各种类型的文本形式如文本、图像、视频、音频、网络日志等存放[1]。

在可识别的样本（$n=33$）中，完全使用结构化数据的样本有 16 个，完全使用非结构化数据的有 9 个，如《〈汉密尔顿〉背后的韵律》（The Rhymes Behind *Hamilton*）用的是非结构化的音律数据。结构化数据和非结构化数据结合的样本有 8 个（见表 4 - 2）。《天空中的密探》（Spies in the Skies）除了使用"飞行记录器"（Flightradar 24）软件提供的结构化飞行定位数据外，还使用了美联社的相关报道、美国国土安全部报告、基站模拟器参数文件等非结构数据。

表 4 - 2 2013—2018 年全球数据新闻奖作品数据类型统计

数据类型	数量（个）	占统计样本比例（%）
结构化数据	16	48.5
非结构化数据	9	27.3
结构化数据和非结构化数据	8	24.2

在上述可识别的样本中有 17 个样本包含了非结构化数据，说明数据新闻生产在处理数据类型上有了很大进步。由结构化数据拓展到非结构化数据是数据新闻业者在数据科学专业技能上的关键突破，改变了数据新闻理念提出者阿德里安·哈罗瓦对数据新闻中"数据是结构化数据"的理解，使数据新

---

① 张枝令. 结构化数据及非结构化数据的分类方法 [J]. 宁德师专学报（自然科学版），2007 (4)：417 - 420.

闻越来越具有数据科学的气质。

四、数据分析方法

数据分析方法有很多种，记者常用的数据分析方法有描述性数据分析、探索性数据分析、数据库/数据仓库、机器学习和信息检索等。

在可识别的样本（$n=31$）中，20 个样本包含描述性和探索性数据分析，9 个样本仅有描述性数据分析。个别样本结合了数据库与数据仓库（3 个）、机器学习（2 个）、信息检索（2 个）等数据分析方法（见表 4-3）。

表 4-3　　　　2013—2018 年全球数据新闻奖作品数据分析方法统计

数据分析方法	要点	数量（个）	占统计样本比例（%）
描述性数据分析	描述测量数据特征	29	93.5
探索性数据分析	发现新的特征	20	64.5
数据库/数据仓库	处理大规模相对结构化的数据集	3	9.7
机器学习	让计算机学习数据中的内在规律性信息，获得新知识	2	6.5
信息检索	搜索文档或文档中信息	2	6.5

现实是复杂的，映射现实的数据也是复杂的，这要求记者在解释复杂问题时运用多种数据分析方法。加拿大《环球邮报》的《无据可依》（Unfounded）运用"无根据"结案率的均值、极值、分布情况进行了描述性数据分析，也利用相关性检验探索了女警察和"无根据"结案率的相关性。

机器学习是人工智能的重要分支，研究计算机程序如何随着经验积累自动提高自身的性能。[①]《隐藏的空中侦察机》（Hidden Spy Planes）通过随机森林算法从各种飞行数据中识别出美国联邦调查局和美国国土安全部的间谍飞机。

《〈汉密尔顿〉背后的韵律》中利用音节拆分算法将单词拆成音素，并利用马尔可夫聚类算法及模拟退火算法等机器学习算法对音节进行了聚类。《瑞士泄密》（Swiss Leaks）的原始文件十分庞大，账户信息散布在看似毫

---

① 赵玉鹏. 机器学习的哲学探索 [M]. 北京：中央编译出版社，2013：6.

无关联的数万个文件中，传统的人工挖掘方式已无法分析这些庞杂的非结构化数据，作品使用了图形数据库（Neo4j），以处理高度联系的数据和复杂的问询，并将这种联系转化为图形结点以探索结点之间的联系，这是一种将数据库与信息检索相结合的技术。

五、数据处理难度

如何评价样本的数据处理难度？笔者将数据处理难度分为低、中、较高、高四个等级：（1）直接呈现原数据的评定为"低"；（2）描述一维数据的数字特征和分布特征，如均值、中位数、众数、方差、分布函数等，评定为"中"；（3）不仅从一维角度上描述数据的特征，还运用多元统计分析的研究方法，如相关分析、回归分析、降维分析、聚类分析、主成分分析或简单编程（如借助 R、Python 等工具），评定为"较高"；（4）建立数学模型，进行大数据挖掘或算法创新与改进，评定为"高"。其中后三个等级可归为"专业"。

在可识别的样本（$n=34$）中，在数据处理方面评价为"低"和达到"专业"水平的各有 17 个样本（见表 4 - 4）。可见有一半的作品直接呈现了原始数据，进行了简单的数量、百分比统计，如个人参赛作品《博尔扎诺人民共和国》（People's Republic of Bolzano）呈现了 2000 年至 2013 年出生在博尔扎诺的中国人数量变化情况，统计了中国人占当地总人口的比重；《华尔街日报》的《20 世纪与传染病的斗争：疫苗的影响》（Battling Infectious Diseases in the 20th Century：The Impact of Vaccines）直接呈现了美国各州历年主要传染病的发病数量。

表 4 - 4　　　　2013—2018 年全球数据新闻奖作品数据处理难度统计

数据处理难度	数量（个）	占统计样本比例（%）	是否专业
低	17	50	否
中	7	20.6	是
较高	5	14.7	
高	5	14.7	

其中也有一些作品在数据处理难度上体现了较高的水准。如《隐藏的空

中侦察机》利用飞行网站的大量飞行跟踪数据，通过机器学习算法找出疑似联邦调查局或国土安全部飞机的飞行轨迹。算法先定义了一些飞行特征指标，如转弯速度、飞行高度和速度等，然后训练随机森林算法区分、标记好的普通飞机和侦察机数据，算法自己决定区分指标，用训练好的随机森林算法来区分未标记的飞行数据。该数据新闻处理的数据量较大，利用标记数据建立了数据模型，又将该模型运用在预测上，展现出机器学习的力量。

《环球邮报》的《快钱》（Easy Money）收集了加拿大 30 年来不同司法管辖区的数据，多样的数据来源和数据格式给数据的清洗带来较大难度。该数据新闻在呈现一维统计数据的基础上创新性地定义了一个全新的统计指标：国家证券犯罪累犯率。记者通过反复计算、实地调研验证了该指标的准确性，揭示了该国治理金融市场的问题。

如果给每个等级赋分，评定为"低"得 0 分，评定为"中"得 1 分，评定为"较高"得 2 分，评定为"高"得 3 分，样本平均得分仅为 0.94 分。可见即便是全球数据新闻奖，相当比例的作品在数据处理难度上是很低的，许多作品的主要精力仍放在了数据结果的呈现上，对于数据本身的处理和分析较少。

第七节　数据新闻在数据科学领域的应用趋势

通过对 2013—2018 年全球数据新闻奖获奖作品的分析可以看出，数据新闻在数据科学专业性的各个指标上分布不均，一些作品动用了大数据，还有一些作品整体专业程度较高，更有相当多的作品在数据科学上还有很大的提升空间。全球数据新闻奖是数据新闻业的风向标，通过对获奖作品的观察，笔者认为未来数据新闻在数据科学应用方面有以下趋势。

一、自建数据库：提供个性化服务，创新盈利模式

一般在数据流通环节中，媒体身处"下游"，数据垄断、数据不足、数据质量等问题让记者获取数据困难重重。在开放数据运动的推动下，记者接触

的免费数据集越来越多，一些媒体已具备自行采集各类数据的能力。无论作为一种产品形态还是一种数据科学分析方法，数据库日益受到媒体重视。全球数据新闻奖也设置了"开放数据奖"鼓励公开与公共利益密切相关的数据库。目前国外一些媒体已经通过自建数据库获得了较好的经济效益和社会效益。未来，自建数据库将是媒体吸引流量和进行营利活动的重要途径。

自建数据库主要有两种方式。

第一种是媒体将开放数据集整理、清洗后变成数据质量更高的开放数据库。各国政府的开放数据集中很多存在数据质量和格式问题，即便公众获取，也难以处理，数据清洗需要耗费大量时间，公众想获得高质量的数据并不容易。媒体借助既有的开放数据集进行二次加工，不需要额外付费，既可以节省成本，又有助于提升数据库的利用率，树立媒体为公众服务的品牌形象。

第二种是"利基"数据库，即媒体依据调查研究的问题，将开放数据、信息公开数据、"泄露"数据、自行采集的数据进行系统整合，创建更具个性特点和用户体验的数据库。这种数据库本身是一种个性化的数据库产品，更能凸显媒体定位和服务，可满足利基市场的需求，有助于媒体针对特定的用户开展深度服务。

2018年获开放数据奖的《金钱至上》（Follow the Money）是一个加拿大的政治捐款数据库，包含600多万条记录。ProPublica近些年建立了一系列有关美国医疗、养老、教育等领域的数据库。《华盛顿邮报》针对美国校园枪击案频发却缺少官方数据的现实，花费一年整理并发布了自己统计的校园枪击案数据库。自建数据库还有助于媒体积累数据资源，提升数据新闻生产效率。2016年半岛电视台获"年度最佳突发新闻数据使用奖"的作品《脱轨美铁列车：死亡曲线上的飞驰》（Derailed Amtrak Train Sped into Deadly Crash Curve）之所以能在短时间内完成，主要在于记者一年前就积累相关数据。

自建数据库通过交互的设计、权威的数据、公众关心的话题建立与用户的"强关系"，实现社会效益和经济效益的双赢。作为一种数据产品，数据库有多种盈利模式：

（1）利用数据库带来的流量，进行广告的二次售卖。美国《得克萨斯论坛报》在在线平台上推出不同于传统新闻报道的近40个数据库，数据库的访问量是一般新闻的三倍。

（2）提供数据集下载收费服务。2014 年 ProPublica 推出"数据商店"，自推出以来总收入超过 20 万美元。

（3）基于数据库提供面向用户的针对性服务。汤森路透的核心业务是收集特定领域的数据，建立专业的分析模型（如信用风险、营销响应），然后把模型输出的结果（如客户的信用风险评分值）出售给有需要的企业客户，出售的方式是既可以只出售模型结果值，也可连同原始数据一起打包出售。①

二、拥抱非结构化数据：表征更广阔的社会现实

全世界数据中 80％是非结构化数据，大数据的价值在于从海量的非结构化数据中洞察社会现实。拥抱非结构化数据是大数据时代新闻生产的必然选择。从样本对数据的使用看，包含非结构化数据的作品占 50％，未来非结构数据在数据新闻生产的比重将进一步加大。现在很多媒体掌握了简单的非结构化数据挖掘与分析技巧，《纽约时报》《华盛顿邮报》《卫报》《金融时报》等媒体则更进一步，可以深入进行大规模非结构化数据的挖掘与分析。

数据新闻对非结构化数据的接纳有以下原因：

（1）开放数据的局限性阻碍数据新闻生产。开放数据上线不及时、质量有问题等情况制约着数据新闻生产。而自采数据需要媒体投入大量的人力、物力，也不可能成为常态的数据采集方式。数据类型拓展到非结构化数据，在一定程度上改善了记者依赖开放数据的局面。非结构化数据比结构化数据更遍在、易得，让媒体能报道更多的题材，更好地实现监测社会的功能。

（2）非结构化数据比结构化数据更"诚实"。结构化数据的处理依赖统计学方法，统计学方法注重假设、抽样，不追求全样本，在表征现实时存在一定程度的偏差。非结构化数据则包含完整、连续的信息和关键细节，在表征现实时更可靠、可信。

（3）媒体数据科学的应用能力提升。记者对结构化数据的处理只需利用

---

① 贝森斯. 大数据分析：数据科学应用场景与实践精髓 [M]. 柯晓燕，张纪元，译. 北京：人民邮电出版社，2016：14.

Excel、SPSS 等软件和基本的统计学原理即可满足日常新闻生产。而对非结构化数据的处理则对媒体提出了更高的要求，现在国内外一些主流媒体或雇用程序员，或通过合作方式，提升自身对非结构化数据的处理能力。非结构化数据挖掘与处理能力将是未来衡量媒体数据新闻生产能力的重要标准，带来的是数据新闻生产的"破坏式创新"。谁有能力处理非结构化数据，谁就能够在大数据时代掌握主动权。

三、配置机器学习：提升大数据处理与洞察能力

智媒时代数据新闻生产智能化成为重要的发展趋势，机器学习有望在未来几年内成为记者处理大规模数据集的"标配"技术。目前在数据新闻生产中走在前列的媒体，如美联社、路透社、《纽约时报》、《洛杉矶时报》、《华盛顿邮报》、《芝加哥论坛报》、BuzzFeed、ProPublica，同样也是在人工智能技术上引领前沿。

机器学习主要有三类：监督学习（supervised learning）、无监督学习（unsupervised learning）和强化学习（reinforcement learning）。监督学习又称有导师学习，指在训练期间有一个外部"老师"告诉网络每个输入向量的正确的输出向量，通俗地说就是让程序"照章办事"。无监督学习又称无导师学习，指网络只面向外界，在没有任何指导的情形下构建其内部表征[①]，通俗地说就是"自我发现"，比如寻找聚类和异常检测。强化学习是指以环境反馈（奖/惩信号）作为输入，以统计和动态规划（dynamic programming）技术为指导的一种学习方法。[②] 这种学习方法旨在解决基于环境而行动获取最大化的预期利益。

依据以上分类，机器学习在数据新闻生产的应用主要有三个方面：

（1）分类和预测。监督学习能帮助记者快速识别和获取所需的数据。当记者面临大规模数据集时，依靠人工判断和选择耗时耗力，还可能出现失误。监督学习可依据记者设计好的模型，辨识记者所需的数据，速度快、效率高。

---

① 杨盛春，贾林祥. 神经网络内监督学习和无监督学习之比较 [J]. 徐州建筑职业技术学院学报，2006（3）：55-58.

② 王雪松，程玉虎. 机器学习理论、方法及应用 [M]. 北京：科学出版社，2009：5.

这种方法特别适用于处理批量、有规律的数据。记者还可利用监督学习中的回归分析对数据进行预测。《亚特兰大宪法报》的《医生与性侵》一文在数据采集环节先由记者用50个爬虫程序从美国医疗系统中爬取10万多份医生纪律处分文件，之后用机器学习清理分析文件，检索涉及性侵行为的关键词。[①]

监督学习的优劣在很大程度上取决于算法设计和"训练"数据的可靠性，否则数据结果会出错。《洛杉矶时报》的一则数据新闻利用监督学习分析了大规模数据，但算法的出错率达24%，还需要用人工复核。[②]

（2）洞察。面对海量数据，记者的认知和经验是有限的，单纯依靠记者设计的监督学习算法可能会"捡了芝麻丢了西瓜"。而无监督学习能自主寻找海量数据间的关联，识别数据中"隐藏的结构"。

美联社数据新闻团队运用无监督学习从14万条人工输入的案件记录中找到了枪支滥用的典型案件，推算出如果案件涉及孩子或警察，犯罪嫌疑人故意开枪的概率等。[③] 2017年8月，谷歌和ProPublica合作推出了机器学习分析工具"仇恨新闻指数"（Documenting Hate News Index），利用自然语言分析提取地理和语境信息，并将数据可视化，以帮助记者有效聚合数据、深入洞察。

（3）决策。强化学习可帮助记者在具体环境下决策，这一学习方法在新闻生产中还较为少见。著名的"阿尔法狗"使用的就是强化学习。《纽约时报》推出的《石头、剪子、布》（Rock-Paper-Scissors）互动页面，系统可以利用一个人出手势的倾向和模式来获得优于对手的优势。[④] 在新闻推送中，一些媒体会利用强化学习确定最有效的头条新闻和内容推送方案。

---

① 调查记者编辑协会. 2016美国数据新闻奖揭晓，深度报道再添范例［EB/OL］. （2017-01-25）［2017-03-25］. https：//cn. gijn. org/2017/01/25/2016美国数据新闻奖揭晓，深度报道再添范例/.

② NAHSER F. Three examples of machine learning in the newsroom［EB/OL］. （2018-03-25）［2019-03-25］. https：//medium. com/global-editors-network/three-examples-of-machine-learning-in-the-newsroom-1b47d1f7515a.

③ 余婷，陈实. 人工智能在美国新闻业的应用及影响［J］. 新闻记者，2018（4）：33-42.

④ BRADSHAW P. Data journalism's AI opportunity：the 3 different types of machine learning & how they have already been used［EB/OL］. （2017-12-14）［2018-05-23］. https：//onlinejournalismblog. com/2017/12/14/data-journalisms-ai-opportunity-the-3-different-types-of-machine-learning-how-they-have-already-been-used/.

　　机器学习的应用无疑将极大提升数据新闻生产数据科学的专业性，更有助于媒体从大数据发现真相，让新闻报道的"表征现实"无限接近大数据时代的"镜像现实"。对于深耕数据新闻生产的媒体而言，掌握并熟练应用机器学习是必然选择。

　　数据新闻是新闻业"再专业化"的一次契机。笔者通过对近五年全球数据新闻奖获奖作品的研究发现，数据新闻在数据科学方面的"再专业化"并非整体的，而是局部的。数据新闻的专业化还有很长的路要走。数据科学方法论是数据新闻生产环节的核心，记者对数据科学掌握层次的高低决定了通过数据认识世界水平的高低。在大数据遍在、人工智能高速发展的当下，数据新闻业需要继续提升数据科学专业水准，增强自身的专业性和不可替代性，如此才能巩固新闻业的合法地位，顺应大数据时代公众对新闻业的期待。

第五章 言说现实：数据新闻的叙事

当代科学认为，物质、能量、信息是构成世界的三大要素。大数据时代的来临使数据对现实的解释和还原能力增强，人类有能力进入所谓的镜像化生存——"一种以计算机、网络等硬件为基础，以数字化数据及其运算来表征显示物质世界中各种真实关系的生存方式"①。拟态环境与只可假设但无法把握的"客观世界"有重合的可能，反映了人类对数据寄予的期望。在数据"神圣的光环"下，人们自然而然地认为数据新闻是一种权威的知识，是对客观世界的如实反映。或许大数据有一天真的可以实现人类的这些夙愿，但不容否认的是，大数据变革正处于最初阶段。

美国《迈阿密先驱报》（*Miami Herald*）数据记者斯蒂夫·多伊格（Steve Doig）认为"数据新闻的关键词是新闻"②。数据新闻与传统新闻有着种种的不同，但它不是新闻业中的超然、自在之物，置身新闻场域中的数据新闻本质上是话语。数据新闻是在"表征"世界，而非"镜像"世界。

第一节 话语与叙事

话语是当代文化与传媒研究中的重要概念，是一套系统地组织起来的陈述。话语定义、描述和界定什么可说、什么是不可说的，也包括什么可做、什么是不可做的，并为既定领域、话题、对象和将要被谈论的过程提供一套可能的表述。③

---

① 贾利军，许鑫. 谈"大数据"的本质及其营销意蕴 [J]. 南京社会科学，2013（7）：15-21.

② SUNNE S. The rise of data reporting [EB/OL]. (2016-03-09) [2018-06-11]. https://www.americanpressinstitute.org/publications/reports/strategy-studies/data-reporting-rise/.

③ 方毅华. 新闻叙事导论 [M]. 北京：中国广播电视出版社，2014：93.

米歇尔·福柯（Michel Foucault）认为，话语是人认识世界的方式之一，一种特定的话语形式相应地产生一种特定的知识。① 陈力丹认为，"运用一定的语言系统叙述、重构新近发生的新闻事实这种活动，便是所谓的新闻叙事，产生的口语或文字作品即新闻话语"②。新闻话语是"建立在新闻叙事语言、文本及故事等基本规则体系上，带有更加具有主体化的意图的意义建构行为"③。新闻话语的结构"既直接地与社会实践和新闻制作的意识形态联系在一起，又间接地与新闻媒介的机构环境、宏观社会环境联系在一起"④。新闻话语生产的结果包括两个方面：文本构成与社会构成。文本构成是指语言符号系统和语义结构与社会文化的心理认知结成的关系，它指向新闻话语的形式存在，是符号本体；社会构成则是指符号本体以外维系话语规则的传播环境与控制体系，指向新闻话语的社会来源和传播方式，是话语生产的实践部分。⑤ "在现代民主社会，新闻表现为一种极其重要的话语权，意指主体对于社会真相表述、阐释的权力。"⑥

一、作为话语的数据新闻

将数据新闻视作"话语"表明笔者以一种批判的视角看待数据新闻生产。在技术崇拜的宏大叙事语篇中，数学语言已成为掌握图像意义的途径，并在表征机制和视觉建构中嬗变为一种颇具特色的"后现代"话语科学。⑦ 尤尔根·哈贝马斯（Jürgen Habermas）认为，科技已成为一种"新的意识形态"。科学技术这种意识形态与古典资本主义时代传统的政治意识形态的形式不同，它是一种非政治的技术统治意识形态，现代科学技术作为潜在的意识形态已

① 姚喜明. 西方修辞学简史 [M]. 上海：上海大学出版社，2009：269.
② 曾庆香. 新闻叙事学 [M]. 北京：中国广播电视出版社，2005：2.
③ 方毅华. 新闻叙事导论 [M]. 北京：中国广播电视出版社，2014：94.
④ 刘晓畅. 新闻的话语与话语的新闻 [J]. 湖北社会科学，2006（1）：133 - 135.
⑤ 张荣华. 试析现代新闻话语生产的三种构成方式 [J]. 海南师范大学学报（社会科学版），2014（3）：102 - 106.
⑥ 孙玮. 批判、整合或是操纵——都市报的公共性 [C]. 广西：2005 年中国传播学论坛，2005.
⑦ 廖宏勇. "图像"的"图像"——论信息图表的视觉表征与建构 [J]. 中南大学学报（社会科学版），2016（1）：208 - 213.

经渗透到群众意识中，人不再依照文化模式理解社会生活，而代之以科学模式。① 实际上，科学本身也是一种话语形式。

数据新闻是新闻话语的一种类型（genre）。数据与新闻的"接合"赋予数据新闻独特的话语内涵。数据新闻的核心是数据科学，朱利安·阿桑奇认为"新闻业应该更像科学"②。数据新闻也被其称为"科学新闻学"（scientific journalism）。按照朱利安·阿桑奇的逻辑，让新闻业与数据科学嫁接，赋予媒体生产数据知识的权力，媒体可以赢得更多信任。

如果将新闻文本的组成元素做一下梳理，可以发现一个有趣的规律：人们对任何一种新闻话语的认识，都经历了从自然化到批判的路径。文字、图片、图像都曾被视为"中立的""透明的"介质，经历了从被信任到不被信任的过程。如今的数据、数据可视化亦是如此：数据新闻中的数据及其数据科学方法被视为"科学的"，数据可视化将数据"映射"成视觉文本，被视为"透明的"。维莱姆·弗卢瑟（Vilém Flusser）认为，人类不可能找到与世界的纯粹中介（pure immediacy），因而图像是作为转译（meidiation）让我们理解世界的。③ 无论语言、数据、数据科学方法还是图像，它们都是横亘在客观现实与人的认知现实之间的转译，而非纯粹的中介。

有观点认为，数据新闻的框架生产是通过两个阶段架构意义的：第一个阶段是将数据转化为结论的逻辑结构阶段，第二个阶段是将数据转换成数据可视化的形式架构阶段。④ 经由数据可视化实践，数据新闻不仅在视觉意义上还原现实，还可以重构现实。⑤

数据新闻生产是在特定的生产语境中进行的。数据新闻生产的一系列环

---

① 吴海江. 文化视野中的科学［M］. 上海：复旦大学出版社，2008：49.

② GREENSLADE R. Memo to journalists：analyse the data and the sources will follow［EB/OL］.（2010 - 07 - 15）［2018 - 06 - 11］. https：//www. theguardian. com/media/greenslade/2010/jul/15/journalism-education-blogging.

③ FLUSSER V. Towards a philosophy of photography［M］. London：Reaktion Books，2000：9.

④ 毛良斌，汤子帅，周昊曦. 数据新闻报道：框架与架构［J］. 新闻与写作，2016（7）：35 - 39.

⑤ 刘涛. 西方数据新闻中的中国：一个视觉修辞分析框架［J］. 新闻与传播研究，2016（2）：5 - 28.

节都不是一个意义自动产生、真相自然浮现的过程。例如在数据新闻生产中"隐藏"的算法，看似"客观"，实则并不中立。算法研究者无意识的认知偏见可能会通过算法中对标准的选择体现出来（见图5-1）。①"数据清洗的过程决定哪些自变量、因变量被考虑，哪些被忽略，这个过程本质上是主观的。"②

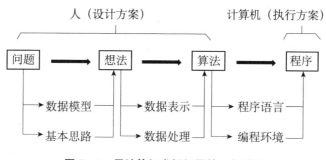

图5-1　用计算机求解问题的一般过程

资料来源：王红梅，胡明. 算法设计与分析［M］. 2版. 北京：清华大学出版社，2013：8.

对于不同的媒体/利益相关者而言，同样的数据、同样的算法虽然会得出同样的数据结果，然而由于生产语境的差异，对数据结果的阐释也不尽相同。"意义不是被简单地给予的，而是在大量的制度性场合（institutional sites）中，通过大量的制度性实践被社会地建构起来的。"③笔者未找到两家媒体对同一数据集分析的案例，但是《纽约时报》的《一个报告，不同的视角》（One Report，Diverging Perspectives）一文生动地说明了由于不同生产主体生产语境的差异而导致数据解读的意义差异。

2012年1月，美国政府发布的《就业报告》主要传递了两个信息，即美国在9月份增加了11.4万个就业岗位，失业率降到7.8%（见图5-2）。而面对同一份就业报告，不同政党的视角是不一样的：作为奥巴马所在的民主党，关注的是2008年经济危机以来，在奥巴马的努力下出现了连续31个月的就业增长，失业率从2009年最高的10%降至如今的7.8%，下降了2

① BROUSSARD M. Big data in practice ［J］. Digital Journalism, 2016 (2)：266-279.
② BOYD D，CRAWFORD K. Critical questions for big data：provocations for a cultural，technological，and scholarly phenomenon ［J］. Information，Communication &Society. 2012 (5)：662-679.
③ 凯尔纳，贝斯特. 后现代理论：批判性的质疑 ［M］. 北京：中央编译出版社，2015：28.

个多百分点（见图 5 - 3）；共和党人针对这份报告看到的是，新增就业人数必须达到 15 万人才能与人口增长相平衡，连续 43 个月失业率高于 8%（见图 5 - 4）。

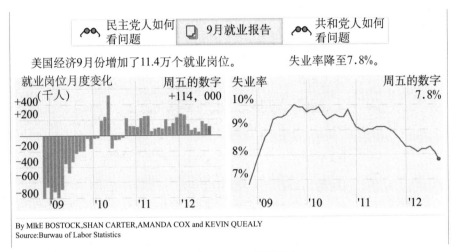

图 5 - 2 《一个报告，不同的视角》(1)

资料来源：BOSTOCK M，CARTER S，COX A，QUEALY K. One report, diverging perspectives [EB/OL]．(2012 - 10 - 05)[2020 - 02 - 10]．https：//archive. nytimes. com/www. nytimes. com/interactive/2012/10/05/business/economy/one-report-diverging-perspectives. html.

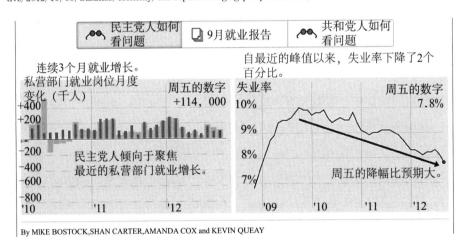

图 5 - 3 《一个报告，不同的视角》(2)

资料来源：BOSTOCK M，CARTER S，COX A，QUEALY K. One report, diverging perspectives [EB/OL]．(2012 - 10 - 05)[2020 - 02 - 10]．https：//archive. nytimes. com/www. nytimes. com/interactive/2012/10/05/business/economy/one-report-diverging-perspectives. html.

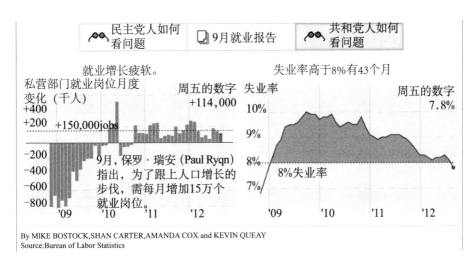

图 5 - 4 一个报告，不同的视角(3)

资料来源：BOSTOCK M，CARTER S，COX A，QUEALY K. One report，diverging perspectives ［EB/OL］. (2012 - 10 - 05) ［2020 - 02 - 10］. https：//archive. nytimes. com/www. nytimes. com/interactive/2012/10/05/business/economy/one-report-diverging-perspectives. html.

由此可见，数据新闻生产无论在数据再生产环节还是在叙事表达环节，自始至终都贯穿着人的因素。

深度访谈（Nicolas Kayser-Bril，原 Journalism＋＋负责人，数据记者；电子邮件访谈）

任何的叙事都是主观的，从话题的选择到讲哪个故事。

二、数据新闻叙事研究的后经典叙事学视角

叙事学是"研究所有形式叙事中的共同叙事特征和个体差异特征，旨在描述控制叙事（及叙事过程）中与叙事相关的规则系统"[1]。叙事学形成于 20 世纪 60 年代，深受结构主义和俄国形式主义（Russian Formalism）的影响。经典叙事学（Classical Narratology）将自己的研究对象限定在叙事的故事（story）层面或话语（discourse）层面，旨在为叙事找出普遍的结构法则，将叙事学确立为一门"科学"[2]。法国叙事学家热奈特 1972 年在《叙述话语》这一经典名

---

① 唐伟胜. 范式与层面：国外叙事学研究综述 ［J］. 外国语，2003（5）：60 - 66.

② 同①.

篇中对"故事-话语"两分法进行了修正，提出三分法：（1）故事，即被叙述的事件；（2）叙述话语，即叙述故事的口头或笔头的话语，也就是文本；（3）叙述行为，即产生话语的行为或过程，比如讲故事的过程。①

进入 20 世纪 90 年代，叙事学受各种语言哲学和文学理论的影响，其研究范式发生了重大转移，主要表现为：（1）从"规则"走向"语境"。经典叙事学意在将叙事研究系统化和科学化，并未与语境融合。而近年来叙事学深受社会语言学影响，倾向于将叙事视为一个过程（process），而非一个产品（product）。（2）从"静态"走向"动态"。早期的叙事研究都忽视了叙事的"句法"层面，热衷于分析故事的最小单元及其功能，没有关注故事中各因素的动态配置规律，因而无法解释推动叙事进程的动力所在。整合后的模式则注重研究故事中的动态因素。（3）从"作者"走向"读者"。经典叙事学在进行形式描述时，常常预设了叙事的意义，强调作者。而后经典叙事学则将叙事意义的确定权交给了读者。（4）从"封闭"走向"开放"。叙事学不断从其他研究领域汲取养分，同时丰富了其他研究领域，从而形成了跨学科的叙事学分支。"叙事学＋X"的研究模式被称为"多元叙事学"，如女性主义叙事学、法律叙事学等。多元叙事学强调该学科的开放性，尤其是与语言学、认知科学、人工智能和语用学等学科的对接。②

中国新闻传播领域对叙事学的引入始于 20 世纪 90 年代初期，主要用于新闻写作技巧和新闻报道文本的研究。方毅华从内容取向、表现形式、文本属性、叙事语境、语言表达等五个方面阐述了新闻叙事与文学叙事的差异。③ 目前国内的新闻叙事学研究基本遵循的是经典叙事学的方法，如曾庆香的《新闻叙事学》、方毅华的《新闻叙事导论》、欧阳照的《电视新闻的叙事学研究》，沿袭的是经典叙事学的研究思路，研究新闻文本中的叙述者、叙述视角、叙述人称和叙述时间，研究的文本对象包括平面媒体的新闻报道和广播电视新闻报道。当然，数据新闻在多大程度上适用经典叙事学的研究思路目前还是一个问题。

① 申丹. 西方叙事学：经典与后经典［M］. 北京：北京大学出版社，2010：16.
② 唐伟胜. 范式与层面：国外叙事学研究综述［J］. 外国语，2003（5）：60－66.
③ 方毅华. 新闻叙事与文学叙事的多重审视［J］. 现代传播，2010（5）：60－63.

在新媒体时代，新闻边界（尤其形态上的边界）的扩张已经让新闻文本超出了经典叙事学探讨的范围。在数据新闻中，文本的概念是相当宽泛的。有的数据新闻符合传统上我们对新闻文本的认知，如报纸、杂志、电视上的数据新闻由文字和数据可视化构成，构成一个多模态文本，适用于经典叙事学的研究模式，但 App 和交互式数据新闻则完全颠覆了传统意义上的新闻文本概念，这种数据新闻文本更接近于新叙事学的观点：叙事是一个过程。

数据新闻的叙事与传统新闻叙事也表现出某种差异。在 2012 年美国大选报道中，基于传统新闻的报道呈现出冲突的民调、专家在意识形态驱使下的矛盾视角。这些信息源被记者广泛运用，构建了一个不稳定、反复无常和竞争的叙事，数据新闻构建的却是一个"稳定"的叙事，准确预测了奥巴马获胜。① 此外，虽然很多人在谈论数据叙事（data storytelling）的重要性，却很少有人用数据讲故事。② 从目前的数据新闻实践看，真正讲故事的数据新闻是很有限的。不少数据新闻是信息、数据或者数据可视化的罗列。数据新闻的叙事更多地体现了数字新闻的特征，实际上"传统的叙事方式在数据新闻传播领域所用范围已经很狭小"③。曾庆香以全球数据新闻奖获奖作品为样本，分析了数据新闻的类型、追寻事实的方法以及写作模式证明数据新闻是一种从属于社会科学研究的论证。笔者认为这一观点有待商榷。④ 本书对数据新闻叙事的讨论在研究设计上迥异于经典叙事理论的研究思路⑤，将叙事研究与技术、修辞、话语等资源相结合，重点研究在开放理念下的数据新闻生产中，基于不同平台、不同技术数据新闻的叙事维度、叙事模式、语图关系和叙事理念。

---

① SOLOP F I, WONDERS N A. Data journalism versus traditional journalism in election reporting：An analysis of competing narratives in the 2012 presidential election [J]. Electronic News，2016（4）：1-21.

② CITRARO D. A framework for talking about data storytelling [EB/OL]. [2017-01-23]. http://www. periscopic. com/news/a-framework-for-talking-about-data-narration.

③ 方洁. 数据新闻概论：操作理论与案例解析 [M]. 北京：中国人民大学出版社，2015：43.

④ 见第一章文献综述部分。

⑤ 一般对新闻文本的叙事分析都直接参照经典叙事学的框架，如叙事视角、叙事声音、叙事频率、序列等。

第二节　数据新闻复杂叙事的维度

新闻事实有简单性新闻事实与复杂性新闻事实的区分。前者构成事项少、事项间关联程度低，一般通过感性认识就可以把握；后者构成事项多、事项间关联程度高，一般须通过理性水平的认识才能把握。[①] 虽然数据可视化以直观性和交互性让数据新闻在表现复杂问题上具有优势，但这并不能解释数据新闻"深"在哪里，数据新闻的复杂叙事究竟体现在哪些方面。有研究认为，对于包含了多重数据对象和数据间各种关系的数据可视化作品而言，表达的核心是将数据的结构关系，如基于"关联"的逻辑结构、基于"比较"的逻辑结构和基于"演变"的逻辑结构揭示出来。[②]

笔者通过对全球数据新闻奖获奖作品和国内外优秀数据新闻案例的分析发现，数据新闻对复杂问题的叙述和分析多围绕四个叙事维度展开：时间维度、空间维度、社会网络维度和数据关系维度。数据新闻可以围绕某一个或某几个叙事维度展开，而每一个叙事维度内部依据具体问题又包含不同程度的复杂性。

一、时间维度：历时性叙事下的变动与趋向

"事件被界定为过程。过程是一个变化、一个发展，必须以时间序列（succession in time）或时间先后顺序（chronology）为其先决条件。事件本身在一定的时间内，以一定的秩序出现。"[③] 在数据新闻中，时间是一个结构化维度，帮助人们构建稳健而直观的框架，建立事件间的联系。[④]

任何事件、现象的发生、发展都是在时间中进行的。当新闻文本叙述的时间跨度较长或事件众多时，以语言叙述为主的传统新闻文本在有限的篇幅

---

① 杨保军.新闻事实论［M］.北京：新华出版社，2001：39-40.
② 彭兰.数据与新闻的相遇带来了什么？［J］.山西大学学报（哲学社会科学版），2015（2）：64-70.
③ 巴尔.叙述学：叙事理论导论［M］.谭君强，译.北京：中国社会科学出版社，2003：249.
④ 杨斯钧.浅析数据可视化时间线设计的几种方法［J］.中国传媒科技，2015（Z1）：68-70.

或时长中往往表现得力不从心，而数据可视化中的时间线可以让事件间的时间顺序或因果关系清晰、直观地呈现出来。[①] 在时间维度中，时刻和时段的出现主要有四种组合：（1）单一时刻；（2）一个时间段（即由多个时刻串联而成）；（3）时刻与时间段不是包含关系。（4）时间段与时间段不是包含关系。其中，三种时间点值得关注：最近的时间点、时间点间的比较、出现异常值的时间点。[②] 在数据新闻叙事中，单一时刻通常作为叙事的背景出现，在时间维度上是静止的、共时的。在时刻与时段的组合中，除了单一时刻，其他组合均可以用时间线进行叙事。

展现事物演变过程的逻辑在数据可视化中经常使用[③]，"时间线本质上体现为权力话语在时间维度上的策略部署和框架实施"[④]。时间线将不同的时刻、时段串联，将特定的话题、事件"嵌入"宏观的历史叙事图景之中，赋予事物以宏观的认知坐标，与其他信息结合，可体现出"变化""比较""趋势"等意蕴，让受众在"时间长河"中理解新闻内容。

时间的话语性或者意识形态属性是由时间作为语境的一个要素决定的。在时间维度上，数据新闻既可以关注当下，也可将当下置于"历史叙事"中，实现议题的"再语境化"。然而，历时性叙事总是有限度的，将多长的时间段包含在内，把哪些排除在外，则是意义建构的"框架化"过程。

《华盛顿邮报》的《追踪失业》（Track National Unemployment, Job Gains and Job Losses）一文列出了 1948 年 1 月至 2016 年 8 月的失业率数据，从中可以看出经济萧条期与失业率的一些规律，如经济萧条月份往往不是失业率最高的月份，失业率最低的月份往往在萧条期结束之后的一至两年内出现（见图 5-5，彩图 1）。图中从绿色到红色代表失业率逐渐升高。在宏观层

---

① 章戈浩. 作为开放新闻的数据新闻——英国《卫报》的数据新闻实践 [J]. 新闻记者，2013（6）：7-13.

② 胡晨川. 数据驱动决策的 13 种思维 [EB/OL]. (2017-11-17) [2018-03-23]. https：//www.sohu.com/a/204942623_236505.

③ 彭兰. 数据与新闻的相遇带来了什么？[J]. 山西大学学报（哲学社会科学版），2015（2）：64-70.

④ 刘涛. 西方数据新闻中的中国：一个视觉修辞分析框架 [J]. 新闻与传播研究，2016（2）：5-28.

面，受众通过近 70 年的方格图很容易看出历史上美国出现的周期性经济萧条，还能发现最严重的两个失业率高峰段，即 1983—1984 年，2009—2011年。而通过近 70 年的数据梳理，受众也可以得出结论：失业率降到 4.9％并不是一个"最好的时代"，不过"最坏的时代"已经过去。

《卫报》的《中国金融危机》一文选择 2015 年 6 月作为中国股市曲线的"起点"，这个时间点恰恰是中国股市开始疯狂走低的时间节点，通过在图表上有意"拉大"的数据刻度，整个作品呈现的是中国当时动荡的股市局面。①

时间线在包容广阔的历时性内容的同时，也将历史语境的阐释"简单化"，尤其在同一时间线上的比较，不同的行为主体"被迫"卷入"同一"历史长河中。虽然时间线相同，每个行为主体的个体历史语境实则不同。在同一个历史语境中，一些行为主体的关键信息被省略，时间线体现的话语最后服务于作者的意图。

《华盛顿邮报》的《朝鲜是 21 世纪唯一进行核试验的国家》（North Korea is the only country that has performed a nuclear test in the 21st century）中梳理了世界 8 个国家 71 年间的核试验数量和核弹头储备情况（见图 5-6，彩图 2）。文中写道，美国和俄罗斯现在拥有全球 93％的核武器储备量。美国和苏联在核试验、核弹头储备上在数据可视化中占据突出的位置。但是通过各个国家核试验的时间线对比，受众很容易发现，世界核大国在 20 世纪 90年代都停止了核试验，在核弹头储备数量上不断减少，只有朝鲜是个"另类"。2009 年，奥巴马提出美国政府将致力于建立一个无核武器世界。虽然朝鲜在 71 年来只有 5 次核试验，在数量上并不显眼，但它是 21 世纪以来唯一进行核试验的国家，该数据新闻通过相同时间线的形式，将朝鲜"不听（美国的）话"、违反世界大势的举动"自然而然"地置于"他者"的视野中。在时间线的历史语境交代中，《华盛顿邮报》很明显以美国的历史语境为主，通过注解标出的时间点包括：1954 年的"喝彩城堡"（Castle Bravo）氢弹试验，1962 年美国达到峰值的 96 次核试验，1992 年美国的核武器储备开始大

---

① 刘涛. 西方数据新闻中的中国：一个视觉修辞分析框架 [J]. 新闻与传播研究，2016（2）：5-28.

幅下滑，英、美、苏临时性的停止核试验，苏联的核武器储备在 1986 年达到峰值，2016 年朝鲜核试验。该作品将其他国家纳入历时性叙事的同时，也将其他国家的语境"归零"。

二、空间维度：共时性叙事中的分类与比较

在以往的新闻叙事中，叙事通常围绕时间维度展开，空间在叙事中往往处于次要的位置。空间的同场、同步性、同时性对于书写的叙事者来说是不可企及的一种理想。① 一般来说，语言要把空间中的现象或者行动同时表现出来只能采用"话分两头"的方式，"不能同时既描写行动，又描写行动发生的环境。这种不可避免的选择有时牺牲属于空间的信息"②。

如果说时间线将时间把握为图像，空间叙事维度的展开则以地图为主要表现形式。地图的强项在于在共时性叙事中对信息的空间定位，为人们正确判断空间事物间的彼此联系提供参考依据，为受众建立起清晰的空间信息概念。《洛杉矶时报》数据可视化主管莱恩·德·格罗特（Len De Groot）认为："因为人们已经理解基本的地图，你可以用地图做很多事情，不像散点图那么难以被理解。"③

地图的运用带给数据新闻在空间上的叙事自由。与时间叙事类似，空间叙事也可将宏观叙事与微观叙事相结合。数据新闻对交互手段的运用，既可以用宏观的空间进行宏大叙事，也可以探寻某个特定地点的微观信息。对地图进行分段设色和点、线、面标注，可清晰直观地传达在这一地理空间内需要明确的信息。④

《纽约时报》的《最详细的美国同性婚姻地图》（The Most Detailed Map of Gay Marriage in America）将各地的同性婚姻比例赋予不同的颜色，颜色越深代表同性婚姻比例最大。地图按照邮政编码的区域进行分类，鼠标点击

---

① 戈德罗，若斯特. 什么是电影叙事学 [M]. 刘云舟，译. 北京：商务印书馆，2005：106.

② 同①105.

③ MILLER G. How to tell science stories with maps [EB/OL]. (2015 - 08 - 25) [2018 - 07 - 21]. http：//www. theopennotebook. com/2015/08/25/how-to-tell-science-stories-with-maps/.

④ 邓伟，卢一波. 点状、线性、平面：灾害事件报道中的三种信息图表模式 [J]. 新闻界，2013 (4)：35 - 40.

不同的地区，就会显示不同地区的同性婚姻个数和比例（见附录①）。

长期以来人们习惯于把地图作为反映世界的一面镜子，世界是什么样的地图上就应该表现什么样的。② 2015 年获全球数据新闻奖的《博尔扎诺人民共和国》通过空间维度的"比较"反驳了意大利媒体制造的"中国人入侵"意象（见附录）。博尔扎诺是意大利北部的一座城市，当地中国人较少。为了证明中国人没有"入侵"此地，记者用"点"标注的方式呈现了不同职业中国人在该地的分布状况。地图中记者只交代了基本的地理信息，如主要街道、河流，并将地图的视野扩展至整个城市，而非城区，以此表现中国人在该市人少、分散。假如换一种地图呈现方式，将地图的比例尺缩小，让这些点看起来密集，或者将地图范围仅限定在特定区域（见附录），或者在地图中将小点换成稍大一点的点，让点的面积占据主体，恐怕地图呈现的话语就是另一番含义了。

由此看来，地图不是单纯由科学所建构的，地图中还会有美学的、宗教的、社会的、政治的因素。地图话语的实现是通过地图的制图技术原理和地图语言两个环节来完成的，它深刻而鲜明地反映了制图者的价值观念和意识形态。③

《华盛顿邮报》的《哪里的二氧化碳排放最多》（Where Carbon Emissions are Greatest）聚焦全球的碳排放量（见附录）。图中颜色越深代表二氧化碳排放量越多。陆地上的二氧化碳排放与人口密度相关，而海洋中的二氧化碳排放与季风、航道相关。这则数据新闻采用交互的手段，既可以从全球范围了解二氧化碳的排放情况（2001 年至 2012 年二氧化碳排放的均值），又可以查看某个国家具体地点（通过显示经纬度）的具体数值，通过空间叙事将碳排放是全球性问题的主题展示得直观、形象。

空间维度的叙事通常也容易将语境统一，面积是最容易被识别的，但是人口分布、经济水平等却不容易被体现。如果比较的是与空间相关的内容，地图可以得出直观的结论；如果比较的内容仅是显示地点，与空间并不相关，则地图的话语表达能力会被削弱，甚至产生误导。在《哪里的二氧化碳排放最多》中，记者又增加了坐标轴，既体现一国的碳排放总量，又体现人均排

---

① 书中未刊出的数据可视化作品，可通过附录中提供的方式获取电子资源。
② 张新新. 地图上的话语权、强权与政治 [D]. 兰州：兰州大学，2013.
③ 同③.

放量，通过这两个变量，将中国和美国"凸显"了出来（见图 5-7）。通过坐标轴可以看出，中国的碳排放总量是世界第一，人均排放量却是世界中下水平，而美国的碳排放总量和人均碳排放总量都居于较高水平。

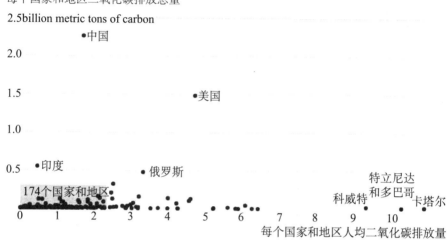

2010年216个国家和地区化石燃料二氧化碳排放总量和人均排放量

图 5-7　《哪里的二氧化碳排放最多》截图

资料来源：ELLIOTT K. Where carbon emissions are greatest［EB/OL］．（2015-03-31）［2020-03-30］．https：//www. washingtonpost. com/graphics/national/carbon-emissions-2015/.

美国媒体在大选报道时常用美国地图呈现不同州的选举情况，用红色和蓝色标示共和党和民主党两党各自赢下的地区。这种方式应用在正常比例尺的美国地图中看似客观，实则有误导性。譬如蒙大拿州的面积是佛蒙特州的15 倍大，但两者却拥有相同的选举人数。若面积广大的蒙大拿州的选民倾向把票投给用红色标示的共和党，那么在地图上展示时就很容易看到一大片红色，但这不是真正的选举结果。所以批评者认为，这样的地图会产生政治误导，是大范围的扭曲，并不实用。①

空间维度的叙事是围绕地缘关系展开的，尤其在政治议题中，空间维度的叙事实际上是地缘政治的表达。当今世界是一个"地球村"，全球化的趋势

---

① STABE M. 如何通过可视化地图报道美国大选？［EB/OL］．（2016-11-09）［2018-12-11］．http：//www. ftchinese. com/story/001070056? full=y.

让各国间的相互联系变得越来越密切。"数据新闻铺设了一个直观的、形象的、生动的比较语境，每个国家/地区都作为其他国家/地区的伴随文本（co-text）而存在，被抛入一个互文性的语境关系中。"① 在这种互文性的关系中，每一个国家/地区都是其他国家/地区的"镜子"，它们相互参照，彼此牵连，形成一个潜力无限的开放网络，构成一幅广阔的地缘政治话语"画卷"。

当然在数据新闻生产中，时间维度和空间维度常常被结合使用，以让数据新闻的叙事更加丰富、立体。

三、社会网络维度：复杂网络中的关系揭示

美国科学家瓦伦·韦弗（Warren Weaver）将现代科学史划分为三个阶段：第一个阶段是 17 世纪至 19 世纪的"简单问题"阶段，此阶段科学家力图揭示一个变量对另一个变量的影响。第二个阶段是 20 世纪上半叶的"无序复杂问题"阶段，此阶段科学家往往假定变量之间的互动是随机的、无序的，科学界开始研究变量丰富的复杂系统。第三个阶段是从 20 世纪中期延续至今的"有序复杂问题"阶段，此阶段人类意识到复杂系统中的变量间高度相关、相互依赖，需要运用一套新思维、新方法和新工具去探索。② 这就涉及另一个概念——复杂网络，即具有复杂拓扑结构和动力学行为的大规模网络，它是由大量的节点通过边的相互连接而构成的图。③ 复杂网络作为现实社会现象抽象的形态，可以用来描述人与人之间的社会关系、组织之间的联系、计算机之间的网络联结。

数据新闻在叙事维度上的突破之一在于将社会网络（social network）作为一种叙事维度，通过呈现社会网络解释社会系统中行动者间微观和宏观的联结。在这里"网络"（network）并非意指互联网，而是一个隐喻，用来比

---

① 刘涛. 西方数据新闻中的中国：一个视觉修辞分析框架 [J]. 新闻与传播研究，2016（2）：5-28.

② 利马. 视觉繁美：信息可视化方法与案例解析 [M]. 杜明翰，陈楚君，译. 北京：机械工业出版社，2013：22.

③ 马骏，唐方成，郭菊娥，席酉民. 复杂网络理论在组织网络研究中的应用 [J]. 科学学研究，2005（2）：173-178.

喻社会关系或社会要素之间的网状结构。① 社会网络是一种由许多节点（nodes）和边（edges）组成的图形，这里"节点"代表社会网络中的行动者，"边"代表行动者之间的联系或关联，即"关系"（ties）。

按照社会网络分析的思想，行动者的任何行动都不是孤立的，而是相互关联的，他们之间所形成的网络关系结构也决定着他们的行动机会及其结果。这种方法论观点被称为"新结构主义"（neostructuralist）或"结构互动主义"②。这种方法已经越来越多地应用于呈现各种各样的集群现象（collective phenomena）。③

社会网络分析主要围绕下列测量指标展开（见表5-1）。

表5-1 社会网络分析的主要测量指标

指标	含义
密度（density）	指行动者实际拥有的连线数与最大可能拥有的线数之比
中心度（centrality）	反映某一行动者在网络中居于核心地位的程度
关系强度（ties strength）	测量网络中两个行动者间关系的强弱
位置（position）	结构上处于相同地位的一组节点
内容（content）	各行动者间联系的类型或属性（如亲疏、权力分配）
角色（role）	相同位置上的节点所表现出的相对固定的行为模式
派系（cliques）	指联络起来的具有某种共同特征的凝聚子群

资料来源：赵丽娟. 社会网络分析的基本理论方法及其在情报学中的应用 [J]. 图书馆学研究，2011（20）：9-12.

以往社会网络很少出现在新闻报道中。在传统新闻报道中，报道者多关注核心事件，较少关注卫星事件；多关注主要矛盾，较少关注次要矛盾。社会网络叙事着眼于用关系的思维方式解释社会，从更宏观、全面、复杂的视野关照行为主体间的关系及其互动。随着数据新闻实践的深入，从社会关系的视角探索行为主体的关系网络越来越多，但占比仍然较少，其原因有两个：

---

① 林聚任. 社会网络分析：理论、方法与应用 [M]. 北京：北京师范大学出版社，2009：41.

② 林聚任. 论社会网络分析的结构观 [J]. 山东大学学报（哲学社会科学版），2008（5）：147-153.

③ BOUNEGRU L, VENTURINI T, GRAY J, JACOMY M. Narrating networks: exploring the affordances of networks as storytelling devices in journalism [J]. Digital Journalism, 2017（6）：699-730.

一是社会网络分析法还未被记者、编辑熟练掌握，二是虽然分析本身相对简单，但是前期需要掌握充分的数据。

一个完整的社会网络图可以展现三个层次的视角：宏观视角、关联视角和微观视角。宏观视角，类似于后文所谈到的整体网络呈现的视角，它可以让受众看到整个网络的拓扑结构和组群之间的层次，通常用颜色、节点、边线以及距离排布（归类）展示网络的整体情况。① 关联视角是指网络中点与点之间的关系，用于探索不同部分之间的内部关联。微观视角则是从某一个节点角度出发，揭示单个节点特性的视角，它重在探讨某个节点与系统其他部分的关联。② 在数据新闻叙事中，这三个层次的视角不一定都要运用，具体用哪个视角主要依据报道内容和传播目的而定。例如，揭示某一个体在某一事件中与其他个体的联系可以采用微观视角，揭示某几个个体间的联系可以用关联视角，揭示整个事件中所有主体的联系则要用宏观视角。

莉莉安娜·博内格鲁（Liliana Bounegru）等在《叙事网络：探索网络图的新闻叙事能力》（Narrating Networks：Exploring the Affordances of Networks as Storytelling Devices in Journalism）一文中总结出社会网络结构的五种模式③：（1）探索单个主体的关联网络（exploring associations around single actors），这种以单个主体为中心、向外发散形成的关联网络被称为"自我网络"（ego-network），它能够清晰地呈现某个特定社会单位和与其他单位或个体的关系，适于制作交互式动态图表。（2）查找关键角色（detecting key players），这类网络结构以网络联系的紧密程度来确定网络的关键角色。（3）划分敌友界限（mapping alliances and oppositions），这类网络结构同时展示点与点之间和点群之间的远近，以此揭示个体之间、个体所处的集体之间的双重关系。（4）探索关联网络的演变（exploring the evolution of associations over time），这

---

① 利马. 视觉繁美：信息可视化方法与案例解析［M］. 杜明翰，陈楚君，译. 北京：机械工业出版社，2013：65.

② 同①66.

③ BOUNEGRU L，VENTURINI T，GRAY J，JACOMY M. Narrating networks：exploring the affordances of networks as storytelling devices in journalism［J］. Digital Journalism，2017（6）：699 - 730.

类网络结构多用于时间叙事，注重呈现联系演变。（5）揭示隐藏的联系（revea
ling hidden ties），这种网络结构通常描述隐藏的、潜在的系列犯罪联系。当然，
作者承认这种分类方式并没有遵循分类学的依据。

　　从宏观上看，社会网络可以分为两类：整体网络和自我中心网络。

　　整体网络（whole network）是所有行动者之间的联结所构成的集合①，
可以对网络结构有更精确的测量。整体网络可以呈现关键角色在结构中的地
位及其与其他行动者的关系。

　　《华尔街日报》的《Libor 蜘蛛网》（Libor：The Spider Network）分析
的是 18 个金融机构、35 个个人在金融危机中对全球最重要的关键利率
之一——伦敦银行同业拆借利率 Libor 作假中的社会关系。这个整体网络实
际上是由一个个自我中心网络（egocentric network）组合而成的。图 5-8 显
示的是以汤姆·海斯（Tom Hayes）为中心的犯罪网络。

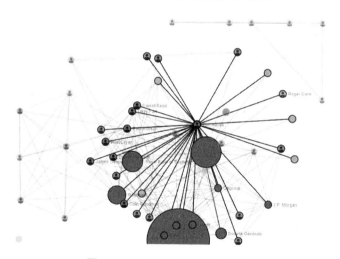

图 5-8　《Libor 蜘蛛网》截图

　　资料来源：JUAN J，ENRICH D. Libor：the spider network［EB/OL］.（2015-05-20）
［2020-01-21］. http：//graphics. wsj. com/libor-network/#item=Hayes.

　　BuzzFeed 的《帮助我们映射特朗普世界》（Help Us Map TrumpWorld）
是一个运用社会网络分析法呈现特朗普商业关系网的众包项目（见图 5-9）。

────────────

　　① 奇达夫，蔡文彬. 社会网络与组织［M］. 王凤彬，朱超威，等译. 北京：中国人民大学出版
社，2009：176.

记者通过公共记录、新闻报道和其他途径积累了与特朗普
商业相关的 1 500 多个个人和组织的社会关系网络。由于该
报道要求读者继续提供相关信息，所以这个作品还未完成，
但是记者从中识别出了与特朗普关系密切的三个人，这三
个人本身也具有相当大的社会关系网。

《开发者的交易》

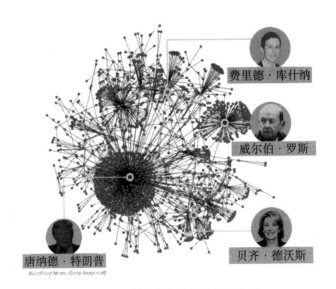

图 5 - 9 帮助我们映射特朗普世界

资料来源：TEMPLON J, CORMIER A, CAMPBELL A, SINGER-VINE J. Help us map
Trumpworld ［EB/OL］．（2017 - 01 - 15）［2020 - 01 - 27］．https：//www. buzzfeed. com/johntem-
plon/help-us-map-trumpworld? bftwnews&-utm ＿ term＝. vtlEZgb7J＃. daLBwvGK8.

　　2014 年美国大学广播（WAMU）的作品《开发者的交易》（Deals for De-
velopers）通过梳理 2003 年以来华盛顿特区选举的近 1 万起政治捐款数据，绘
制成庞大的政治捐款网络（见图 5 - 10 和附录），网络上的每个节点代表不同的
主体，包括官员、公司、亲属等。①

　　美联社根据"维基解密"泄露的 2006 年 12 月伊拉克战争期间最血腥月
份美军的 11 616 份"重要行动"报告（significant action，SIGACT）绘制了
不同行动的社会网络图《"维基解密"伊拉克关键行动》（A full-text visual-

---

① 孟笛. 数据新闻生产特征及叙事模式——基于数据新闻奖提名作品的实证研究［J］. 当代传播，
2016（6）：23 - 26.

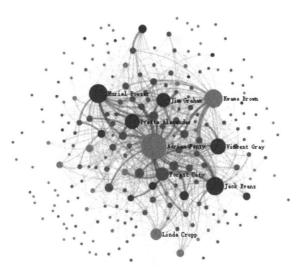

图 5 - 10　《开发者的交易》截图(1)

资料来源：MADDEN P，PATEL J，BARONAVSKI C. Deals for gevelopers. ［EB/OL］. (n. d.)［2020 - 03 - 29］. http：//wamu. org/projects/developerdeals/.

ization of the Iraq War logs）（见图 5 - 11，彩图 3）。其中每个点代表一个报告（重要行动），不同的颜色代表不同的行动种类，如犯罪事件、敌对行动、爆炸危险、友好行动等。点与点间关系的测量是通过余弦相似度（cosine-similarity）和 TF-IDF（term frequency-iinverse document frequency，词频-逆文档频率）算法评价的，这条数据新闻揭示了不同行动间的聚集情况。

　　自我中心网络是指环绕在自我周围的社会网络，既包括自我与他人的直接联结，也包括这些与自我直接联结的他人之间的联结。[1] 在《开发者的交易》中，受众点击交互图上的点（即涉事人）即可查看以此为中心的自我中心网络。图 5 - 12 呈现的是以美国华盛顿市前市长艾德里安·芬提（Adrian Fenty）为中心的关系网。

　　还有媒体对与社会关系的梳理并非采用了社会网络分析法，而是采用谱系图的方式，这种方式的思路和社会网络分析的思路是相通的。设计中，如果涉事主体的关系相对简单（如单向关系），或行为主体数量不多（如几十

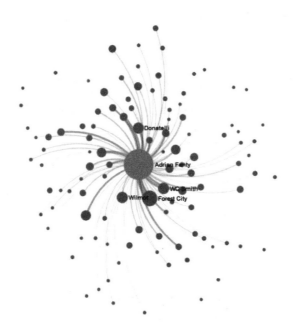

图 5-12 开发者的交易截图(2)

资料来源：MADDEN P，PATEL J，BARONAVSKI C. Deals for gevelopers. ［EB/OL］．（n. d.）［2020-03-29］. http：//wamu. org/projects/developerdeals/.

《周永康的人与财》

个，而不是上百个），可以采用这种最传统的梳理方式。如财新网的《周永康的人与财》（见图 5-13）将周永康贪腐案中涉事的主要个人和企业间的关系进行梳理。财新网关于周永康案的系列报道有 6 万字，将周永康案中各个主体的关系脉络一一梳理，而展示报道中的所有关系，只需要这一张图。

四、数据关系维度：变量间的相关性探索

社会网络中的关系是"社会关系"，强调个体与个体的联结，而数据关系则是指相关关系。相关关系有多种分类：按照相关的方向不同分为正相关和负相关；按照相关形式不同：分为线性相关和非线性相关；按相关程度不同分为完全相关、不完全相关和不相关；按研究的变量（或因素）的多少分为单相关、复相关和偏相关。因果关系则是原因与结果之间相互依存的关系，是人类在长期的社会实践中逐渐总结出来的一个理解事物和预计事物变化发

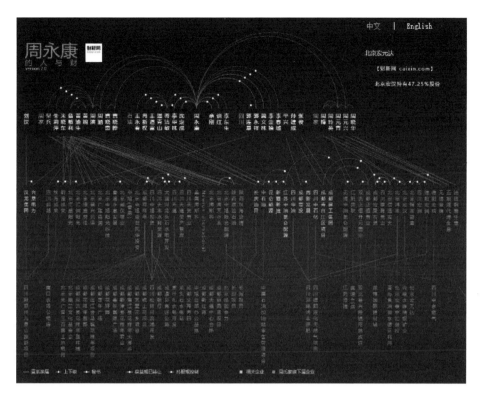

图 5 - 13　周永康的人与财

资料来源：周永康的人与财.［EB/OL］.（2014 - 11 - 17）　［2019 - 12 - 27］. http：// datanews. caixin. com/2014/zhoushicailu/.

展的基本法则。①

　　相关关系在洞察现实时很有用途，不仅因为它能提供新的视角，还在于它提供的视角很清晰，一旦把因果关系考虑进来，这些视角就可能被蒙蔽掉。② 相关关系分析本身意义重大，它也为研究因果关系奠定了基础。有时在呈现相关性的同时，也隐含了指向因果关系的线索。③ 面对客观世界的种种不确定性，人们喜欢寻找原因，并将不确定性转化为某种程度上的确定性，同时人们习惯于将相关关系转化为因果关系来解释周围的事物，探索客观世

---

① 维之. 论因果关系的定义［J］. 青海社会科学，2001（1）：117 - 121.

② 舍恩伯格，库克耶. 大数据时代［M］. 盛杨燕，周涛，译. 杭州：浙江人民出版社，2013：93.

③ 彭兰. 数据与新闻的相遇带来了什么？［J］. 山西大学学报（哲学社会科学版），2015（2）：64 - 70.

界的因果关系也总是从相关关系开始的。①

《连线》杂志主编克里特·安德森在《拍字节时代》中讲到，用因果关系验证各种猜想的传统研究范式已经过时，大数据时代来临，无须理论指导的纯粹的相关关系研究将取而代之。②

沃克斯新闻网（Vox）的《用16张地图和图表解释美国独特的枪支暴力问题》（American's Unique Gun Violence Problem, Explained in 16 Maps and Charts）一文说明了枪支暴力与枪支数量、枪支法规的关系，记者用数据间的相关关系告诉受众：某地枪支数与死于枪击的人数呈正比，这种数据间的相关性不仅体现在美国各州中（见图 5 - 14），也体现在其他经济发达的国家和地区（见图 5 - 15）。

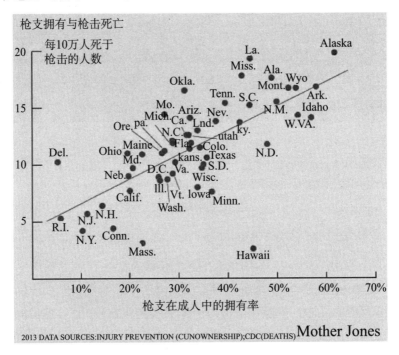

图 5 - 14 枪支越多的州，死于枪击的人数也越多

资料来源：LOPEZ G. America's unique gun violence problem, explained in 16 maps and charts. [EB/OL].（2019 - 08 - 31）[2020 - 01 - 21]. http://www.vox.com/2015/8/24/9183525/gun-violence-statistics.

① 魏宝靖. 精析相关与因果——概率统计中必须澄清的两个概念 [J]. 中国统计，2010（6）：45 - 46.
② 同②：93.

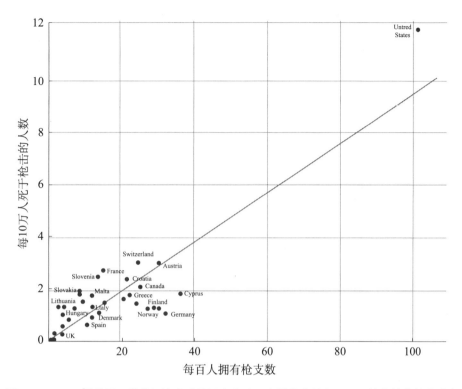

图 5 - 15　不只是美国，其他经济发达的国家和地区也是枪支越多，死于枪击的人数也越多

资料来源：LOPEZ G. America's unique gun violence problem，explained in 16 maps and charts. ［EB/OL］. (2019 - 08 - 31)［2020 - 01 - 21］. http：//www. vox. com/2015/8/24/9183525/gun-vio-lence-statistics.

《金融时报》2016 年 6 月制作的数据新闻《英国脱欧公投的选民年龄分布》（Brexit①：Voter Turnout by Age）利用英国报业协会的公投结果和英国人口普查数字分析得出，英国脱欧公投中的投票率与年龄正相关：年纪越轻，投票率越低。

相关关系是对事物过程的定量描述模型，而因果关系则是对事物过程的定性描述模型，二者都不可或缺。② 虽然有观点认为，在大数据时代相关关系会替代因果关系成为人们决策的主要依据，但是笔者认为新闻报道不能仅仅依靠相关关系为受众提供对于社会现实的解释，对于新闻报道而言，由于

---

① Brexit 是对英国退出欧盟的一种戏谑说法，即 British exit or Britain exiting from the EU（英国退出欧盟）。

② 王天思. 大数据中的因果关系及其哲学内涵［J］. 中国社会科学，2016（5）：22 - 42.

基于各行各业量化方法的"遍在"的相关关系出现，因果关系的重要性在大数据时代不仅不会被弱化，反而还会变得更加必要和重要。因为新闻报道的任务不仅仅是告诉人们发生了什么，还要告诉人们这些事为什么发生，而原因的揭示往往就是因果关系的发现。① 如"图政"制作的《70 大中城市纪委书记系列》发现了年龄和地区之间具有相关性，可是为什么会具有这种相关性？"图政"数据团队采访了相关领域的专家，得出原因：发达地区的官员一般更年轻化，更加锐意进取，可东部地区还要考虑稳定性，而中部地区就出现了相对年轻的纪委书记。②

有研究者评价，在《卫报》《纽约时报》的数据新闻报道中，只有一部分数据新闻比传统报道进行了更深入的数据分析。③ 这说明数据新闻记者不光要运用定量方法，还要继续采用传统报道常用的定性方法来洞察社会。

第三节　数据新闻的线性叙事、散点叙事和交互叙事

有研究认为，新媒体语境下新闻叙事有三种模式：蜂巢形模式、菱形模式和钻石形模式。④ 其中，蜂巢形模式和菱形模式描述的是连续报道，钻石形模式描述的是单篇报道。⑤

笔者通过对以上模式在数据新闻的应用研究发现，虽然数据新闻也是在新媒体语境下出现的，但以上叙事模式并不能将数据新闻的叙事模式完

---

① 彭兰. 数据与新闻的相遇带来了什么？[J]. 山西大学学报（哲学社会科学版），2015（2）：64 - 70.

② 张嘉佳. 数据新闻：大数据时代讲故事的新方式研究［D］. 兰州：兰州大学，2016.

③ LORENZ M，KAYSER-BRIL N，MCGHEE G. Voices：news organizations must become hubs of trusted data in a market seeking（and valuing）trust［EB/OL］.（2011 - 03 - 01）［2018 - 03 - 12］. http：//www. niemanlab. org/2011/03/voices-news-organizations-must-become-hubs-of-trusted-data-in-an-market-seeking-and-valuing-trust/.

④ 曾庆香. 新媒体语境下的新闻叙事模式［J］. 新闻与传播研究，2014（11）：48 - 59.

⑤ 曾庆香认为，蜂巢形的新闻叙事模式是指类似于马航事件的报道，即媒体报道在形式与内容上都是对事件信息一点点地进行更新。菱形的新闻叙事模式是指媒体对新闻各范畴进行独立报道，其先后顺序基本是快讯、事件、反应、背景、评论、后续事件、定制新闻，这些范畴报道在速度和深度两条轴线呈现出菱形的形状。钻石形的新闻叙事模式是指类似于《雪崩》（Snow Fall）的报道，即媒体采纳各种媒体元素对事件进行完整、深刻、多维的报道。

全容纳进去：（1）数据新闻揭示的是较为"稳定"的社会现实，较少采用连续报道的方式，故数据新闻较少采用蜂巢形和菱形的叙事模式。（2）钻石形新闻叙事模式虽然是指媒体采纳各种媒体元素对事件进行完整、深刻、多维的报道，但在笔者看来，这种模式的本质是融合新闻（或称融合报道），许多数据新闻可以归为此类，这将导致对数据新闻的分类不细致。对数据新闻叙事模式的探讨，需要建立一种更为明晰、体现分类学方法的分类方式。

目前国内外学者对数据新闻叙事模式还未见探讨。爱德华·塞格尔（Edward Segel）和杰弗里·海尔（Jeffrey Heer）研究叙事可视化（narrative visualization）的叙事模式，认为叙事可视化在叙事方法上分为作者驱动（author-driven approach）和读者驱动（reader-driven approach）两种类型。作者驱动是指可视化的叙事是严格按照线性方式进行的，没有交互，重在传递信息（messaging）；读者驱动是指图像没有既定的叙事顺序，不传递信息，有较高程度的交互。纯粹的作者驱动和纯粹的读者驱动在数据可视化中都是较少的，更多的叙事可视化是两种取向兼顾。基于此，上述二人将叙事可视化分为三种：马提尼杯结构（Martini Glass Structure）、交互式幻灯片结构（Interactive Slideshow）和深入挖掘故事结构（Drill-Down Story）。[①] 以上分类针对的是数据可视化，而数据新闻的叙事文本相对复杂，包括文本和数据可视化。鉴于数据新闻在叙事上的特殊性以及以往分类在数据新闻应用上的局限性，笔者基于搜集的数百个数据新闻案例组建的案例库，总结出数据新闻文本的叙事模式。

需要指出的是，新媒体平台的数据新闻是超文本，通过超链接的方式构成一个立体叙事体系。从网络空间的层面看，理论上超文本的内容层次是可以通过超链接无限链接下去的。为了便于从宏观上把握数据新闻文本的叙事模式，这里从数据新闻文本的第一层进行分析，将叙事模式分为线性叙事模式、散点叙事模式和交互叙事模式[②]，实际上这种分类不仅适用于文本的第一层，也适

---

① SEGEL E，HEER J. Narrative visualization：telling stories with data [J]. IEEE Transactions on Visualization & Computer Graphics，2011（6）：1139 - 1148.

② 散点叙事和交互叙事属于非线性叙事。

用于第二层、第 n 层，主要看文本与子文本、子文本与子文本的关系如何。

一、数据新闻的线性叙事

线性叙事是一种经典的叙事方式，它注重故事的完整性、时间的连贯性、情节的因果性，这种叙事观念的背后包含着对世界的秩序感与确定性的信念和诉求。① 有关线性叙事的探讨可追溯到亚里士多德在《诗学》中提到的叙事完整性："所谓完整，指事有头，有身，有尾。所谓'头'，指事之不必然上承他事，但自然引起他事的发生者；所谓'尾'，恰与此相反，指事之按照必然律或可然律上承某事发生，但是他不引起后事的发生；'身'即上承某事，也下启某事发生。"② 这里亚里士多德强调了经典叙事学的两大核心理念：内在结构的因果逻辑和外在结构的线性形式。

线性叙事的产生与语言文字的产生密不可分。弗迪南德·德·索绪尔（Ferdinand de Saussure）在《普通语言学教程》（*Course in General Linguist*）中认为，语言学中极为重要的是线性原则，相继出现的语素构成一个时间序列，可以用文字表示出这种前后相继的关系。③

在线性叙事文本中，作品中有且只有一条贯穿始终的情节主线。情节主线有明确的开端，也有合目的性的结尾。"线性"强调的是在情节主线中的事件间是因果关系，或许在情节中可能折射着多种因果规律，事件与事件之间也可能存在着丰富的多因多果关系，但从整体来看，整个情节有一个决定性的因果律。④ 所以即使存在插叙、倒叙、补叙等打乱常规时间序列的叙事结构，叙事流程也不可更改。⑤

美国学者 R. 威廉斯认为线性的表述涉及新闻内容的"优先权"（priorities）问题⑥，线性叙事是一种以传者为导向的叙事模式，传者希望受众能够

---

① 孙为. 交互式媒体叙事研究 [D]. 南京：南京艺术学院，2011.
② 亚里士多德. 诗学 [M]. 罗念生，译. 上海：上海人民出版社，2006：35.
③ 孙为. 交互式媒体叙事研究 [D]. 南京：南京艺术学院，2011.
④ 翁东翰. 非线性叙事在动漫作品中的应用 [J]. 福建师范大学学报（哲学社会科学版），2007 (5)：128-130.
⑤ 同②.
⑥ 林少雄，吴小丽. 影视理论文献导读：电视分册[M]. 上海：上海大学出版社，2006：155.

按照作者设定的逻辑和阅读顺序，认可作者的观点，体现出作者对话题、内容的控制欲望。

数据新闻的线性叙事围绕时间顺序和因果关系展开。数据新闻的线性叙事模式就像一棵树，在数据新闻中，简单的线性叙事只有一根树干，叙事随着"树"的生长止于一点。较为复杂的线性叙事包含"树枝"和"树叶"。在叙事中，既有核心事件（信息）、卫星事件（信息），但"树"整体的生长方向是线性的。受众对新闻内容的理解必须建立在体现设定好的逻辑和语境中，每一个阶段的叙事都以前一个阶段为基础。

判定是否属于线性叙事模式的主要标准是看文本的第二层（能够进行相对完整叙事的段落、子文本）各部分间是否存在逻辑关系或体现出传者有意的信息编排意图（如倒金字塔结构按照新闻价值大小排序）。如果在文本第二层中，各部分的关系是有逻辑的，或者体现出传者有意的信息编排意图，则构成了数据新闻文本第一层的线性叙事模式。

新媒体平台的数据新闻既存在纯线性叙事模式（见图 5-16），也有混合线性叙事模式（见图 5-17）。纯线性叙事模式是指文本的第二层子叙事部分都采用线性叙事模式。混合线性叙事模式是指文本的第二层采用线性叙事、散点叙事、交互叙事中的两种或两种以上叙事模式。虽然各部分叙事模式不同，但如果将其串联起来看，仍有较强的逻辑关系。在线性叙事模式中新闻的情节线与受众的阅读线通常是重合的，是一种"封闭"叙事。

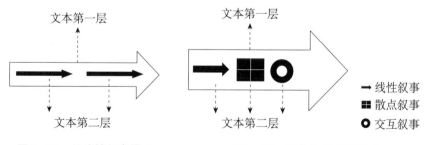

图 5-16　纯线性叙事模式　　　　图 5-17　混合线性叙事模式

新华网的数据新闻作品《一个家庭 65 年的变迁》采用了纯线性叙事模式，作品通过以时间为线索、以 5 岁的"王解放"（虚拟人物）为例，从1949 年开始，将其家庭的经历与国家的重要事件、重要数字结合，展示了个人、家庭和国家65年来的巨变，在"变迁"的主线下，通过数据可视化同时呈现家庭变化和国家的变化，将家庭变化置于国家发展的宏观叙事中（见图5-18）。

图5-18 《一个家庭65年的变迁》截图

资料来源：一个家庭65年的变迁［EB/OL］.（2014）　［2017-07-21］.http：//fms.news.cn/swf/gq65/.

对于传统媒体平台的数据新闻叙事而言，纯线性叙事模式是必然的选择。如电视数据新闻，信息传播和观众接受的线性特征决定了文稿写作也是线性的。线性叙事假定受众对整个新闻文本的内容感兴趣，假定受众会完整阅读整个文本，在段落与段落、部分与部分间采用设疑（悬念）、连接的方式，吸引受众继续往下看。

在央视的大数据新闻《数说命运共同体·通向世界的路》中，记者传递的核心观点是中国给"一带一路"国家提供的基础设施建设正在让这些国家的经济和社会生活发生改变。记者以中国中交集团挖掘机"热力图"为由头指出挖掘机分布的变化反映的是基础设施建设的转移，从过去的中亚、东欧转向更为广阔的"一带一路"国家，之后分别以中国参与建设的孟加拉国帕德玛河大桥、哈萨克斯坦"双西公路"，中国移动在巴基斯坦的信号覆盖为例介绍中国参与"一带一路"基础设施建设给这些国家带来的积极影响。这三个案例是三个新闻故事，代表基础设施建设的三个不同侧面，记者通过案例间共性的交代和串联的方式将三个案例有机地连接在一起。

在新媒体环境下，散点、交互叙事的运用较为有限，表面看是理念问题（没有将新媒体平台看成是一个交互的平台），深层次是一种惯习，与数据新闻业者既有的新闻采编方式、业界对数据新闻的评价等有关，这些会带来行为上的倾向，带来一种"习惯化的、实践性的、心照不宣的、倾向性的，同时又是结构化的行为类型"①。所以，在新媒体平台上，线性叙事模式依然有"市场"，原因在于虽然平台和传播手段发生了变化，但是人们长期培养起来的线性阅读习惯短时间难以彻底改变。从信息的接收角度看，线性叙事无疑更符合受众的学习和认识规律。

线性叙事体现了媒体作为精英阶层对信息、知识的生产、流动和影响的"主动性"。虽然现在已经步入了受众为本位的时代，但传者对意义生产的控制，以及借由传播实现的媒介权力是不会改变的。虽然线性叙事中有混合线性叙事，允许受众进行第二层文本的散点或交互叙事，但是混合线性叙事的逻辑是让受众按照记者的叙事逻辑阅读新闻，再进行某种个性化的阅读，实际上还是体现出媒体对受众的"控制"意图。

二、数据新闻的散点叙事

非线性叙事是指叙事不是按照时间先后顺序，而是以较为随机的、片段化的、非直线方式进行，它包括创作阶段的"非线性"和观看阶段的"非线性"。② 非线性叙事并不是新媒体平台下的产物，在文学、影视作品等叙事中，在线性传播的情况下，依然可以采用非线性叙事的手段，如文学作品的倒叙、插叙，影视作品中平行蒙太奇的运用等。埃迪·博尔赫斯-雷伊（Eddy Borges-Rey）通过对英国数据新闻业者的访谈发现，数据新闻业者在传统新闻标准中已经有了某些计算思维（computational thinking）的

---

① 斯沃茨. 文化与权力：布尔迪厄的社会学 [M]. 陶东风，译. 上海：上海译文出版社，2006：326.

② 於水. 交互叙事在结构上的几种可能性及应用前景 [J]. 北京理工大学学报（社会科学版），2010（1）：101-104.

痕迹①，突出的表现是线性叙事正被更具交互性和参与性的用户体验形式所取代，这种形式给予受众多层次、多平台、游戏化的、与数据库关联的生动内容。

在数据新闻叙事文本中，非线性叙事有两种方式：散点叙事和交互叙事。在文学文本中，散点叙事的基本特征是围绕着一个或几个主要人物展开故事，故事和故事之间没有必然的因果关系，也不形成累积的戏剧效果。②可以这样说，在散点叙事中，故事以"拼接"的方式呈现，就像"七巧板"一样。每一个散点都是一个故事或由多个故事组成的"模块"。这种叙事并没有严格意义上的情节线索或叙事线索，各散点间大多没有逻辑关系。统辖各散点是主题，各散点围绕主题展开叙事，彼此间的关系是并置或补充，每一个散点可以独立完成对某一子主题的叙事任务，实现对主题以小见大、以点带面的把握。

散点叙事类似文学创作中的"主题-并置"叙事，即构成文本的所有故事或情节线索都围绕一个确定的主题或观念展开，这些故事或情节线索之间没有特定的因果关联和明确的时间顺序，之所以将其并置仅仅是因为它们共同说明着同一个主题或观念。③"主题-并置"叙事有四个显著特征：第一，主题是这类叙事的灵魂；第二，文本结构是多个故事或多条情节线索的并置；第三，构成文本的故事或情节线索间无因果关联，也无明确的时间顺序；第四，各故事或情节线索的顺序可以互换，互换后的文本与原文本没有本质差异。④

在数据新闻中，散点叙事模式多为组合报道的方式，这种叙事模式体现在数据新闻中时需要设计导航栏，至少将第一层结构清晰地呈现出来。散点叙事体现出受众导向，允许受众跳出记者提前设定的路线进行阅读。在注意

---

① BORGES-REY E. Towards an epistemology of data journalism in the devolved nations of the United Kingdom: changes and continuities in materiality, performativity and reflexivity [EB/OL]. (2017-02-01) [2018-11-29]. https://journals.sagepub.com/doi/full/10.1177/1464884917693864.

② 翁东翰. 非线性叙事在动漫作品中的应用 [J]. 福建师范大学学报（哲学社会科学版），2007（5）：128-130.

③ 龙迪勇. 试论作为空间叙事的主题-并置叙事 [J]. 江西社会科学，2010（7）：24-40.

④ 同①.

力稀缺、阅读碎片化的时代，散点叙事代表的是不求全文阅读的新闻生产理念。

《卫报》的数据新闻《从雨林到碗柜：棕榈油的真实故事》（From Rain-Forest to Your Cupboard：The Real Story of Palm Oil）讲述棕榈油从种植到餐桌的故事，告诉受众，棕榈油的增加意味着热带雨林的减少，但是人们又不可能放弃棕榈油找到合适的替代品，整个报道分为热带雨林、种植、社区、去向、商业、消费者和可替代品等七个部分（见表5-2）。这七个部分独立成章，每一个部分都是一个独立的模块，彼此间没有逻辑关联，受众可以自由选取任何一个感兴趣的模块阅读或参与。

表5-2　　　　　　《从雨林到碗柜：棕榈油的真实故事》内容框架

热带雨林	种植	社区	去向	商业	消费者	可替代品
1. 雨林的作用 2. 印尼雨林的减少	1. 各国棕榈油产量 2. 棕榈油的影响 3. 棕榈油的可持续发展	棕榈油农场的生活	1. 棕榈油的进口 2. 可持续棕榈油*的销售 3. 市场状况	1. 企业拥有量 2. 企业案例分析	最在乎商品哪一点	1. 和豆油、菜籽油比较 2. 可替代品寻找的难度

*可持续棕榈油是按照可持续棕榈油圆桌倡议组织制定的棕榈油生产标准生产的棕榈油。

《华盛顿邮报》的《被夺走的家园》（Homes for the Taking：Liens, losses and profiteers）包含八个长故事，讲述一些投资者是如何将500美元的债务变成巨额债务而失去房屋所有权的故事。这种叙事方式，本质上是通过八个故事的"拼接"以求全貌。

散点叙事通过"拼接"的方式呈现了事件的复杂性、多面性，又允许受众选取特定的内容或不同的顺序进行阅读，赋予受众较为独立的叙事权力和对报道内容"拼接"的权力，这是一种半开放的叙事形式，符合新媒体条件下受众对于信息碎片化、自主化的消费方式。

三、数据新闻的交互叙事

虽然《卫报》最早的数据新闻可追溯至1821年，但诞生于21世纪的数据新闻与以往的数据新闻有着截然不同的社会语境和技术环境，当代数据新闻是数字新闻业（digital journalism）的一部分，特点之一是交互技术的运用催生了新的叙事方式——交互叙事（interactive storytelling）。"新闻机构必须意识到新闻是通过电脑推送的，而电脑的本质是交互的。新闻机构依赖于静态的、非交互的方式吸引受众的观念过时了。"① 在 2013—2016 年的全球数据新闻奖获奖作品中，86％的作品采用了不同程度的交互手段。② 由此可见，交互叙事是当今数字新闻业发展的一个趋势，也成为新媒体平台上数据新闻较为常见的叙事方式。那么数据新闻交互叙事的类型有哪些，又如何通过交互叙事进行话语表征呢？本节就以上问题进行论述。

（一）交互叙事在数据新闻中的应用

从技术的角度上说，用户在新媒体平台上所有的输入行为都会与界面产生互动生成输出，都可称之为交互。交互意味着一种"直接干预"（direct intervention），"它通过一种有意义的方式来再现自己，而不仅仅是读取自己"③。交互叙事是指运用交互技术手段进行的叙事行为，在叙事过程中故事线不是唯一的、恒定的、千人一面的，叙事文本会根据用户的输入而产生特定的输出，从而让叙事文本、叙事结构和叙事体验个性化。在线性叙事中，故事的情节线和用户的阅读线是重合的，不同用户阅读的文本都是相同的。在交互叙事中，故事的情节线和用户的阅读线不相重合。当然交互叙事也不存在确定的情节线，它往往以数据库、App 或游戏的形式出现。从技术角度看，交互叙事主要基于数据库和算法生成具有用户个人意义的叙事内容，满足用户对特定信息的获取与消费，在实现数据新闻的功能性意义（functional significance）上具有极大的优势。

数据新闻采用交互叙事的意义在于：（1）由于大规模数据集不能被传统新闻叙事形式呈现，新闻生产需要用交互、具有视觉吸引力的简洁叙事手段

---

① REID A. Newsgames: future media or a trivial pursuit? [EB/OL]. (2013 - 10 - 08) [2018 - 11 - 23]. https://www. journalism. co. uk/news/newsgames-future-media-or-a-trivial-pursuit-/s2/a554350/.

② HERAVI B, OJO A. What makes a winning data story? [EB/OL]. (2017 -01 - 24) [2018 - 03 - 23]. https://medium. com/@Bahareh/what-makes-a-winning-data-story-7090e1b1d0fc♯. 3fbubynuo.

③ CAMERON A. Dissimulations: the illusion of interactivity [EB/OL]. [2018 - 06 - 11]. http://mfj-online. org/journalPages/MFJ28/Dissimulations. html.

进行补充①；（2）交互叙事契合新媒体时代"去中心化"和"参与"的媒介文化特质；（3）交互叙事可产生深度的沉浸体验，有助于建立用户与文本的"强关系"（strong ties）。

数据新闻的交互叙事可分为两类：基于数据库的探索叙事和基于游戏的体验叙事。

1. 基于数据库的探索叙事

基于数据库的探索叙事可以让用户根据自己的喜好探索个性化的内容。在"发布数据就是新闻"②的理念下，数据库类型的数据新闻越来越多。数据新闻在利用这些数据集时并非向用户提供一个原始的数据集，而是借助交互手段，提供一个直观、形象的界面，对数据集中的变量进行新闻价值评判，删除无用的变量选项，保留对用户有意义的数据和信息。

例如，《华盛顿邮报》的《今年被警察射杀的人》既有从宏观层面对美国2015年被警察枪击身亡案的总体叙述，也有从中观层面对各州发生概率的统计。更为重要的是，用户可以针对自己感兴趣的内容进行信息筛选，点击所在州、性别、种族、年龄、携带武器类型、是否患有精神疾病、危险等级等选项，即可查看图表、案件简介、报道文字、视频等。

交互叙事可将新闻价值中的接近性发挥到极致，通过个人心理、地理和实际信息需要的接近性，为用户提供有针对性的信息。纽约公共广播电台的《美国中等家庭收入分布地图》（Median Income Across the US）将统计数据具体到街区，用不同的颜色代表不同的收入水平，用户将鼠标停留在特定的街区上，还可以查看具体的数值（见附录）。

ProPublica数据新闻记者斯科特·克莱恩（Scott Klein）认为，让用户理解复杂的数据应当包含远景（far view）和近景（near view）两个层次。远景应当包含国家层面的数据或者州、县以及公司的排序；近景需要让读者看

---

① BOYLES J L, MEYER E. Letting the data speak [J]. Digital Journalism, 2016 (7)：944-954.

② BATSELL J. For online publications, data is news [EB/OL]. [2018-12-22]. http：//niemanreports. org/articles/for-online-publications-data-is-news/.

到自己的学校或镇，传递的是关联和特殊性。[①]

2. 基于游戏的体验叙事

新闻游戏（newsgame）是数据新闻交互叙事的另一种常见形式。新闻游戏是用新闻学原则去开发游戏的媒体功能，在真实事件和问题的基础上，为玩家提供基于真实世界的虚拟体验。[②]

游戏可激发玩家的独特思考，这种思考看重的是复杂系统的不确定性，而不是接受简单的答案。[③] 游戏与故事的不同在于，故事通过一系列不变的事实来表现，游戏则通过分叉树来表现，它允许玩家在每个分叉的地方做出判断，创造自己的故事。故事的读者必须从一系列事实中推断因果关系，游戏中的玩家被鼓励探索各种可能性。[④]

相较于传统新闻叙事用户是旁观者的角色而言，交互叙事可让用户参与叙事，用角色扮演的形式将用户"内化"新闻当事人或利益相关者（stakeholders）。如英国《金融时报》中文网的《世界到底在采取哪些措施阻止气候变化》，该游戏在 2015 年 12 月《巴黎协定》签署之前推出，游戏任务是让用户将全球气温增幅在 21 世纪结束前控制在 2℃ 以内。游戏中用户需要通过互动图表找出不同国家和地区该如何应对才能达到预期中的减排量。然后在页面中点击"建立你的预测模型"，用户可以对每个国家和地区的排量进行调节，最后计算器可生成一个基于用户个人的预测结果（见图 5 - 19）。

在体育报道中，新闻游戏可以增强报道的趣味性。BBC 的新闻游戏《2016 欧洲杯：你将选择谁来组队参加比赛》（Euro 2016：Who Would You Pick in Your Team of The Tournament）让用户选择自认为最优秀的各位置球员、不分国界地组合成一支最强的球队，然后选择编队形式、建立联盟与

---

① KLEIN S. Intro：the design and structure of a news application ［EB/OL］. (2013 - 05 - 05) ［2018 - 06 - 11］. https：//github. com/propublica/guides/blob/master/design-structure. md.

② 黄鸣奋. 数字化语境中的新闻游戏 ［J］. 重庆邮电大学学报（社会科学版），2014 (5)：95.

③ BOGOST I. Persuasive games：exploitationware ［EB/OL］. (2011 - 05 - 03) ［2018 - 06 - 11］. http：//www. gamasutra. com/view/feature/134735/persuasive_games_exploitationware. php.

④ 方太平，代晓蓉. 游戏设计概论 ［M］. 北京：电子工业出版社，2010：4.

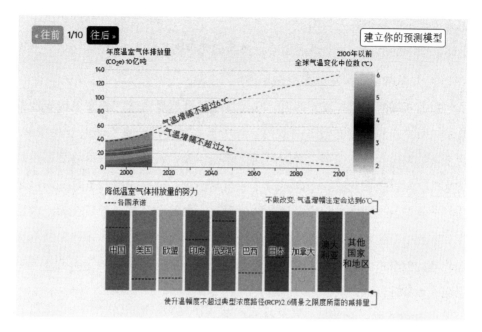

图 5 - 19　《世界到底在采取哪些措施阻止气候变化》截图

资料来源：克拉克. 世界到底在采取哪些措施阻止气候变化？［EB/OL］. （2015 - 10 - 19）
［2020 - 01 - 21］. http：//www.ftchinese.com/interactive/5499.

网友的队伍进行对决。[1]

　　新闻游戏的叙事快感是通过沉浸和卷入实现的。在文本中，只要故事、背景和界面保持统一的图式[2]，玩家的审美体验就能在很大程度上保持一种沉浸的状态[3]。卷入是一种经过更多思考的批判式的参与方式。当用户面临不熟悉的题材，或者文本很难左右其反应时，他们被驱使着一再重读和反复斟酌其中的信息以清楚地认识文本，就进入了所谓的卷入状态。卷入包含对多种图式的考虑，不管这些图式来自文本自身，还是超越了文本。[4] 叙事快

---

　　① 方洁，范迪. 融媒时代大型赛事报道中的数据新闻——以 2016 年欧洲杯报道为例［J］. 新闻与写作，2016（8）：77 - 80.
　　② 图式使我们能够感知周遭的事物并进行有效的处理，这一能力有赖于此前通过阅读、个人经验和别人的建议而建立起来的对类似事件的已有知识储备。见卡尔，白金汉，伯恩，肖特. 电脑游戏：文本、叙事与游戏［M］. 丛治辰，译. 北京：北京大学出版社，2015：74.
　　③ 卡尔，白金汉，伯恩，肖特. 电脑游戏：文本、叙事与游戏［M］. 丛治辰，译. 北京：北京大学出版社，2015：74.
　　④ 同③：75.

感来源于沉浸还是卷入与用户个体有关。对于一个球迷而言，叙事快感来自足球游戏中的沉浸，对非球迷而言，快感的来源则是卷入。

（二）数据新闻交互叙事的叙事机制

数据新闻的本质是新闻话语，它通过一整套叙事语法与叙事结构表征着事实。数据新闻对交互叙事的运用不止于信息的传递，更在于观点的说服。对于数据新闻而言，叙事本身即是话语表征实践，叙事机制的最终目的是意义生产。在视觉文化研究中，意义生产包括两个层面：内涵和外延。内涵是指一个人对一个视觉文化作品的认知的思想、感情和联想，外延是指一幅图像"字面上"的意义。[①] 笔者借用以上意义生产的分析视角，将数据新闻交互叙事的叙事机制分为话语生产的内涵层面——规则机制和话语表达的外延层面——程序修辞。

1. 作者犹在：规则设定下的选择幻象

在叙事学中，作者、文本和读者间的关系问题一直是关注的重点。长期以来，在叙事学视野中，读者的地位往往被视为被动的、消极的，作者是叙事的主导，是文本的主人。1967 年，法国思想家罗兰·巴特在《作者之死》中宣告了"作者的死亡"，将文本的主体地位由作者让位给读者，读者成为新的"作者"，成为文本的上帝。罗兰·巴特摧毁了原有的以作者为中心的"作者—作品—读者"的传统理论结构，建立起以读者为中心的"读者—文本—作者"的新结构。[②] 如果说线性叙事中的"作者之死"更多的是针对读者在文本阐释中的主导地位而言的话，那么在交互叙事中，读者不仅可以在文本阐释中居于主导地位，更可以"重构"的方式组织新的叙事文本。对数据新闻文本而言，用户的探索过程不同，叙事过程也存在差异。从这个角度看，交互叙事中并不存在作者，所谓的作者应是用户，或者说"作者即用户"。用户在交互叙事中积极参与作品意义和价值的重构，文本的叙事版本有了多种可能和不确定性，从而形成基于用户自身个性的叙事体系，深度释放了用户

---

① 巴纳德. 理解视觉文化的方法 [M]. 常宁生，译. 北京：商务印书馆，2013：208.
② 唐芙蓉. 论罗兰·巴特的"作者之死"[J]. 湖南工业大学学报（社会科学版），2008（6）：18.

的阅读自由。

在交互叙事中，用户真的是自由的吗？交互叙事的本质是以规则（rules），而非中立的技术为核心展开叙事的。在游戏类的数据新闻中，规则是人为设定以保证游戏进程正常进行的预设性命题，它决定了游戏以什么方式展开、如何判定胜负以保证游戏有序地进行①，正是这些规则使游戏者的行为富有意义②。在数据库类型的数据新闻中，规则是变量探索的方式，不同变量间的排列组合和计算方法是提前设定好的。规则决定了数据新闻文本的内涵，是作者意志的无形载体。

从这个角度看，计算科学中的规则在叙事学中的地位类似于全知全能的"上帝"，掌握着叙事的走向和结局，它主导着整个交互叙事中的认知逻辑。而交互叙事也不是漫无目的的叙事行为，是在一定规则下进行的，规则决定着数据新闻的主题、观点和意图。因此，交互叙事规则的设计者就是文本的作者，只是这个作者是隐含的、被物化的，它看似给予用户在探索文本和理解文本上的自由，实则通过规则操控着用户的行为与思考，只不过作者对某一问题的观点不是通过直接表述，而是通过规则主导下的情节设置、路径设计和运算法则，通过用户的实际参与和体验"转译"过来。③

用户在《世界到底在采取哪些措施阻止气候变化》中要做的是，调整不同国家碳排放的比重以实现全球气温增幅到 21 世纪末控制在 2℃ 以内。这个游戏的规则就是气温预测模型。无论用户如何调整各国的碳排放量，甚至将所有国家的碳排放量都降为零，全球气温在 21 世纪末的增幅还是大于 2℃。这说明造成全球气温升高的原因是多方面的，而减少碳排放只是降低气温升高的重要环节之一。

在交互叙事中，由于用户沉浸或卷入其中，不仅忽略作者的存在，还会在不断交互的行为中强化对规则的适应和顺从。数据新闻赋予人们更大的选

① 德斯佩恩. 游戏设计的 100 个原理 [M]. 肖心怡，译. 北京：人民邮电出版社，2015：42.
② 卡尔，白金汉，伯恩，肖特. 电脑游戏：文本、叙事与游戏 [M]. 丛治辰，译. 北京：北京大学出版社，2015：8.
③ 克劳福德. 游戏大师 Chris Crawford 谈互动叙事 [M]. 方舟，译. 北京：人民邮电出版社，2015：62.

择空间，但这种选择是在计算机语言所掌控的语法体系中展开的，是一场"选择的幻象"，真正的幕后逻辑是"物的语言"①。用户一旦进入特定的游戏规则中，也意味着用户"被控制"的开始。所以，数据新闻交互叙事的作者不仅没有死，而且依然以"上帝"的姿态控制着用户对问题的理解。

2. 程序修辞：规则外化下的说服手段

当交互叙事的规则确立后，其外化形式便是程序，程序将规则直观化、形象化，规则不再是抽象的、虚拟的，而是可见的、可感的、可体验的。在以交互为中介的叙事中，用户的输入会产生特定的输出，特定的输出要求用户更进一步地输入，如此循环完成整个交互叙事的叙事过程。在这个过程中，程序修辞（procedural rhetoric）成为传递信息、表达观点、进行说服的重要手段。

程序修辞最早由学者兼电子游戏设计师伊恩·博格斯特（Ian Bogost）提出，是一种通过程序参与论辩的实践，它不是通过语言或图像的建构实现的，而是通过动态模型建构的行为规则呈现②、动态模型的建构表达意义。③不同于言语修辞（verbal rhetoric）和视觉修辞（visual rhetoric），程序修辞以一种"自然化"的方式通过交互过程的深入进行修辞实践，而用户却浑然不知。

在交互叙事中，程序修辞的第一层含义（即程序修辞 I）用游戏机制（game mechanics）将用户吸引到特定的交互图表中，通过锚定（anchoring）的方式引导用户将注意力集中在特定的区域。其主要的技巧包括：（1）默认视图（default views），即在交互页面上体现原初观点；（2）固定比较（fixed comparisons），即在默认情况下呈现某些信息，以便用户可以相互比较；（3）过滤（filtering），即通过导航条和菜单让用户寻找特定的信息。④

① 刘涛. 西方数据新闻中的中国：一个视觉修辞分析框架 [J]. 新闻与传播研究，2016（2）：5-28.

② BOGOST I. The rhetoric of video games [C] //SALEN K. The ecology of games：connecting youth, games, and learning. Cambridge：The MIT Press, 2008：117-140.

③ BOGOST I. Persuasive games：the expressive power of videogames [M]. Cambridge：The MIT Press, 2007：29.

④ HULLMAN J, DIAKOPOULOS N. Visualization rhetoric：framing effects in narrative visualization [J]. IEEE Transactions on Visualization & Computer Graphics, 2011（12）：2231-2240.

多家媒体联合推出的《移民档案》（The Migrant Files）（见附录）中默认视图用灰色和白色的背景奠定了这篇报道的基调，通过可视化可以看出去往欧洲的移民大多在到达欧洲之前就已死亡，还有不少是到达欧洲后死亡的。在固定比较中，红色的圆圈代表的是不同地点移民在去往欧洲路上死亡人数的多少。点击特定的圆圈，可以查看某地某个特定时间移民的死亡情况，实现信息过滤。

在简单的交互作品中，程序修辞让用户在不断的探索中将文本的内容——拼接。对于浅度用户而言，程序修辞通过"锚定"让其了解文本的大概，对于中度和深度用户而言，程序修辞可进行更为深度和个性化的信息探索，加深用户对某些问题的了解。

对于复杂的交互叙事，尤其是基于游戏的体验叙事，程序修辞便复杂得多。在规则制定的框架下，程序修辞可真实地模拟现实世界中人们遇到的抉择、困境，将自己"置身"于特定的情境中，借此实现对用户态度、行为的强化或改变（即程序修辞Ⅱ，见表5-3）。例如在新闻游戏中，程序修辞多通过挑战、恐惧、紧张、幻想、社交和探索等游戏体验进行说服。[①]

表5-3　　　　　　　　　　数据新闻交互叙事的叙事机制

	基于数据库的探索叙事	基于游戏的体验叙事
规则	有	有
程序修辞Ⅰ	有	有
程序修辞Ⅱ	无	有

例如，北京的摇车号话题，如果直接告诉用户摇车号的概率，用户不能感同身受，于是财新制作了《财小新带你摇车号》新闻游戏，游戏基于北京摇车号的真实中签率，让用户亲自体验在北京摇车号究竟有多难。2016年6月普通小客车的摇中概率是725∶1，笔者在摇了四次不中之后，游戏计算出要等到2044年2月才能被摇中。通过这个小游戏，用户可以较为深切地体会到北京市民摇号的心理变化，以及"僧多粥少"的供需现实。

英国《金融时报》在2016年里约奥运会期间推出的新闻游戏《各就各

---

① 德斯佩恩. 游戏设计的100个原理［M］. 肖心怡，译. 北京：人民邮电出版社，2015：28.

位》（On Your Marks：Can you React Faster Than an Olympic Athlete）可以让用户测试百米短跑、游泳和轨道自行车三个项目的反应速度，让用户和参赛选手一同比赛，感受运动员的竞技状态。

在 ProPublica 的《拯救心脏病患者》中，游戏数据来源于美国医疗保险和医疗补助服务中心（Centers for Medicare and Medicaid Services）、纽约州卫生署（New York State Department of Health）、纽约市城市规划部（New York City Department of City Planning）以及谷歌方向应用程序接口（Google Directions API）。该游戏的故事背景是纽约市有上百万人患有心脏病，然而医院的救治水平、距离患者住处的远近等因素影响着心脏病患者的存活概率，用户可通过游戏体验具体的决策情境，了解自己的选择对病人存活概率的影响程度（见图 5 – 20）。

图 5 – 20　《拯救心脏病患者》截图

资料来源：SHAW A，WEI S，ZAMORA A. Heartsaver：an experimental news game.［EB/OL］.（2013 – 04 – 22）［2020 – 01 – 21］. http：//projects. propublica. org/graphics/heartsaver.

当用户玩《拯救心脏病患者》时，他需要在短时间内考虑到多种因素做出决策，最后的结果既可能是成功的，也可能是失败的，带给不同用户的情感体验也可能是不一样的。有的用户可能本身就是心脏病患者，有的用户可能家人是心脏病患者，还有的用户只是出于好奇。但无论哪种情况，程序修辞都将接近真实情况的体验情境营造出来，用户所做出的任何判断、使用的参考依据和最后的结果都是基于真实数据和规则计算出来的，这种体验是真实的、可计量的、可感知的。

可以说程序修辞的本质是基于规则通过模拟体验来进行说服的，它充分利用了说服逻辑、移情、利益相关等技巧，在用户层层递进或迭代推进的交互体验中，进行着"无声"的说服。在交互叙事中，参与或体验的过程就是叙事的过程，叙事的在快感很大程度上取决于程序修辞的生动性。

当然，新媒体环境下交互叙事并没有真正改变作者与用户的地位，作者依然在叙事中占据主导，只是通过更隐蔽的方式主导着叙事进程。数据新闻的交互叙事本质上是在规则和程序修辞的叙事机制下展开的，规则决定了文本的内涵，程序是文本外延的物化，程序修辞则借由交互实现修辞实践的"自然化"。交互叙事的本质不是"作者之死"，而是一场选择的幻象。

第四节　数据新闻的语图关系

数据新闻诞生于"图像转向"的时代，数据可视化在数据与新闻的"接合"中纳入进来，既是功能所需，亦是文化使然。"图像转向"的深层文化逻辑表现为图像最终完成了对社会现实和个体的视觉化建构，世界在普遍而广泛的意义上变成了一个可见性的存在[1]，视觉成为一个意义生产和竞争的场所[2]。对数据可视化而言，数据表征的现实及数据间错综复杂的关系、规律借由视觉编码的组合表达出来，这个过程看似无偏倚，实际上是用一种隐性的方式实现劝服性话语生产。[3]

---

① 刘涛. 环境传播：话语、修辞与政治 [M]. 北京：北京大学出版社，2011：202.
② 米尔佐夫. 视觉文化导论 [M]. 倪伟，译. 南京：江苏人民出版社，2006：7.
③ 李京. 视觉框架在数据新闻中的修辞实践 [J]. 新闻界，2017 (5)：9-15.

与此同时，人文科学学术视野发生了变化，开始重视图像表征，图像成为中心话题①，其中语图关系成为视觉文化等领域的前沿问题。在新闻传播领域，语图领域的相关研究多侧重在图片新闻的语图关系探讨上。与图片的写实图像是对现实的拟仿、再现不同，作为图像的数据可视化还能"再造"现实——将抽象数据"转译"为可被理解的图像。然而与文学、艺术的语言不同，新闻语言是非虚构的，这必然制约着语言表达的自由度，因此数据新闻可视化的语图关系研究不能机械地套用文艺学的观点，需兼顾数据新闻文本的特殊性。

语言没有零度②，图像同样如此。作为话语生产的两种信息传播通道，研究语图关系有助于深刻理解语图话语协作生产的方式。徐巍以小说与电影为中心考察了新时期以来的语图关系流变，认为语图关系依次出现了图像忠实于语言、图像超越语言和图像支配语言三个阶段。③ 那么数据新闻可视化的语图关系是怎样的？在"图像转向"趋势下，图像一定居于"霸权"地位吗？如果不是，语图之间还有哪些关系？这些关系在何种条件下形成，在话语生产中又扮演着什么样的角色呢？

在探讨这些问题前，笔者对这里所涉的数据可视化和"语""图"做如下说明：数据可视化与数据新闻的关系可分为（1）整体与部分的关系，即数据可视化是数据新闻文本的一部分；（2）同一关系，即数据可视化等于数据新闻。这里所说的数据可视化包括以上两类。数据可视化文本由标题、视觉编码、图例、注释、数据来源、署名和其他文字说明等构成。"语"是指标题、注释、数据来源、署名和其他文字说明等语言部分，"图"是指视觉编码和图例。

一、图像统摄

在"图像转向"趋势下，一种代表性的观点是图像在当今文化中居于霸权地位。当世界被把握为图像，成为反映、理解世界的主导方式时，语言从

① 郑二利. 米歇尔的"图像转向"理论解析 [J]. 文艺研究，2012（1）：30-38.

② 霍尔. 编码，解码 [C] //罗钢，刘象愚. 文化研究读本. 王广州，译. 北京：中国社会科学出版社，2011：356.

③ 徐巍. 新时期语图关系流变研究——以小说与电影为中心 [J]. 学术月刊，2012（2）：106-114.

属于图像，形成图像统摄。在数据新闻可视化中，图像统摄指图像依靠自身的表意系统主导着整个数据可视化文本的意义锚定。当然，图像统摄也是有条件的。第一个条件是"眼见为实"。这里的"眼见为实"可以是对事件、现场的目击，也可以是一种信息、证据的间接"在场"。新的视觉文化最惊人的特征之一是它越来越趋于把本身并非视觉性的东西予以视觉化。① 对数据可视化来说，存在数据"转译"成数据可视化的中介过程。虽然视觉编码对数据是再现的，但数据可视化因有"数据"具有"科学"的气质，数据可视化被赋予"科学""客观"的灵韵（aura）。在一般人看来，数据"转译"成数据可视化不是主观创作，而是一种值得信赖的、科学的知识生产过程。

第二个条件是语境的确立。语境伴随着意义的识别与区分，其功能就是通过对诠释过程的限定与引导，使人们能够沿着某种共享的认知框架和领悟模式完成意义建构。② 和语言一样，图像也是依赖语境锚定意义。数据可视化只有将符号置于特定的语境关系中，才能避免意义的漂浮不定。

第三个条件是基于文化的、惯习的视觉设计可被准确理解，作者在设计中尽其所能使用了意义锚定技巧实现图像的独立表意。此时语言可有可无，甚至"缺席"，图像成为锚定意义、引导思维的主要方式。

满足这三个条件，数据可视化就可以通过图像的言说，利用观者"烙印在心，制度的、政治的、意识形态的秩序"的方式诠释优势意义，最终完成对图像意义的优势解读。③

图像统摄的存在，一方面说明视觉性在影响文本意义阐释和解读中的重要性，如果图像所携带的意象回应的是一个概念问题，图像便具有了公共话语生产的修辞功能，以一种相对具象化的方式来把握既定的概念，从而实现公众在视觉意义上的认同和对话。④ 另一方面如果图像统摄被滥用，利用人们对数据可视化的信任和"眼见为实"的心理，那么它就会在视觉文本的中

① 米尔佐夫. 视觉文化导论 [M]. 倪伟，译. 南京：江苏人民出版社，2006：5.

② 刘涛. 语境论：释义规则与视觉修辞分析 [J]. 西北师大学报（社会科学版），2018（1）：5-15.

③ 罗斯. 观看的方法：如何解读视觉材料 [M]. 肖伟胜，译. 重庆：重庆大学出版社，2017：152.

④ 刘涛. 意象论：意中之象与视觉修辞分析 [J]. 新闻大学，2018（4）：1-9.

立性面纱的掩盖下，制造一种话语暴力。[①] 在数据新闻生产中，有人会利用图像统摄有意、无意地对事实、真相进行扭曲，以证明自己的观点为真，如截取 Y 轴、违反常规设计等。纽约公共广播电台制作的《截查搜身》（Stop and Frisk），图中粉色越亮表示拦截搜查行动越多，绿点则表示发现枪支的地点，绿点没有出现在亮粉色区域，说明拦截和搜查政策不够奏效。[②] 有人将该图变换颜色之后发现，拦截和搜查政策其实是奏效的（见附录）。

二、语言统摄

虽然图像一直想挣脱语言的束缚，成为一种主宰意义的力量，然而图像统摄并不总是发生，在特定条件下，语言会重拾支配地位，形成语言统摄。在何种情况下，语言统摄才会发生呢？

第一种情况，当数据可视化的视觉编码无法进行基本的表意时，语言统摄便会发生。与照片、绘画、电影、电视等以"形象"复制或表征现实的视觉文本不同，数据可视化通过视觉编码将数据映射成符合用户视觉感知的可见视图。视觉编码主要由点、线、面、体等图形元素和位置、长度、面积、形状、方向、色调等视觉通道构成。视觉编码如果以图表的形式呈现，则需要语言锚定图形元素和视觉通道的属性（意义）。以柱状图为例，没有数字的标注和图例的说明，它是一个没有任何信息量的图形。在这一层面上，语言一定是居于统摄地位的。除此之外，图表基础部分与标题、注释、数据来源、其他文字内容等构成了数据可视化文本的第二层面。在这一层面上，语言并不一定是统摄的，这里探讨的语图关系是基于这一层面。

第二种情况，当图像意义出现漂浮时，语言统摄也会发生。图像对于本体事物而言呈现出一种特有的自由属性，故图像表意过程中能指与所指之间并非存在绝对的对应与统一。[③] 罗兰·巴特认为，任何图像都是多义性的，

---

① 党西民. 视觉文化的权力运作［M］. 北京：人民出版社，2012：277.

② PORWAY J. The trials and tribulations of data visualization for good［EB/OL］.（2016 - 03 - 15）［2018 - 07 - 20］. https://marketsforgood. org/the-trials-and-tribulations-of-data-visualization-for-good/.

③ 张伟. 图像霸权的审美祛魅——论现代视觉文本的范式构建与互文表征［J］. 新疆大学学报（哲学·人文社会科学版），2015（4）：107 - 112.

它潜在于其能指下面，包含着一种"浮动"的所指链条，它的读者可以自由选择，而不理睬另一些。① 图像是一种"去语境化的存在"②。当数据可视化在释义上存在多义的可能，或在视觉传达上无法实现预期的表意目的时，出于新闻文本对真实、准确、客观的要求，需要语言进行概括、释义或确认。

以全球数据新闻奖获奖作品《博尔扎诺人民共和国》（见图 5 – 21）为例，如果去掉图中所有文字，只留下两个人物和其他视觉符号，图像释义有多重可能：两人的右眉毛有一部分是一样的？还是右边男士的眉毛移植到左边男士的脸上？然而图像的意义并非如此。

图 5 – 21 《博尔扎诺人民共和国》

资料来源：People's Republic of Bolzano ［EB/OL］.（2014）［2020 – 03 – 30］. http://www.peoplesrepublicofbolzano.com/.

在意大利博尔扎诺地区，中国人占整个人口的 0.6%。图中左边男士是博尔扎诺本地人，他在图中的面积被换算成该地区人口的整体，右边的中国

---

① 巴特. 显义与晦义：批评文集之三 ［M］. 怀宇，译. 天津：百花文艺出版社，2005：28.
② 龙迪勇. 图像叙事与文字叙事——故事画中的图像与文本 ［J］. 江西社会科学，2008（3）：28 – 43.

男士则不参与这种换算，仅代表中国人，0.6％通过眉毛的大小"换算"出来。这个数据可视化在设计上很有创意，但如果没有语言锚定意义（图左的文字介绍），就会引起歧义。

数据可视化中的视觉形象擅长呈现表面上的信息，而语言不仅可以说明字面上的意义，也可有弦外之音、言外之意。在这种条件下，语言依靠其自身指涉的确定性和意义表达的深刻性统摄整个数据可视化文本的意义。

第三种情况，语言上升为话语层面，成为主导话语（dominant discourse）①，在意义传达中无所质疑、不被挑战。这时，如果画面中的图像能指和语言能指发生冲突时，人们往往按照语言的意指方式重新想象图像的意义。②

在《卫报》的数据新闻《中国经济放缓对世界其他地区的影响权重》中，标题点明了数据可视化的主题。在导语中记者写道：

> 中国海关报告称，截至2015年7月的一年中，从澳大利亚进口比去年同期减少了150亿美元，相当于澳大利亚国内生产总值的1％，许多其他国家也遭受了类似程度的损失。中国2015年1月至7月的进口总额比2014年同期下降14.6％。看看如果今年余下时间这种下降继续下去或者更糟会发生什么，以及这种损失与每个国家的GDP相比如何。

这则报道看似用数据说话，甚至有的国内媒体还借此从另一个角度说明中国经济对世界的影响力。如果将这条新闻放在当时西方国家的语境中，以上报道在话语上暗藏西方国家经济复苏缓慢、经济不稳定的深层逻辑："都怪中国。"在当时西方国家的主流舆论中，有一股很强的声音是中国要对此负责。《卫报》导语中的文字不仅是话语，更是一种主导话语。如果数据可视化试图挑战这一主导话语，无疑会遇到巨大困难。在数据可视化设计《中国经济放缓对世界其他地区的影响权重》（见图5-22，彩图4）中，《卫报》制造了一幅中国拖累世界经济的意象。

---

① 考克斯. 假如自然不沉默：环境传播与公共领域［M］. 纪莉，译. 北京：北京大学出版社，2016：74.

② 刘涛. 语境论：释义规则与视觉修辞分析［J］. 西北师大学报（社会科学版），2018（1）：5-15.

在语言统摄下，图像更多的是对语言命题的一种形象化的表达，主要的目的在于说明、证明、强化语言的命题与观点。"图像转向"的说法其实是一种修辞，图像自身的局限并不能保证统摄地位一直存在。

三、语图互补

语图互补是指语言和图像利用各自优势，共同完成话语生产。在这一关系中语图是平等关系，而非主导关系。语言和图像利用各自的意义阐释优势，协同完成整体文本的话语生成。语图互补分为两种情况：冗余和互文。

第一种是功能层面上的语图互补：冗余。冗余是信息或叙述的重复。在数据可视化中，语言和图像分别占据理性和感性两种符号传播通道：语言善于表达抽象的、思辨的内容，在提供直观的细节和复杂叙事上力不从心。而图像善于表达具象的、信息量大的内容，擅长复杂叙事。

用语言叙述时间跨度较长的事件，需要占据较大的篇幅/时长，在数据可视化中，一条时间线可以将几十年、上百年的信息纳入一张图表之中。在叙述空间内容的时候，语言要把空间中的现象或者行动同时表现出来只能采用"话分两头"的方式，不能同时既描写行动，又描写行动发生的环境，有时就牺牲掉属于空间的信息。[①] 而数据地图、仿真图可以在空间维度上叠加多维信息，形成不同地区的"主题—并置"叙事。对于错综复杂的主体关系，数据可视化还通过社会网络分析图、树状图呈现。财新网的《周永康的人与财》将周永康贪腐案中涉事的主要个人和企业间的关系进行梳理，其文字版的系列报道有 6 万字，而展示报道中的所有关系仅需一张图。

当语言和图像陈述相同的命题时，从语义传达角度说是一种重复，但从受众的接受角度看，这种重复只体现在命题陈述中，由于语言符号和视觉符号的理解机制不同，因而给受众带来的阅读体验也存有差异。例如，《为叙利亚未来而战的错综复杂关系网》（The Tangled Web in the Fight for Syria's Future）（见图 5-23）展示的是中东地区不同派别内部和域外国家错综复杂的关系。如何表现错综复杂？如何让受众理解错综复杂？如果用语言表述，

---

① 戈德罗，若斯特. 什么是电影叙事学［J］. 刘云舟，译. 北京：商务印书馆，2005：105.

受众很可能会淹没于烦琐的文字表达中。如果用图表的方式，则清晰明了得多。不同行动主体间的关系用不同颜色的线绘制出来，让各种关系"在场"，不同的颜色的线条交织在一起，将"错综复杂"用极具视觉冲击力的方式展示出来。因此，在篇幅/版面一定的情况下，视觉文本提供的信息量要远大于语言文本，视觉文本是善于复杂叙事的。

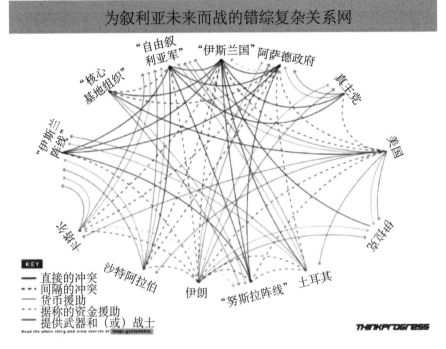

图 5 - 23　《为叙利亚未来而战的错综复杂关系网》截图

资料来源：BROWN H，PECK A. Why the Middle East is now a giant warzone，in one terrifying chart ［EB/OL］.（2014 - 06 - 12）［2020 - 03 - 27］. https：//thinkprogress. org/why-the-middle-east-is-now-a-giant-warzone-in-one-terrifying-chart-b2b22768d952＃. m0a5fpws7.

　　第二种是内容上的语图互补：互文。互文性是指任何一种话语的影像或文本都不只依赖自己，也依赖其他影像和文本所携带的意义。① 德里达认为，任何一个新文本，都与以前的文本、语言、代码互为文本，而过去文本的痕迹则通过作者的扬弃而渗入他的作品。② 语言和图像的互文一般

———————————

　　① 罗斯. 观看的方法：如何解读视觉材料 ［M］. 肖伟胜，译. 重庆：重庆大学出版社，2017：217.
　　② 朱海燕. 西方互文性理论对读者中心论的影响与建构 ［J］. 名作欣赏，2018（24）：163 - 164.

是通过注释的形式完成的。《南华早报》的《伊拉克的血腥伤亡人数》（Iraq's Bloody Toll）（见图5-24，彩图5）呈现了伊拉克战争以来伊拉克平民和美军的伤亡人数。其中，红色柱形表示某个年份的平民伤亡人数，暗红色柱形表示美军伤亡人数。通过对特殊时间点柱形的注释，在历史大语境中又凸显了小语境，有助于受众加深对伤亡数字的理解和认识。通过这种语言的注释，在视觉形式上也起到了突出强调某个视觉信息的作用。这种互文关系除了可以通过在静态图上标注，还可以用超链接或其他交互手段实现。

四、语图协商

新闻话语是一种行事话语（performative discourse），用于说服受众相信其描述的内容为真，因而新闻业将解释转换成了真相——转换成公众能依此行事的现实。[①] 在数据新闻文本中，语言和图像在表意上需要协调，不能出现类似于画作《这不是一只烟斗》[②] 的语图对立或语图争夺，但这也不意味着语图关系一定是和谐、互补的。

新闻叙事有框架，决定着什么被言说、呈现。框架是对被感知的现实进行某些方面的挑选，并使之在传播文本中显著。[③] 设定关注点，就像绘画或照片的方框，为我们应该如何诠释或者感知被呈现的事物设置了边界。[④] 在新闻叙事中，叙事框架通过将不同元素的"组织"变成"事实"，呈现给受众。[⑤] 叙事框架提供了一个认识世界的方式：问题是什么、谁应该负责、解决措施是什么。

语图协商是指语言锚定的框架与图像锚定的框架是一种相互制衡的关系，这源于新闻报道准则的遵循、言外之意的实现或叙事焦点的差异，是一种既

---

① 范登侯汶.批判修辞：一种新闻透明理论［J］.全球传媒学刊，2016（4）：83-96.
② 比利时画家勒内·马格利特（René Magritte）创作了一幅写实"烟斗"的画，但在烟斗下方写着：这不是一只烟斗。
③ 考克斯.假如自然不沉默：环境传播与公共领域［M］.纪莉，译.北京：北京大学出版社，2016：166.
④ 同④：166.
⑤ 同④：180.

想"逾越"，又想"克制"的"暧昧"状态。

在《华盛顿邮报》的《朝鲜是 21 世纪唯一进行核试验的国家》（见图 5-6）中，标题将朝鲜界定成所谓"逆世界和平潮流而动"的国家，在语言叙事结构中，朝鲜既是"核威胁"的制造者，也应是"核威胁"的责任者（见表 5-4）。

在图像层面，朝鲜毫无疑问不是视觉焦点，在叙事结构中，也呈现出和语言叙事不一样的框架。数据可视化将世界上所有拥有核武器的国家置于广阔的历史图景之中，美国和苏联被置于上方，成为视觉重心，它们在冷战期间的核竞赛时间之长、核武器数量之多远超其他国家，这一点在视觉设计中被体现得淋漓尽致。对朝鲜的标注，采用了和其他国家一致的字体、比例，没有在视觉编码上做特殊处理。如果不是标题强调朝鲜，或许没有人意识到"朝鲜是 21 世纪唯一进行核试验的国家"这个信息重要。

表 5-4   **语言和图像不同的叙事结构**

	问题是什么	谁应该负责	解决措施
语言叙事	朝鲜是 21 世纪唯一进行核试验的国家	朝鲜	未知
图像叙事	历史上很多国家进行核试验、拥有核武器	冷战（美苏）	未知

在以上案例中，语言框架和图像框架虽不相同，但也不冲突，二者存在一种张力，进行着暧昧又难以言明的言说。为何会出现语图协商这一状况呢？笔者认为这实际上是一种"客观仪式策略"。

客观性包含一套采写新闻的实践和统一的技术标准。作为"策略仪式"的客观性，可以使记者不必为报道中暗含的价值观或后果负责任。[1] 记者设定了制造不含偏见的新闻报道的程序，但程序在事实上却包含偏见。[2] 在这个案例中，记者既借助语言表达强调了自身的立场，又通过图像全面客观地呈现相关信息，在一定程度上弱化了语言带来的报道偏向，是一种讨巧的叙事策略。

这里的语图协商是从传者角度判定的，但这不保证受众在阅读环节对协

---

① 哈克特，赵月枝. 维系民主？西方政治与新闻客观性 [M]. 沈荟，周雨，译. 北京：清华大学出版社，2010：21，57-59.

② 苏抒扬. 事实还是仪式？——新闻客观策略的局限性与对策 [J]. 理论界，2013（1）：155-157.

商的感知一定与作者一致。受制于受众所处的社会语境、个人经验等因素，语图协商在受众的阅读环节可能直接被感知成语言统摄或者图像统摄，因为"文本的意义是在阅读时产生的，而非在写作之时发生的"①。

在"图像转向"趋势下，语言和图像并非非此即彼、谁取代谁的关系，而是一种"共生"关系。无论是哪种语图关系，其应用标准都是一致的：服从整个数据新闻文本表征现实的需要。

第五节 数据新闻的叙事理念

对受众而言，数据新闻并非有数据或数据可视化便会受到更多偏爱，不是所有的受众都喜欢数据，也不是所有的受众都爱看图表和地图，受众接触数据新闻的动因首先是它是新闻。在注意力稀缺、碎片化阅读和多平台新闻消费日渐形成的当下，数据新闻如何满足受众的多样化需求、增强与受众的黏性是数据新闻业者需要慎思的问题。笔者认为在叙事层面，数据新闻生产应当包含三种意识：故事意识、关联意识和产品意识。

一、故事意识：增强报道吸引力

《卫报》数字项目编辑海伦娜·本特森认为："数据新闻让我们发现故事，发现细节，而不仅仅是发现一种趋势。"② 数据新闻的出现并未改变人类爱读故事的习惯。研究显示，讲故事与单纯叙述事实相比，大脑的活跃度更高。③ 但在实践中，不少数据新闻业者认为数据新闻不需要叙事、不需要讲故事，只需要呈现即可，结果出现两种极端：

一个极端是，数据新闻片面强调可视化，一些媒体从研究报告中摘取一

① 贝尔，加勒特. 媒介话语的进路 [M]. 徐桂权，译. 北京：中国人民大学出版社，2016：2.
② LEES C. 数据新闻最终是要讲一个故事 [EB/OL]. 叶婷，史梦诺，译. (2012 - 05 - 12) [2018 - 07 - 15]. http：//chuansong.me/n/317937951939.
③ WIDRICH L. The science of storytelling：why telling a story is the most powerful way to activate our brains [EB/OL]. (2012 - 05 - 12) [2018 - 07 - 15]. http：//lifehacker.com/5965703/the-science-of-storytelling-why-telling-a-story-is-the-most-powerful-way-to-activate-our-brains.

些受众感兴趣的数据做成图表，数据新闻成了"图解新闻"的同义词，从数据中挖掘知识的核心功能仅仅停留在展示别人研究结论的表层，摘取的数据缺少逻辑，不足以引发受众对深层内容的探究。① 媒体上经常出现所谓的"一张图读懂……"，其实受众往往不需要"这张图"也能读明白。《每日镜报》（*Daily Mirror*）数据记者大卫·希格森（David Higgerson）认为，数据新闻不是简单新闻（easy journalism），它不只是用数据做个地图，也不应该是一个消极解释别人发布的数据的过程。"为数据而数据"对读者来说是无意义的。②

另一个极端是，数据新闻真的成了"数据"新闻，一些数据新闻虽然进行了深入的数据分析，但罗列的是一个个数据、一幅幅数据可视化作品，谋篇布局没有章法，仿佛受众是对图表感兴趣的统计学家、地理爱好者一样。半岛电视台数据记者穆罕默德·哈达德（Mohammed Haddad）认为："数据可视化最重要的是阐释故事。"③ 数据新闻不等于在新闻实务中直接引入数据分析或可视化技术，其核心仍是叙事。当然，一些传统的叙事手法在数据新闻中依然适用。保罗·布拉德肖认为，在数据新闻生产中，数据处理是核心，"故事化"是主线。④

深度访谈（于记者，供职湖南某报社，从事数据新闻报道；在线访谈）

故事化和数据都是重点，只看数据，读者也是晕的。

538 网站数据编辑安德鲁·弗劳尔斯（Andrew Flowers）认为，数据新

---

① 张嘉佳. 数据新闻：大数据时代讲故事的新方式研究［D］. 兰州：兰州大学，2016.

② HIGGERSON D. Infographic：how to create great journalism online［EB/OL］.（2015 - 05 - 25）［2018 - 07 - 15］. https：//davidhiggerson. wordpress. com/2015/05/25/infographic-how-to-create-great-journalism-online/.

③ ALBEANU C. Data journalism：from specialism to "the new normal"［EB/OL］.（2015 - 06 - 19）［2018 - 07 - 13］. https：//www. journalism. co. uk/news/data-journalism-from-specialism-to-the-new-normal-/s2/a565533/.

④ 于森. 数据新闻实践：流程再造与模式创新［J］. 编辑之友，2015（9）：69 - 72.

闻中最重要的是故事，其次才是数据。① "没有叙事，538 网站不可能有广泛的吸引力。"②

之所以这样说，是因为很多数据新闻缺少故事意识。数据可视化公司"潜望镜"（Periscopic）创始人迪诺·希特拉罗（Dino Citraro）认为，信息通过五个特定的要素转化为故事，这五个要素分别是背景（setting）、情节（plot）、角色（characters）、冲突（conflict）和主题（theme），所有的故事都必须包含这五个要素。"虽然很多人在谈论数据叙事（data storytelling）的重要性，但很少有人用数据讲故事。"③

人们提起数据叙事时倾向于用一种线性的方式来呈现关键的洞察。"小麦比预期产量多 56% 是因为浇水频率比以往多 34%。如果你想要更多的小麦，那么就浇更多的水。"以上或许是数据叙事的一个例子，但并不是一个故事的例子。

如果写成故事，它可能会更有吸引力："麦子不长了，人们又饿又急，开始担心如果吃完了会发生什么。当一些人磨斧头，另一些人则开始挖通往河里的沟渠……"④

在《纽约时报》的《一个让大部分美国人弄错的关于大学毕业生的问题》（The One Question Most Americans Get Wrong About College Graduates）中，记者报道的是 25～34 岁大学本科毕业生的失业率。按照常规思路，记者会直接用数据可视化呈现失业率，通过横向或纵向的数据比较让受众了解失业率的变化及其意义。但记者对这条内容非常简单的数据新闻运用了"悬念"的叙事手法，通过标题"一个让大部分美国人弄错的关于大学毕业生的问题"引起受众的兴趣，在正文中交代了这个问题究竟是一个什么问题，然后通过

---

① FLOWERS A. FiveThirtyEight's data journalism workflow with R［EB/OL］. (2016-06-15)［2018-03-23］. https：//channel9.msdn.com/Events/useR-international-R-User-conference/useR2016/FiveThirtyEights-data-journalism-workflow-with-R.
② ALI T. The pitfalls of data journalism［EB/OL］. (2014-03-21)［2018-03-23］. http：//www.cjr.org/data_points/fivethirtyeight_and_journalism.php.
③ CITRARO D. A framework for talking about data storytelling［EB/OL］.［2017-01-23］. http://www.periscopic.com/news/a-framework-for-talking-about-data-narration.
④ 同③.

交互的手段，让受众猜一下美国 25～34 岁大学本科毕业生的失业率，并提供了一个对比项：高中毕业的失业率是 7.4％（见图 5-25）。

一个让大部分美国人弄错的关于大学毕业生的问题

By QUOCTRUNG BUI

你认为从四年制大学毕生的25至34岁年轻人的失业率是多少？
（提示：对于那些只有高中学历的人来说，是7.4%。）

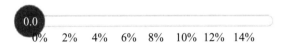

0.0

0%　2%　4%　6%　8%　10%　12%　14%

提交！

I don't want to play; just tell me the answer.

图 5-25　《一个让大部分美国人弄错的关于大学毕业生的问题》（1）

资料来源：BUI Q. The one question most Americans get wrong about college graduates ［EB/OL］. (2016-09-26)［2020-01-21］. https://www.nytimes.com/interactive/2016/06/03/upshot/up-college-unemployment-quiz.html? rref＝collection％2Fsectioncollection％2Fupshot.

笔者拖动按钮选择 3.7％后，页面出现了一个对比结果：正确的答案是 2.4％，页面还提供了谷歌调查的结果（9.2％）和《纽约时报》受众答案的均值（6.5％）。随后，页面提供了对这些数据的解读分析（见图 5-26）。

所以数据新闻虽然在叙事模式、叙事维度等方面有新的探索，但还是以叙事为中心，只不过这种叙事建立在新的技术与理念基础上。[①]

二、关联意识：凸显内容接近性

数据新闻的生产周期通常较长，生产的不仅有信息，还有知识。在激烈的新闻竞争中，数据新闻的优势不在于时效性，而在于接近性，通过接近性建立数据与受众之间的关系，强调内容与受众的关联意识。

---

① 李岩，李赛可. 数据新闻："讲一个好故事"？——数据新闻对传统新闻的继承与变革［J］. 浙江大学学报（人文社会科学版），2015（6）：106-122.

你非常接近了。

实际上是2.4%。

（不错。只有29%的《纽约时报》读者和23%的谷歌
受访者的答案与正确答案相差2个百分比之内。）

我们对大多数人不知道确切的失业率这一点并不感到惊讶，
大部分人不是经济学家。真正有趣的是，这么多的人回答
的方向完全是错误的。

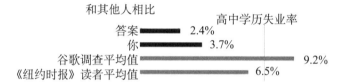

图 5 - 26 《一个让大部分美国人弄错的关于大学毕业生的问题》（2）

资料来源：BUI Q. The one question most Americans get wrong about college graduates ［EB/OL］.
（2016 - 09 - 26）［2020 - 01 - 21］. https：//www. nytimes. com/interactive/2016/06/03/upshot/up-college-
unemployment-quiz. html? rref＝collection％2Fsectioncollection％2Fupshot.

在选题阶段，数据记者应当判断该选题与受众的关联是否紧密；在采集数据阶段，应当判断哪些数据是重要的、受关注的、与受众息息相关的；在数据分析阶段，应当判断受众希望分析出什么问题、是否满足了不同层面的受众需求；在数据可视化呈现阶段，应当判断哪些数据、信息是受众的共性需求，哪些是个性化需求。

从目前国内外数据新闻的实践看，接近性是一些主流媒体生产数据新闻的主要策略，在一些优秀的数据交互和可视化作品中，受众可以找到与他所生活地区息息相关的数据。三一镜报集团（Trinity Mirror）数据记者克莱尔·米勒（Claire Miller）认为个性化数据（personalising data）很重要："做数据新闻最重要的是我们必须想办法告诉读者，这些数据对他们的生活是有影响的。人们真的非常喜欢讨论跟自己有关的事物。给他们一个讨论自己的机会，将会让他们离我们的新闻更近。"[1] 一些数据新闻往往与数据库或其他交互手段结合，可以

---

① COOLEY B. Making data stories more personal：highlights from data journalism UK ［EB/OL］.
（2016 - 11 - 29）［2018 - 11 - 12］. https：//www. journalism. co. uk/news/making-data-stories-more-person-
al-highlights-from-data-journalism-uk/s2/a694889/.

真正实现"让读者在故事中找到自己"。

美国纽约公共广播电台认为"飓风地图"是该台一项重要的公共服务内容："如果通过文字和《纽约时报》、BBC、《卫报》竞争，我们是拼不过它们的。但如果我们将音频与强有力的、数据驱动的可视化工具、项目相结合，就可以成为一个小的有影响力的机构。"① 美国《得克萨斯论坛报》在在线平台上推出不同于传统新闻报道的近 40 个数据库新闻报道模式，既提供原始数据，又提供交互式数据库，数据库的访问量是一般新闻的三倍。②《纽约时报》推出了一个可以帮助计算在美国大城市工作买房还是租房合算的计算器，在交互应用中让房价等宏观数据与每一个人的生活发生关系。这些都是接近性的体现。

强化与受众的关联并不意味着数据新闻必须做本地新闻，数据新闻的复杂叙事可以实现报道内容在同一个文本中多个层面的接近性。在《卫报》的《脱欧公投：结果与分析》（EU Referendum：Full Results and Analysis）中，该报用人口图模拟英国地图，将公投的结果用黄色和蓝色标出，通过不同颜色的分布，受众可以直观地看到在英国全国层面选民的意见分布，可以发现对于脱欧英国不同地区公众的态度，可以看到苏格兰和伦敦的公众尤其支持留在欧盟，其他地区的公众则倾向于脱欧（见附录）。在英国地图上受众可以选区为单位点击不同的地区查看具体投票结果。在英国地图下方的分选区分析中，受众可以点击代表不同选区的"圆点"查看该选区受过高等教育的选民、没有正式文凭的选民、中产阶层选民和非英国出生选民等对脱欧问题的立场（见图 5-27，彩图 6）。

除了实现心理、地理上的接近性，数据新闻还可以通过"移情"的方式实现"情境置换"，让本来没有接近性的新闻产生接近性。移情是个体由于理解了真实的或想象的他人的情绪而引发的与之一致或相似的情绪体验。这是一种替代的或间接的情绪反应能力，个体能够以他人为中心，识别和接纳他人的观点

---

① OPUTU E. WNYC is beefing up its data journalism [EB/OL]. (2014-08-08) [2018-12-12]. http：//www.cjr.org/behind_the_news/wnyc_is_beefing_up_its_data_jo.php.

② BATSELL J. Engaged journalism：connecting with digitally empowered，news audiences [M]. New York：Columbia University Press，2015：104.

并能够亲身体验他人情绪的一种心理过程。①

2011 年叙利亚内战爆发引发人道主义危机，为了警醒世人战争的危害，美国国际公共广播电台（Public Radio International）制作数据新闻《如果叙利亚内战发生在你的国家会怎样?》（What if the Syrian Civil War Happened in Your Country?），受众在界面上选择自己所在的国家，便可以查看如果等规模的内战发生在自己的国家，将会带来怎样的危害，相关数据主要是基于人口规模，包括总死亡人数和每年死亡人数与常规道路交通事故死亡人数的对比，以及缺乏安全用水人数、需要健康救助人数、流离失所人数、饥饿人数、难民人数等。

有学者认为，未来新闻不再只是一种假定大众都需要或关心的"标准"知识，而是致力于满足不同公众群体需求的知识簇。② 数据新闻凸显接近性不仅是为受众提供一种与自身确有关联的服务，还在于与受众建立一种较为牢固的"强关系"，以便在激烈的媒体竞争中稳固自身地位，谋求更大发展。

三、产品意识：注重用户体验

用户体验（user experience，UX）是一种多属性、多角度、以用户与产品的交互为基础而形成的用户对该产品的完整感受，包括对产品属性的感知（如功能全面、设计新颖等）、情绪上的变化（如满意、愉悦等）、评价的形成（如是否好用、是否物有所值等）、行为的变化（如回避、再次购买等）等层面。③ 在实践中，很多数据新闻包含复杂的数据和多层次的信息，如何直观、简单、有趣地提供信息服务，需要数据新闻业者有用户体验的产品意识。

《得克萨斯论坛报》的《公立学校探索数据库》（Public Schools Explorer Database）包含得克萨斯州 1 300 个街区 8 500 所学校的学术、入学、财务数据。虽然得克萨斯教育局（Texas Education Agency）已经将这些数据发布

---

① 张凯，杨立强. 国内外关于移情的研究综述 [J]. 社会心理科学，2007 (Z3)：161 - 165.
② 王辰瑶. 未来新闻的知识形态 [J]. 南京社会科学，2013 (10)：105 - 110.
③ 刘静，孙向红. 什么决定着用户对产品的完整体验 [J]. 心理科学进展，2011 (1)：94 - 106.

到网上，但政府发布的数据库让寻找信息的家长在首字母缩略词、链接和
PDF 文件中不知所措，找到所要的信息很麻烦。于是该报将数据库重新整
理，让它变得易用、好用，如图表简单、用户可自行对比信息、基于算法生
成对数据含义的总结等。①

除了内容上的用户体验外，新媒体平台的数据新闻可以通过交互手段赋
予数据新闻更多的功能，记者在进行设计时需要充分考虑到用户的实际需要。
2012 年在"桑迪"飓风抵达美国东北海岸前，《纽约时报》根据美国国家气
象服务中心的数据制作了交互地图，用户输入自己所在位置的邮政编码就可
以查到所在地是否有受灾风险、受灾强度和最近的救助中心等信息。在飓风
来袭后，交互地图又增加了紧急避难中心、应急物资发放点等信息，以方便
受飓风影响地区的民众。②

除了借助邮政编码的地理定位方式，2015 年《纽约时报》的《孩子成长
最好和最坏的地方》（The Best and Worst Places to Grow Up：How Your
Area Compares）将地理定位服务变得更为自动化，交互地图可根据用户的
IP 位置自动定位，告诉用户本地区在孩子成长方面的评价情况。《纽约时报》
制图编辑格雷戈·艾施（Gregor Aisch）说："要求读者补充信息（如邮政编
码），有时会削减读者的阅读欲望。过去的数据新闻项目显示，让读者输入邮
政编码，很多人都不愿意用。自动定位可以保证每个人都能获得他们想要的
信息。"③

有时数据可视化信息过多，会产生信息超载的情况，记者应考虑采用交
互手段或多图展示的方式将信息明晰。计算机科学家理查德·马扎认为，当
面对一个数据集时，有必要为用户呈现一个概览式的视角，让用户了解整个

---

① BATSELL J. Engaged journalism：connecting with digitally empowered，news audiences
[M]. New York：Columbia University Press，2015：107.

② 杜怡.《纽约时报》如何利用大数据做飓风灾难报道［EB/OL］.（2014 - 07 - 28）［2018 -
10 - 12］. http：//chuansong. me/n/1549972.

③ ELLIS J. The upshot uses geolocation to push readers deeper into data［EB/OL］.（2015 - 05 -
04）［2018 - 12 - 12］. http：//www. niemanlab. org/2015/05/the-upshot-uses-geolocation-to-push-
readers-deeper-into-data/.

数据集，然后用户可以基于兴趣过滤特定数据，查看特定的内容。① 如《为叙利亚未来而战的错综复杂关系网》② 展示的是中东地区不同派别内部和域外国家错综复杂的关系（见图 5 - 28）。

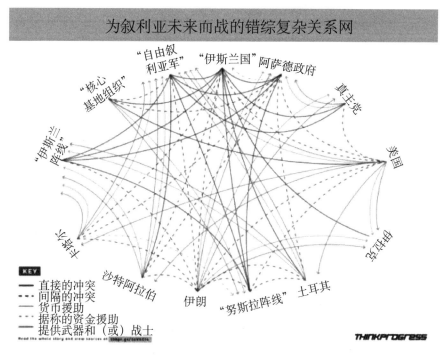

图 5 - 28　《为叙利亚未来而战的错综复杂关系网》截图

资料来源：BROWN H，PECK A. Why the Middle East is now a giant warzone，in one terrifying chart［EB/OL］.（2014 - 06 - 12）［2020 - 03 - 27］. https：//thinkprogress. org/why-the-middle-east-is-now-a-giant-warzone-in-one-terrifying-chart-b2b22768d952♯. m0a5fpws7.

从图中可以看出，这个可视化从映射修辞来看体现的是整体网络中的复杂社会关系。用户虽然可以按照作者梳理的线索探索不同主体之间的关系，但容易"迷失"在数据可视化里的线条中。如果用户想探索一个行为主体或几个行为主体间的社会关系则需要自己做好笔记，否则会忘记刚才所看到的内容。这个数据可视化作品从用户体验的角度来说并不好。如果从用户体验

①　MAZZA R. Introduction to information visualization［M］. London：Springer-Verlag，2009：106.

②　https：//thinkprogress. org/why-the-middle-east-is-now-a-giant-warzone-in-one-terrifying-chart-b2b22768d952♯. m0a5fpws7.

的角度应当如何设计呢？有人依据同样的数据制作了下面的图（见图 5 - 29
和图 5 - 30），这种设计可以采用交互设计实现内容的分层，满足不同用户对
于不同主体的探索需要。①

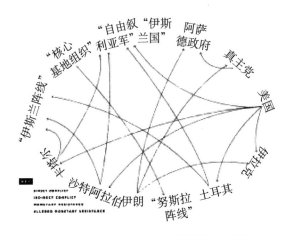

图 5 - 29　经过交互设计后的整体网络图

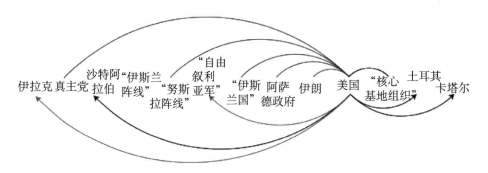

图 5 - 30　经过交互设计后的自我中心网络图

　　交互设计中的用户体验不足是一个较为普遍的问题。默里·迪克（Mur-
ray Dick）通过对 BBC、《卫报》和《金融时报》交互团队的研究发现，并非
所有的交互设计都遵循用户导向（user-centred design）。②

　　获得 2019 年全球数据新闻奖的作品《犯罪移民的迷思》（The Myth of
the Criminal Immigrant）在数据可视化交互设计中，采用共时性比较的方式

　　① CITRARO D. Removing confusion from complexity［EB/OL］.（2014）［2017 - 01 - 20］. ht-
tp：//www. periscopic. com/news/removing-confusion-from-complexity.

　　② DICK M. Interactive infographics and news values［J］. Digital Journalism，2014（4）：490 - 506.

呈现了美国主要城市 1980—2016 年的移民涌入和暴力犯罪情况，一方面证明移民涌入与暴力犯罪没有关联，另一方面让数据可视化既包含更丰富的信息，又兼顾了用户的个性化选择（见图 5-31）。

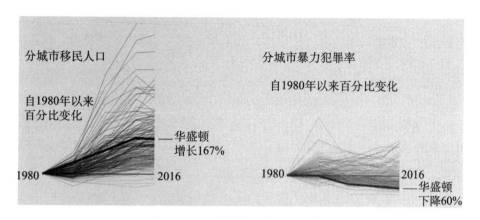

图 5-31 《犯罪移民的迷思》截图

资料来源：FLAGG A. The myth of the criminal immigrant［EB/OL］.（2018-03-30）［2020-03-25］. https：//www. themarshallproject. org/2018/03/30/the-myth-of-the-criminal-immigrant.

数据新闻的用户体验还体现在数据新闻文本在不同终端的呈现与兼容上。《华尔街日报》图像编辑埃利奥特·本特利（Elliot Bentley）表示，开发交互式图像新闻应当遵循"移动第一，桌面第二"的原则。"在电脑页面上可以用很多照片和小的嵌入元素来填充一篇新闻文章，但这些手段在移动端表现就不会特别好，会导致屏

《犯罪移民的迷思》

幕里的内容看起来杂乱无序，也失去了本该有的意义。"[1] 财新网的《周永康的人与财》老版本是横图，用户需要左右滚动，才能看到全貌，新版本将两层结构转换成三层结构，不需要滚动，在一个屏幕内就放得下，结果上线七天累计访问量约 318 万次。开放数据城市（Open Data City）的洛伦兹·马察特（Lorenz Matzat）认为，人们来到网站会有对界面的第一印象，但接下来

---

① CIOBANU M. Advice from FT and WSJ for getting started with interactive graphics［EB/OL］.（2016-09-27）［2018-05-20］. https：//www. journalism. co. uk/news/advice-from-the-financial-times-and-the-wall-street-journal-for-getting-started-with-interactive-graphics/s2/a677894/.

就是他们自己的事情：可能会停留一分钟，或者半个小时。因此无论是编程还是数据管理软件，我们都必须考虑设计良好体验的巧妙方法。^①

美国国家公共电台（NPR）的《城市邻居沃尔玛：祝福还是诅咒?》(The Urban Neighborhood Wal-Mart：A Blessing Or A Curse?)的桌面版针对报道中华盛顿、芝加哥、亚特兰大三个城市中沃尔玛的扩张情况，提供了多图进行展示。这种展示有助于在桌面版上进行比较（见附录）。移动端提供的则是 GIF 图，这种格式可以很好地与移动端进行匹配。

彭博社《美国是怎样利用土地的》(Here's How America Uses Its Land)在数据可视化设计中充分考虑到了用户体验。彭博社整理了美国牧场、森林、农田、特别用途、混合用途、城市等六类土地的分布情况。如果采用正常的数据可视化设计（见附录电子资源上图），虽然很科学、很专业，但对于用户而言，他们无法形成对于六类土地各自面积的整体印象，尤其对一些地理知识水平一般的用户，他们想知道的可能就是各类土地的面积是多少。于是记者又设计了一幅经过面积换算的地图，将六类土地占美国面积的大小更直观地呈现了出来（见附录电子资源下图）。这组数据可视化设计作品取得了不错的传播效果：在彭博社网站 2018 年所有图表新闻中，该作品独立访客数最多；在彭博社网站 2018 年所有新闻中，该作品独立访客数量排名第二。^②

此外，对于用户不太容易理解的专业知识，如果能用数据可视化进行直观呈现，则可以使"专业"变"通俗"，让用户迅速掌握专业内容。路透社获得 2019 年全球数据新闻奖突发新闻数据使用奖的作品《印度尼西亚空难》(Indonesia Plane Crash) 中有一个 2006—2017 年全球商用喷气机在不同飞行阶段坠毁的图（见图 5 - 32）。在图中记者将柱形图和飞机飞行过程图示相结合，直观地展示了不同飞行阶段发生空难的次数，让用户不仅获得了空难的相关数据，也了解了飞行知识。

---

① GRAY J, CHAMBERS L, BOUNEGRU L. The data journalism handbook [M]. Sebastopol: O'Reilly Media. 2012：53.

② SOUTHERN L. 一条数据新闻如何引爆舆论：全媒体时代，彭博社靠这一招又走在了前面 [EB/OL]. (2019 - 03 - 21) [2019 - 06 - 20]. https://mp.weixin.qq.com/s/qk2GwulXNN6HcKmYA3oeFw.

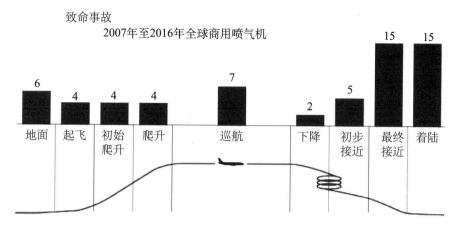

Note:Cround includes taxiing,loading amd unloadimg parking and towing.

图 5 - 32　《印度尼西亚空难》截图

资料来源：CAI W Y，INTON C，SCARR S，BHATIA G. Indonesia plane crash［EB/OL］.（2018 -
10 -30）［2020 - 03 - 11］．https：//graphics. reuters. com/INDONESIA-CRASH/0100810F1X2/.

第六章　数据新闻的社交化生产

数据新闻契合大数据时代"一切皆可量化"的潮流在全球广为实践。然而数据新闻业对社交平台重视不足①，产品投放以本媒体为主。即便有业者意识到社交平台的重要性，大多仍将其视为渠道，没有契合社交平台的媒介属性和传播逻辑。以微信为例，国内知名的数据新闻公众号，单篇阅读量不要说"10万＋"，能过万的也不多。

社交平台正日益改变着人们的新闻消费惯习，研究数据新闻的社交化生产不仅有助于唤起数据新闻业者对社交平台的重视，更有助于数据新闻业深耕社交平台"蓝海"、重构生产理念、开拓新的发展思路。

何为社交化生产？社交化生产是指基于关系展开的、以"分享"为导向、以"嵌入"用户线上社交生活为最终目的的生产方式。简而言之，新闻生产要适应社交平台的"形塑"，而非单纯"借力"社交平台。数据新闻社交化生产的核心是"以分享为核心"。这里不排斥用户取向、用户体验等生产理念，而是凸显"分享"的重要性。"分享"并不是在界面上设计一个"分享"按钮这么简单——这种技术上的功能设计不一定触发用户的分享行为，而应在数据新闻全生产链渗透"分享"的理念，让数据新闻本身蕴藏分享潜质，最终触发用户的分享行为。

第一节　数据新闻社交化生产的动因

国内外数据新闻业对社交平台的忽视主要表现在三个方面：（1）数据新闻栏目或团队的社交账号仅被视为本媒体的补充渠道，缺少日常性、针对性

---

① 张倩. 网易数据新闻"数读"解读［J］. 新闻世界，2016（6）：56-58.

的社群运营；（2）数据新闻产品以电脑端（PC 端）形态为主，缺少专门面向移动端的产品设计；（3）选题、内容、写作、表现形式等未考虑到社交平台特征，未能有效吸引用户。然而，数据新闻生产必须要重视社交平台，其原因主要有四个。

一、用户的"迁移"：从电脑端转向移动端

近年来全球新闻消费最大的变化在于移动端逐渐成为人们获取新闻的主要来源。第 42 次《中国互联网络发展状况统计报告》显示，2018 年手机网民规模达 7.88 亿，网民通过手机接入互联网的比例高达 98.3%。"艾瑞咨询"的数据显示，2017 年 6 月，电脑端新闻资讯服务月度覆盖人数达到 4.8亿。在美国，只有 10%～15% 的新闻点击量来自报纸网站，80% 是由搜索与分享带来的。[1] 2018 年皮尤的调查显示，68% 的美国成年人会在社交媒体上获得新闻，社交平台成为新闻内容与用户的新中介。同为新媒体平台，电脑端和移动端的用户阅读习惯和文本形式有很大差异。面对移动端的"蓝海"，数据新闻业者要迅速捕捉和适应这种变化。

一些国外主流媒体也开始重视社交平台的内容投放。2009 年《经济学人》进入社交媒体，之后由发布大量内容"刷"网络存在感转向做少而精的社交化内容，增加付费订阅用户。[2] 英国广播公司从 2014 年 5 月起每天向脸书（Facebook）、推特（Twitter）、缤趣（Pinterest）推送两篇信息图表服务用户，这是其"社交媒体导向实验"（social media-focused experiments）的一部分。[3]

二、传播模式的改变：由垂直传播变为裂变传播

社交是人与人的交往，关系是联结用户的纽带。关系的存在使社交平台

① 许旸．"分享按钮"渐成新闻消费"标配"［EB/OL］．（2015-03-20）［2018-12-23］. http://ex.cssn.cn/hqxx/tt/201503/t20150320_1554522.shtml.

② LAW D. The evolution of the economist's social media team［EB/OL］．（2017-07-03）［2018-12-23］．https://medium.com/severe-contest/the-evolution-of-the-economists-social-media-team-aee8be7ac352.

③ REID A. BBC to launch daily infographics shared on social media［EB/OL］．（2014-05-08）［2018-11-13］．https://www.journalism.co.uk/news/bbc-to-launch-daily-infographics-shared-on-social-media/s2/a556686/.

上的内容传播不同于一次性、垂直式的大众传播模式，而是去中心化、裂变式的传播模式。在关系中，每一个用户都具备传播的能力和潜力。"分享"这一线下的互动行为被移植到线上，既是建立、维系关系的手段，也是社交网络传播的动力机制。在分享中，用户向他人提供内容、"定义"自己、培养关系、实现自我、宣传业绩或品牌。① 每一次分享都会带动品牌传播，为媒体或栏目带来新的粉丝。

对数据新闻业而言，现行生产方式较为传统，许多数据新闻的电脑版、纸质版和移动版别无二致，既没有考虑到平台的技术差异，也没有考虑到用户习惯和传播机制差异。而分享所带来的裂变传播挑战着垂直传播，需要数据新闻业者创新生产理念。

三、信息筛选机制：从自行选择到协同过滤

在传统新闻时代，信息并不丰裕，信息的筛选经由媒体"把关"后一次性投放给受众，受众再根据需要自行选择。如今注意力稀缺、信息超载、传播主体和传播渠道多元，社交平台用户的信息筛选机制多了一关：协同过滤。

媒体的内容被投放后，一方面通过自身社交账号传播，另一方面依靠用户的关系网传播。由于每个个体既是他人关系网的用户，也是自身关系网居于中心的传播者，因此信息筛选的方式由"自行选择"变成了"朋友为我选择"。在微信中20％的用户到"订阅号"里去挑选内容，80％的用户在"朋友圈"阅读这些内容。② 实际上，一些社交媒体的算法正是基于这一原理设计的。信息筛选机制的变化需要数据新闻业者重新思考作品的传播策略问题。

四、数据新闻自身：长生产周期需要长"保质期"

数据新闻因有数据采集、数据分析、数据可视化等环节，生产周期大大拉长。谷歌新闻实验室的调查显示，49％的数据新闻可在一天内完成，30％

① CIG. The psychology of sharing：what is this study about？［EB/OL］.（2017）［2018－12－23］. https：//www. bostonwebdesigners. net/wp-content/... /POS_PUBLIC0819-1. pdf.

② 王寅. 如何利用"社交货币"做好微传播——以微信订阅号平台为例［J］. 对外传播，2015（9）：63－64.

的作品需要一周，11％的作品需要几周，3％的作品需要 1 个月，甚至更长时间。[①] 在实践中，时效性强、一天内即可完成的基本是简单的数据新闻，数据分析水平和数据可视化创作投入都较低。全球数据新闻奖增设"突发事件 36 小时内最佳数据使用奖"也说明数据新闻的生产周期较传统新闻长。在数据新闻选题时，记者要衡量作品成功的风险问题，还要考虑生产周期。所以，国内外很多数据新闻聚焦话题，而非突发事件，以延长"保质期"。与门户网站不同，社交平台没有头条新闻，只要在话题热度周期内，新内容可随时通过用户的分享加入裂变传播。由于用户新闻消费时段的多层次性，有一定"保质期"的内容在热点过后会进入"长尾传播"状态，依然具有传播力。

第二节　以"分享"为核心的生产策略

"分享"既是生产理念，也是传播效果评价指标，它强调社交平台上"好"数据新闻的重要标准：多层次传播力。作为公共产品，数据新闻的评价标准不可能"唯分享"，用低俗吸引眼球。"好"的前提必须是基于公共利益，遵循新闻伦理，体现专业水准，为用户提供真实、准确的信息。那么在这一前提下，数据新闻的社交化生产如何做到以"分享"为核心呢？

一、内容有谈资

谈资是能激起用户谈论、满足其某种心理的话题，是促进用户转发内容的重要因素。这类似"后院篱笆原则"（back-fence principle）：新闻应该是一天结束的时候，两位家庭主妇倚在后院的篱笆上聊天时讨论的内容。社交媒体上的关系本质是把线下的人际关系迁移到了线上，再扩展到社会关系，然后利用这些关系资源实现价值转换，最终形成社交媒体上的关系闭环。[②] 面向朋友圈的分享本身就是一种"聊天""交流"行为。用户的这种行为不单纯

---

① ROGERS S，SCHWABISH J，BOWERS D. Data journalism in 2017：the current state and challenges facing the field today［EB/OL］.（2017）［2018 - 12 - 23］. https：//newslab. withgoogle. com/assets/docs/data-journalism-in-2017. pdf.

② 谭天，汪婷. 接入、场景、资本：社交媒体三大构成［J］. 中国出版，2018（8）：22 - 27.

是为了发泄情绪、表达观点，还承担了"社交货币"（social currency）的功能。

"社交货币"是人们为了提升自己的形象而谈论某事。① 美国宾夕法尼亚大学沃顿商学院教授乔纳·博格在研究网上社交中的分享发现，人们想通过与他人谈论的信息来完成自我的"标签化"，成为别人眼中理想的自己——一个风趣、聪明、强健、美丽或者富有的自己，这些令人觉得可以凸显自我独特性的信息便是"社交货币"。②

数据新闻在社交化生产中应挖掘谈资，通过作品的题材、品质、风格、形式等增加用户的"社交货币"。这也提醒数据新闻业者，做数据新闻时除了考虑新闻专业标准外，还要考虑用户在社交平台上的自我呈现和分享心理。

二、爆点要凸显

社交媒体时代人与人的关系网络结构是扁平化的，基于兴趣爱好和共同价值观建立起来的关系在传播内容上具有同质性和共鸣性。在这种网络结构中，一个数据新闻作品是否有共鸣的"爆点"，直接决定作品被转发的可能性。

"爆点"是指能使新闻刊播之后"像炸弹一样'嘭'的一声爆炸"的新闻元素。③ 爆点可以迅速点燃用户的某种情感，导致转发行为，形成舆论热点。研究发现，病毒式传播部分原因是情绪驱动的，正面、实用、有趣和令人吃惊的内容更易被分享，传播者的心理状态在决定是否分享上有重要作用。④

对数据新闻而言，"爆点"的设计在于两个层面：信息层面和形式层面。信息层面上的"爆点"需要记者从数据新闻的内容中进行提炼，例如某个重要数据、关键节点、令人印象深刻的细节等，然后将最有趣、与社交媒体用

① 沃顿知识在线．"传播"：乔纳·博格谈流行何以产生［EB/OL］．（2013-03-27）［2018-03-12］．http://www.knowledgeatwharton.com.cn/zh-hant/article/3424/.
② 王寅．如何利用"社交货币"做好微传播——以微信订阅号平台为例［J］．对外传播，2015（9）：63-64.
③ 陈国权．网络媒体标题乱象与整治——新闻点不等于"爆点""矛盾点""敏感点"［J］．传媒，2017（8）：12-13.
④ BERGER J, MILKMAN K. What makes online content viral？［EB/OL］．（2012-04-01）［2019-05-23］．https://journals.sagepub.com/doi/pdf/10.1509/jmr.10.0353.

户最相关或者最令人惊讶的数据点放在最前面。^① 形式层面的"爆点"需要在数据可视化设计中摒弃面面俱到、信息大的设计思路，简化图表设计，让"爆点"数据清晰可辨，或者在交互设计中设下最大悬念，由用户揭开等。《经济学人》制作图表时，规定每个图表只提供一个清晰的观点，以便让用户从"滑动"中快速获得意义。^②

　　社交媒体时代表情包风行网络，动图（GIF）可以用于表情包，也可以用于数据可视化：用动图强调某个数据点。澎湃新闻 2018 年的数据新闻《7 张动图带你看浦东开发开放 28 年》中的动图《历年浦东产业结构变化》凸显的信息点是浦东 2007 年第三产业在 GDP 中占比首次出超过 50%，抓住了产业结构调整的一个关键时间点（见图 6-1）。

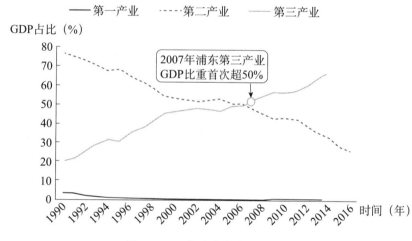

图 6-1　历年浦东产业结构变化

　　资料来源：何伟，王亚赛，邹熳云，李易 . 7 张动图带你看浦东开发开放 28 年［EB/OL］.（2016-09-26）［2020-01-21］. https：//m. thepaper. cn/newsDetail_forward_2081909.

　　如果动图中的变量过多、同时变化，就形成不了"爆点"。澎湃新闻《7

---

　　① SEGGER M. Lessons for showcasing data journalism on social media［EB/OL］.（2018-06-28）［2019-05-23］. https：//medium. com/severe-contest/lessons-for-showcasing-data-journalism-on-social-media-17e6ed03a868.

　　② SOUTHERN L. How the economist uses its 12-person data journalism team to drive subscriptions［EB/OL］.（2018-05-04）［2019-05-23］. https：//digiday. com/media/economist-using-12-person-data-journalism-team-drive-subscriptions/.

《7 张动图带你看浦
东开发开放 28 年》

张动图带你看浦东开发开放 28 年》中的动图《浦东新区
近十年金融机构数量变化》是一个九宫格，变量有银行
类、证券类、保险类、中资、外资、其他，再加上一个
时间维度。"每一年"停留 2 秒，让用户在 2 秒内吸收 9
个数据所传递的信息，不仅造成信息超载，而且难以让
人抓住重点（见图 6-2）。

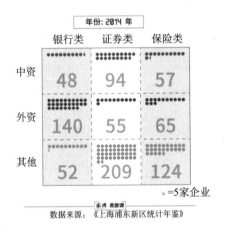

数据来源：《上海浦东新区统计年鉴》

图 6-2　浦东新区近十年金融机构数量变化

资料来源：何伟，王亚赛，邹熳云，李易 . 7 张动图带你看浦东开发开放 28 年［EB/OL］.
（2016 - 09 - 26）［2020 - 01 - 21］. https：//m. thepaper. cn/newsDetail _ forward _ 2081909.

　　动图不只是因为"动"和"重复"吸引人，更在于它是一个典型时刻的
释放，设计者要凸显"爆点"信息。

三、交互游戏化

　　游戏化（gamification）不等于游戏（game），而是将游戏的部分积极特
征转移到非游戏的事物上，用有趣的方式吸引玩家参与活动。游戏的四个特
征是：目标、规则、反馈系统和自愿参与。在游戏化中，这些特征以不太明
显的方式出现。[①]

　　游戏化的设计有三方面的价值：一是迎合了社交平台的参与式文化；二

---

　　① KIM B. Understanding gamification ［EB/OL］. （n. d. ）［2019 - 02 - 27］. https：//journals.
ala. org/ltr/issue/download/502/252.

是通过交互增强数据产品本身的乐趣和吸引力；三是改变一次性的数据新闻消费方式，通过单个用户的多次参与和经由分享后的裂变传播，建立与用户的"强关系"。

游戏化的第一种形式是生成属于用户的个性化产品以供分享。2017年人民日报社推出"第5版本描述网页标准语言"（H5）产品《快看呐！这是我的军装照》，将1927年至2017年间的军装全部呈现出来，让用户上传照片，利用人脸识别技术生成属于用户的不同年代的军装照片，上线两天浏览量超过2亿。

游戏化的第二种形式是让用户参与预测，加深用户对关键数据的认知。《纽约时报》的《家庭收入如何据以预测孩子上大学的机会》（You Draw It: How Family Income Predicts Children's College Chances）让用户画出家庭收入与上大学之间的关系，之后显示正确答案，让用户在参与中找到乐趣，加深认识，还可以看到其他人的预测。

游戏化的第三种形式是让用户"模拟"体验。《华尔街日报》的虚拟现实数据新闻《纳斯达克再次陷入股市泡沫?》（Is the Nasdaq in Another Bubble?）将纳斯达克21年来指数的涨跌用立体跑道的形式呈现，用户以第一人称视角在"跑道"上像坐过山车一样体验指数的大起大落（见图6-3）。通过程序修辞产生的刺激体验，用户可真切地感受到股市的剧烈波动。

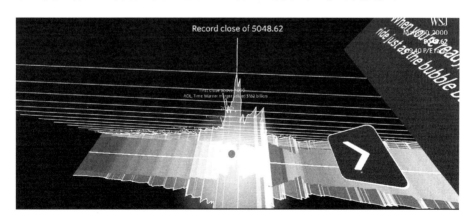

图6-3　《纳斯达克再次陷入股市泡沫?》截图

资料来源：KENNY R, BECKER A A. Is the Nasdaq in another bubble? ［EB/OL］. (2015 - 04 - 23) ［2019 - 07 - 21］. http://graphics.wsj.com/3d-nasdaq/.

四、设计轻量化

设计轻量化是指在不影响作品意义表达和用户体验品质的前提下，尽可能减少技术或内容上的负荷。设计轻量化包括技术轻量化和内容轻量化。

技术轻量化是指数据新闻产品的技术形式要与移动终端设备的运行内存、数据持久化、网络访问等性能相匹配。一项针对全球数据新闻奖获奖作品的研究发现，数据新闻越来越注重数据的轻量化处理以便于加载，采用滑动式取代点击式呈现可视化内容以适应手机阅读习惯，并与脸书等社交媒体链接数据。① 用户有很大的惰性，不喜欢按设计者的要求在界面上做操作，操作越复杂，作品获得的回报越小。②

《为人民》

《金融时报》的《一带一路》的桌面版把屏幕垂直分割成左、右两部分，左侧的地图随浏览器的滚动而改变；在移动版上，地图固定在屏幕顶部，随着浏览器的滚动而变化。③ 中国国际电视台（CGTN）2019 年"两会"推出的数据新闻互动页面《为人民》（Who Runs China）（见图 6-4，彩图 7）也采用了类似的设计，用 2 975 个点来代表 35 个代表团的 2 975 名人大代表，作品分析了人大代表的性别、年龄、民族、学历等信息，每当用户向下滚动鼠标或滑动手机屏幕时，文字内容浮于数据可视化图表上方，二者相互配合显示内容。无论桌面版还是手机版，用户在阅读时非常流畅，用户体验较好。

技术不轻量化的结果就是无法在移动端传播或者移动端用户体验差。网易的《卡梅伦连任英国首相，来瞧瞧近 11 位首相如何》是一个长信息图，在电脑版上看清晰易懂，但移植到移动端就显得十分冗长，用户要来回滑动手

① 赵如涵，陈梓鑫. 全球数据新闻报道的创新路径——以"数据新闻奖"获奖作品为例 [J]. 新闻与写作，2018 (11)：84-88.

② 黄志敏. 什么是优秀的数据新闻 [J]. 新闻记者，2019 (3)：13-14.

③ OTTER A. Seven trends in data visualization [EB/OL]. (2017-11-19) [2018-07-23]. https://gijc2017.org/2017/11/19/data-visualization/.

机屏幕才能看清连线的一端是什么，看到后面容易忘记图例。①

内容轻量化是指信息量应依据用户在社交平台的阅读习惯而定。对于文字作品而言，内容轻量是篇幅短小，对图表来说是重点突出，对视频来说是短时间内讲完故事。BuzzFeed 的调查显示，在电脑上阅读耗时 3 分半多的文章和在手机上阅读耗时 2 分多钟的文章最容易被分享。②

美国《国家地理》2017 年的作品《什么造就了苏格兰荒原?》（What Will Become of Scotland's Moors?）对移动版进行了内容轻量化设计：在桌面版中呈现了一张信息量巨大、细节丰富的苏格兰地图，而在移动版中，大地图被分成多个基础地图，每个地图展现不同的数据。③

设计轻量化通过技术和内容的轻量契合了社交平台用户移动化、碎片化的新闻收受习惯，提升了用户体验，提高了作品分享的可能性。

媒介即讯息，分享即传播。社交化生产不仅对数据新闻，对整个新闻业都至关重要。作为一种补偿性媒介，社交平台不仅是一种渠道，更是一种形塑新闻生产理念和方式的新力量。社交化生产需要新闻业者适应社交平台的媒介属性、收受习惯和传播逻辑。目前《经济学人》通过深耕社交平台市场，将"圈粉"转化为"订阅"。对盈利模式还不太清晰的数据新闻而言，社交平台或许会带来更多可能性。对数据新闻业而言，"以分享为核心"不是一个口号，而是一种社交媒体时代必然的生存方式。

---

① 许秋里，王丹宁 . 网易新媒体实验室：数据新闻在移动端如何突破页面限制［J］. 中国传媒科技，2015（8）：62 - 65.

② JEFFRIES A. You're not going to read this［EB/OL］. （2014 - 02 - 14）［2018 - 07 - 23］. https://www. theverge. com/2014/2/14/5411934/youre-not-going-to-read-this.

③ OTTER A. Seven trends in data visualization［EB/OL］. （2017 - 11 - 19）［2018 - 07 - 23］. https://gijc2017. org/2017/11/19/data-visualization/.

第七章　数据新闻生产伦理

　　伦理和专业主义与作为边界形式的权力相关，描述局内人和局外人的区别。① 正处于自我建构期的数据新闻需要被行业接纳、被社会认同，专业主义的确立尤为重要，这既是一种划界的需要，也是维护自身合法性和公信力的需要。但专业的特性、权力不是一成不变的既定事实。② 数据新闻业者与科学工作者、其他知识生产者一样，都试图构建自己的职业共同体，包括设立、阐述并实现专业目标，形成一套论证并实现这一专业目标的意识形态。职业共同体的形成并非天然的，而是在历史进程中由从业主体通过其实践（包括话语实践）来建构的，这样的建构过程既有边界工作，也有集体阐释。③

　　调查发现，数据新闻业者认为自己是抽象和技术知识的转译者（translators），所有受访者都强调数据的中心地位和首要地位。④ 数据新闻业者的出发点是数据，认为生活中的一切都是可以量化的。现在数据新闻生产还面临诸多挑战，包括未经训练的分析师（untrained analysts）、数据可靠性（data reliability）、测量恰当的事（measuring the right thing）、不合理的数据收集（unjustified data collection）。⑤ 如果没有考虑伦理规范便发表数据新闻作品，

　　① LEWIS S C，WESTIUND O. Big data and journalism [J]. Digital Journalism，2015（3）：447－466.

　　② 谢静. 美国的新闻媒介批评 [M]. 北京：中国人民大学出版社，2009：315－316.

　　③ 陆晔，周睿鸣. "液态"的新闻业：新传播形态与新闻专业主义再思考 [J]. 新闻与传播研究，2016（7）：24－46.

　　④ BOYLES J L，MEYER E. Letting the data speak [J]. Digital Journalism，2016（7）：944－954.

　　⑤ STONEMAN J. Does open data need journalism？ [EB/OL].（2015）[2017－10－12]. https：//ora. ox. ac. uk/objects/uuid：c22432ea-3ddc-40ad-a72b-ee9566d22b97.

数据记者会通过强化刻板印象和偏见带来危害。^① 有研究发现，包含图表的文章会让人觉得更可信，即便图表与文章无关^②，欺骗性的数据可视化对人的认知带来很大影响。^③ 数据新闻同样也能传递不实信息。^④ 因此，数据新闻生产需要一套被认可的生产伦理，否则很可能会变成公众对现实世界认知的"乱源"，最终失去公信力。2016 年美国总统大选就是例证。大选的民意测验"一边倒"地支持希拉里，连续两次在美国大选预测中赢得声誉的 538 网站也失准，大选结果使数据新闻备受嘲笑和质疑。^⑤"公众对不准确的数据新闻容忍度有限，数据新闻业者不能一直犯错。"^⑥

自 17 世纪现代新闻业诞生以来，新闻伦理经历了四次"革命"：（1）17 世纪新闻业诞生初期的"定期报刊"伦理；（2）18 世纪启蒙时期在公共领域发展起来的"报刊第四等级"伦理；（3）19 世纪早期的自由报刊伦理；（4）19 世纪晚期至 20 世纪早期的大众商业报刊专业伦理。^⑦ 以数字技术为核心的新兴媒体科技正给当今新闻业带来诸多"不确定性"。^⑧ 20 世纪 90 年代以来，新闻业进入数字新闻时代，"新形态的传播正在改变着新闻业及其伦理，新闻生产的

---

① MCBRIDE R. Giving data soul：best practices for ethical data journalism ［EB/OL］. （n. d. ）［2016 - 09 - 25］. https：//datajournalism. com/read/longreads/giving-data-soul-best-practices-for-ethical-data-journalism? utm_source＝sendinblue＆utm_campaign＝Conversations_with_Data_May_Ethical_Dilemmas＆utm_medium＝email.

② TAL A，WANSINK B. Blinded with science：trivial graphs and formulas increase ad persuasiveness and belief in product efficacy ［J］. Public Understanding of Science，2016 (1)：1 - 9.

③ PANDEY A V，MANIVANNAN A，NOV O，Satterthwaite M L，BERTINI E. The persuasive power of data visualization ［EB/OL］. （2014 - 07）［2018 - 06 - 11］. http：//lsr. nellco. org/cgi/viewcontent. cgi? article＝1476＆context＝nyu_plltwp.

④ KAYSER-BRIL N. Data-driven journalism in the post-truth public sphere ［EB/OL］. （2016 - 09 - 25）［2018 - 08 - 11］. http：//blog. nkb. fr/datajournalism-in-the-posth-truth-public-sphere.

⑤ TESFAYE S. Data journalism didn't fail：Nate Silver pushesback after The New York Times blasts him for getting Donald Trump so wrong ［EB/OL］. （2016 - 05 - 05）［2018 - 08 - 11］. http：//www. salon. com/2016/05/05/data_journalism_didnt_fail_nate_silver_pushes_back_after_the_new_york_times_blasts_him_for_getting_donald_trump_so_wrong/.

⑥ HARRIS J. Distrust your data ［EB/OL］. （2014 - 05 - 22）［2018 - 10 - 12］. https：//source. opennews. org/en-US/learning/distrust-your-data/.

⑦ WARD S J A. Ethics and the media：an introduction ［M］. Cambridge：Cambridge University Press，2011：3.

⑧ 李艳红，陈鹏. "商业主义"统合与"专业主义"离场：数字化背景下中国新闻业转型的话语形构及其构成作用 ［J］. 国际新闻界，2016 (9)：135 - 153.

基本价值观正受到质疑，新的问题正挑战着新闻业的传统伦理取向"①。如今新闻业正经历第五次伦理革命：混合的、全球媒介的伦理。② 针对数据新闻的实际特点确立生产伦理规范尤为必要。

> **深度访谈**（D记者，财新"数字说"记者；在线访谈）
> 日常的数据新闻制作参照的是普通新闻采编守则。

对数据新闻而言，传统新闻伦理规范有参照性，但缺少针对性。在笔者对国内数据新闻业者的深度访谈中，有编辑就坦言有媒体为了印证自己的观点而"篡改"数据。财新D记者就提到"数据从业者暂时没有所谓的专业评定"。数据新闻要确立自身的"专业"地位，当务之急是"确立一套具有现实指导性且成体系的专业规范"③。

数据新闻应当确立何种伦理规范？全面回答这些问题并不容易，笔者尝试从客观性、透明性以及个人数据利用三个方面进行探讨。

第一节 数据新闻的客观性原则

媒体实践数据新闻、公众信任数据新闻在很大程度上缘于"数据是客观的""数据新闻是客观的"。数据新闻既可以借助数据的光环传递真相，也可以利用数据的伎俩误导认知。数据新闻生产如何实践客观性成为一个现实问题。

然而，诞生于21世纪初的数据新闻却面临尴尬。因为当前西方新闻业正面临公众的信任危机和对新闻客观性的质疑。从20世纪中叶开始，后现代主义思潮质疑着真相和客观性的理想。④ "现实的新闻并不客观""新闻不可能客观""新闻没必要客观"等观点甚嚣尘上。⑤ 客观性是新闻业确立自身边

---

① WARD S J A. Ethics and the media：an introduction [M]. Cambridge：Cambridge University Press，2011：1.
② 同①3.
③ 方洁，高璐. 数据新闻：一个亟待确立专业规范的领域——基于国内五个数据新闻栏目的定量研究 [J]. 国际新闻界，2015（12）：105-124.
④ 同①132.
⑤ 谢静. 美国的新闻媒介批评 [M]. 北京：中国人民大学出版社，2009：87.

界、实现自身合法性的重要基石之一。对新闻客观性的质疑与挑战从本质上反映了西方社会对"作为专业的新闻"的再审视。实际上，数据新闻正是西方新闻业重建与公众的信任关系、提升新闻报道客观性和专业性的产物。但西方媒体实践数据新闻时不得不面对一个基本的逻辑问题：不客观的新闻业如何做出客观的数据新闻？与此同时，数据新闻的发展虽然如火如荼，但专业规范的缺乏正逐步蚕食数据新闻领域的公信力和专业价值。[①] 客观性究竟是什么？新闻业是否需要客观性？如果是，需要什么样的客观性？数据新闻如何实践客观性？接下来就以上问题进行探讨。

一、"多义"的客观性

在新闻学中，客观性是一个复杂、多义、动态的概念，包含三个层面的含义：广义层面的客观性，源自启蒙理性主义的主、客观二元论思想的客观性概念。中间层面的客观性，指新闻事实不依人的主观意志而改变的基本特性，传播者在从事新闻报道时应如实反映事实的本来面目。狭义层面的客观性，指新闻报道的客观性理念。[②] 由此衍生出"客观报道"——一种体现客观性的报道形式，它要求事实与意见分开，以超脱情感的观点表述新闻，努力做到公平和平衡，给受众提供全面的信息。[③] 客观性与客观报道不能等同，客观性远比客观报道复杂。新闻是一种行事话语（performative discourse），用以说服读者相信其内容为真。[④] 客观性是一种价值观，客观报道是实践这种价值观的形式。客观报道的主要目的是体现客观性，以获取受众的信任。

目前人们对客观性的认识大体可分为两种：一种是实体论的（ontological），一种是认识论的（epistemology）。实体论的客观性与现实主义有关，客观即为真，这种观点认为客体独立于主观而存在，将客观性视为一种"目标"。认识论的客观性聚焦的不是信念的客体，而是信念形成的过程。在认识

① 方洁，高璐. 数据新闻：一个亟待确立专业规范的领域——基于国内五个数据新闻栏目的定量研究 [J]. 国际新闻界，2015（12）：105-124.
② 许燕. 新闻报道的客观性的基本涵义辨析 [J]. 新闻大学，2007（4）：49-53.
③ 刘建明. 当代西方新闻理论 [M]. 北京：中国人民大学出版社，2015：89.
④ 范登侯汶. 批判修辞：一种新闻透明理论 [J]. 全球传媒学刊，2016（4）：83-96.

论的客观性的讨论中，人们经常讨论态度、信仰、判断和获取方法的客观性。传统的新闻客观性是实体论客观性和认识论客观性的结合，但它更从认识论的层面上强调规则和方法。一个记者通常会说：他用客观的方法（认识论的客观性）获得了客观的事实（实体论的客观性）。①

罗伯特·哈克特和赵月枝认为，客观性可以从五个维度来理解：（1）客观性是"一种规范化的理想，一套新闻写作应瞄准的目标，即便这些目标永远也不能完全实现"。这些目标分为新闻认知层面的目标——如实报道世界的能力和新闻评价目标——传播有价值的意义和解释世界的能力。（2）客观性是一种认识论，即一套对知识和现实世界的假定。客观性这一层面意味着记者反映世界或者全真地捕获世界是有可能的，记者可独立于事件之外而不对其产生影响，通过中性和适当的报道技能来向受众传递事实或事件本身的意义。这一层面意味着新闻可从一个"普遍"的角度进行报道。（3）客观性包含"一套采写新闻的实践和统一的技术标准"。这些实践或操作程序随着时间的演变和转换在不同的媒体有所区别。（4）客观性是"以种种机构化了的形式体现出来的社会结构"。（5）客观性是"有关新闻的公众话语中的一个活跃成分"。客观性是公众评判新闻的重要标准，当公众批判新闻报道不客观时，实际上是"强化客观性作为评价新闻的标准的特性"②。

可以看出新闻客观性争论的最大问题在于其内涵的不相通约性（incommensurability）。美国学者比尔·科瓦奇和汤姆·罗森斯蒂尔认为客观性"最初的意义现在已经彻底被误解，并且基本上被抛弃"③。

那新闻客观性究竟是什么呢？回答这个问题需回溯到新闻客观性的源头。现实主义产生于19世纪美国新闻与政党分离并追求准确性的时代，也是倒金字塔结构诞生的时代，客观性理念发端于现实主义。现实主义认为，只要记者发掘事实，并将其按照一定的顺序结合在一起，真相就会自然浮现。当时

---

① WARD S J A. Ethics and the media：an introduction [M]. Cambridge：Cambridge University Press，2011：128 - 129.

② 哈克特，赵月枝. 维系民主？西方政治与新闻客观性 [M]. 沈荟，周雨，译. 北京：清华大学出版社，2010：57 - 59.

③ 科瓦奇，罗森斯蒂尔. 新闻的十大基本原则 [M]. 刘海龙，连晓东，译. 北京：中国人民大学出版社，2014：97.

新闻工作者认为此举有助于理解事件。①

　　沃尔特·李普曼在 1920 年出版的《自由与新闻》中认为，民主的危机在于新闻事实的匮乏。由于新闻界没有履行好自身职责，导致大量的事实扭曲，公众无法获得真相。② 沃尔特·李普曼认为新闻业需要找到能够使新闻工作者"在观察、理解和再现新闻时保持清醒，不受非理性的、非检验的、未被承认的臆断影响"的方法。解决新闻偏见最好的方案是新闻工作者具备更多的"科学精神"，"在我们这个丰富多样的世界里，只有一种东西有可能定于一尊，那就是方法的统一，而非目标的统一，即通过标准实验加以统一"③。最初的客观性观念将客观性理解为一种方法，可以让美国不同类型的媒体在一般的新闻原则之下和谐共存，符合美国多元文化的统一价值标准。这也意味着对媒体报道客观性的评价不是基于报道内容，而是程序和采编方法。但现在人们对客观性的讨论显然已经超越了方法，还包括目标。

　　实际上，当将客观性被理解为"目标"时，也预示着客观性是无法实现的，换而言之，以"目标"为取向的客观性不是绝对的，也是不可能实现的，因为新闻场域向来不是独立、真空式的存在，它与其他场域相互依存。当前人们对客观性的抱怨之一在于（实体论意义上的）客观性对于新闻业而言是个要求过高的理想，客观性是一个"神话"（myth）。④ 西方新闻业的现实状况也印证了这一点。"有事实、无真相"的报道方式和带有偏见的新闻报道拉低了新闻业的信任度。与此同时，随着后真相时代的来临，人们认为"认识真相是不可能的"，或是"真相是不重要的"⑤，在形塑舆论上，诉诸情感（emotion）和个人理念（personal belief）可能比客观事实更加有效。⑥ 传统上

---

　　① 科瓦奇，罗森斯蒂尔．新闻的十大基本原则［M］．刘海龙，连晓东，译．北京：中国人民大学出版社，2014：98.

　　② 胡翼青，吴越．新闻客观性的幻象与大众传播研究的缘起［J］．当代传播，2010（2）：14-17.

　　③ 同①97-98.

　　④ WARD S J A. Ethics and the media：an introduction［M］. Cambridge：Cambridge University Press，2011：132.

　　⑤ 汪行福．"后真相"本质上是后共识［J］．探索与争鸣，2017（4）：14-16.

　　⑥ 周睿鸣，刘于思．客观事实已经无效了吗？——"后真相"语境下事实查验的发展、效果与未来［J］．新闻记者，2017（1）：36-44.

的客观性受到了巨大挑战。

二、客观性再定义：实用主义的观点

新闻业的合法性基石之一在于对客观性的坚持，否则新闻业与广告业、公关业别无二致。面对客观性争议，新闻业有两种选择：一种是放弃传统的新闻客观性，寻找新的替代伦理准则；另一种是重新定义客观性。对前者而言，新闻业目前还没有可以替代客观性的准则出现。况且，客观性广泛存在于法学、科学等领域，并不是一种没有基础的伦理准则。由此看来，作为通往真相、真实之路的一种可能的方法，只能重新定义客观性。① 史蒂芬·沃德提出用"实用主义客观性"（pragmatic objectivity）替代传统客观性的观点。

实用主义发端于 19 世纪 70 年代哈佛大学"形而上学俱乐部"成员的讨论。1877—1878 年皮尔斯发表了《信念的确定》和《如何使我们的观念清晰》，正式提出了实用主义的概念，标志着实用主义的产生。威廉·詹姆斯把皮尔斯的实用主义方法论原则发展成一个比较系统的实用主义理论，用于分析各种问题。约翰·杜威则使实用主义具有科学色彩，力图与科学方法相一致，并将实用主义称为"经验自然主义"②。

实用主义的主导精神是重视经验的流变性，反对讲话死板；重视探索行动，反对空洞的理论空谈；重视科学方法，反对迷信；重视创造、进取，反对因循守旧。③ 实际上作为方法的客观性只是实现了获得真相的可能性。特定条件下的客观方法在未来也可能是错的，所以没有绝对的客观。客观是有条件的、历史的概念。"对于理性主义来说，实在永远是现成的、完全的；而对实用主义来说，实在是不断形成的，它的一部分状况有待将来形成。"④

传统的客观性是一维的，即陈述由事实检验，陈述超越事实就是主观的，这导致记者在新闻报道中的地位是消极的。然而新闻记者是真相的积极追求

---

① WARD S J A. Ethics and the media：an introduction ［M］. Cambridge：Cambridge University Press，2011：152.

② 杜威. 实用主义 ［M］. 北京：世界知识出版社，2007：4 - 5.

③ 同②7.

④ 詹姆士. 实用主义 ［M］. 李步楼，译. 北京：商务印书馆，2012：145.

者，需要对问题质询和解释，实用主义客观性可以发挥记者的积极作用。①

实用主义客观性包括一个立场和五个标准。②

一个立场是指"客观的立场"（objective stance）。客观的立场包括道德品质（如诚实）和学术品质（如整体真实和具体真实）。客观的立场要求记者置于自我与新闻之间，对证据和相左观点保持开放态度，公平呈现其他视角，不因自己的兴趣而影响对真相的追求。

五个标准是指：

（1）经验效度（empirical validity）标准，即检验新闻中证据的获取和搜集是否认真、数据的呈现是否准确。经验效度比报道事实更为宽泛，包括将事实置于语境中。记者不仅需要评价自己获取真相方法的适切性，也要评价科学家和其他信息获取者的方法，即记者要对所获信息的结果和方法都要持批判态度。

（2）完整性（completeness）和影响性（implications）标准，即报道是否包含了所有的事实，避免了广告宣传，涉及该事件积极和消极的影响。"新闻事实并不能自证其存在。一个新闻事实自身不包含客观性，也不代表客观，之所以客观，是因为它与其他不同事物相关联，包括证人、数据、言论、引语、事物的另一面、各种文件等组成的一个关系网络。"③

（3）一致性（coherence）标准，指报道内容与现有知识和可信赖的专家观点相一致。例如，在报道药物临床实验等研究时，记者需要对现行标准心存敬意。

（4）自我意识标准（self-consciousness），指一个客观的新闻在呈现一项研究、事件和消息源选择上是有自我意识的框架的，记者要意识到消息源对媒体的控制，意识到对一些问题的报道并不限于事件本身。如对欠发达城市犯罪的报道也是关于社会不平等议题的报道。

---

① WARD S J A. Ethics and the media：an introduction［M］. Cambridge：Cambridge University Press，2011：152.

② 同①154-155.

③ DE MAEYER J. Objectivity，revisited［EB/OL］.（2015-12）［2018-07-11］. http：//www. niemanlab. org/2015/12/objectivity-revisited/.

（5）主体间客观性（intersubjective objectivity）。理查德·罗蒂认为："非强制的一致在所有这些学科中的出现为我们提供了可能需要的走向'客观真理'的一切，即主体间的一致性。每当对引导我们行动的信念具有主体间同意的时候，我们便拥有了客观性。这意味着客观性来自同意，正如主体间性来自同意一样。"① 客观性鼓励信息获取者分享观点和事实。通过交流，错误被指出，对立面的证据被指出，对问题的阐释更进一步，因此记者要对不同的视角开放。

三、数据新闻生产的客观性原则

实用主义客观性对数据新闻生产有很大的借鉴意义。数据看似中立、客观，实则不然。数据的本质是对现实世界的"表征"而非"镜像"。数据新闻是一种新闻论证，也是一种社会科学研究的论证。② 如何评价数据新闻结论是否可靠，客观性是一个重要的标准。数据新闻与科学研究类似，各个环节都与实用主义客观性有着密切的关联（见表7-1）。数据新闻生产如何实践实用主义客观性？笔者依据数据新闻生产流程，参照实用主义客观性的五个标准，提出数据采集的客观性原则、数据分析的客观性原则和数据可视化的客观性原则。

表7-1　　　　　　　　　　数据新闻的实用主义客观性

实用主义客观性标准	数据采集	数据分析	数据可视化
经验效度	数据的准确性、可信度、适量性，方法的科学性	数据分析方法的选择、算法、语境	数据映射
完整性和影响性	数据质量、可能的缺陷	数据结果的可能解释、数据偏见	完整呈现数据、设计中的偏见、框架、视觉修辞
一致性	类似数据及方法、数据间可交叉印证	达成共识的分析方法	一定社会条件下的文化和审美常规

---

① 罗蒂．后哲学文化 [M]．黄勇，译．上海：上海译文出版社，1992：80．
② 曾庆香，陆佳怡，吴晓虹．数据新闻：一种社会科学研究的新闻论证 [J]．新闻与传播研究，2017（12）：79-91．

续前表

实用主义客观性标准	数据采集	数据分析	数据可视化
自我意识	批判意识	批判意识	批判意识
主体间客观性检验	多方意见与专家建议	多方意见与专家建议	多方意见与专家建议

（一）数据采集的客观性原则

1. 经验效度标准

数据的可靠性直接决定了数据新闻的真实性。在经验效度层面，记者需要对所采集的数据质量进行系统的评估。数据质量的界定标准是"适合使用"，这是一个相对的概念。一个数据集的数据质量满足某个模型的要求，却不一定满足另一个模型的要求。记者要基于自己的研究评估所采集数据的质量，其评价的维度主要包括：

（1）数据的准确性。记者要检查、核实数据是否正确。有时搜集的数据会存在错误，如格式、拼写、归类错误，这些数据在获得后不能立刻进行分析，需要检查、清洗数据。

（2）数据的可信度，包括数据源的可信度、与内部的惯用标准相比的可信度和基于数据年龄的可信度。《华尔街日报》图像编辑埃利奥特·宾利表示："一定要对数据保持质疑，除非数据来自一个公认非常权威的数据源。当你做一个原始数据的分析时，这一点至关重要。"[①] 在通常情况下权威消息来源（如政府、政府组织、知名调查公司、声誉良好的非政府组织和高校）的数据值得信赖。例如，某媒体的《名校毕业拿高薪？数据说话》用图表的形式展现了大学综合排名和毕业薪酬排名的关系，以及毕业薪酬排名前 100 位高校的大学综合评分。由于该报道数据来源为中国校友会网与爱拼网，所有毕业生的信息收集并不全面完整，所以数据客观性有问题。[②]

（3）数据的适量性。记者需要判断解决某一数据问题所需的数据量，需要记者在数据采集前根据研究需要进行评估。

---

① CIOBANU M. Advice from FT and WSJ for getting started with interactive graphics［EB/OL］.（2016-09-27）［2018-05-20］. https：//www. journalism. co. uk/news/advice-from-the-financial-times-and-the-wall-street-journal-for-getting-started-with-interactive-graphics/s2/a677894/.

② 竺怡冰. 数据新闻的数据隐忧［J］. 青年记者，2016（24）：27-28.

（4）数据采集方法的科学性。无论一手数据还是二手数据，对数据采集方法的科学性进行评估都是尤为重要的。2016 年美国总统大选期间，一些媒体希望通过操纵民调结果影响选情，因此在民调的问题设计、样本确定、抽样数量、误差解释等都根据自己的偏好做选择①，这背离了数据采集方法的科学性。

2. 完整性和影响性标准

在数据采集的完整性和影响性方面，数据记者需要对所采集数据的完整性、数据的优点以及不足做出判断。例如，对一些二手数据，其搜集的初衷与记者研究的问题并不完全一致，记者需要了解这些数据针对的问题、研究目的、结论的适用性、误差范围、数据缺陷等。

有时研究某些问题找不到或者找不全直接的数据，记者可能会通过替代数据进行研究，这时记者要考虑何种数据能与被替代的数据相吻合。2014 年 5 月，尼日利亚极端恐怖组织"博科圣地"绑架了 276 名女学生，538 网站制作的数据新闻《尼日利亚绑架（1984—2014）》就对历年的尼日利亚绑架案件的变化趋势进行梳理。通过对两万多个样本统计发现，尼日利亚的绑架案从 1984 年的两起激增到 2013 年的 3 608 起，30 年来增加了 1 800 多倍。但这不符合实际情况，发生错误的主要原因在于记者错误地将媒体报道的案件数等同于实际发生的案件数。②

3. 一致性标准

一致性标准则要求记者在数据采集过程中思考数据采集的方法是否遵循了目前普遍被认可的操作程序，在采集二手数据时不能只采用单一数据集，应尽可能从多个渠道搜集，让不同的数据可以相互印证。西蒙·罗杰斯认为："对于数据新闻来说，多样化的数据来源至关重要。"③ 数据新闻生产中应当至少包含两个数据来源以体现客观性，但在日常实践中，并非所有的数据新闻报道都能达到这一标准。

---

① 王山．2016 美国总统大选，民调为何测不到选民的心？[EB/OL]．（2016 - 11 - 14）［2018 - 06 - 22］．http：//cn．rfi．fr/政治/20161114 - 2016 美国总统大选，民调为何测不到选民的心？．

② 方洁．数据新闻概论：操作理论与案例解析［M］．北京：中国人民大学出版社，2015：194．

③ 罗杰斯．数据新闻大趋势：释放可视化报道的力量［M］．岳跃，译．北京：中国人民大学出版社，2015：5．

4. 自我意识标准

自我意识标准则是要求数据记者保持对数据的审慎态度，多运用批判思维，系统了解数据质量，将数据置于特定的原初语境中去理解，这是数据采集阶段客观性的重要保证。

5. 主体间客观性检验标准

主体间客观性检验标准是指在采集阶段记者需要与数据搜集者和专家进行沟通，对数据采集的各个方面进行探讨，多听来自不同方面的意见和建议，确保采集的数据符合专业标准和研究需要。例如，《迈阿密先驱报》记者的一篇关于法官未对一些酒驾者进行处罚的报道被证实为失实报道，其原因在于记者在获得这些数据时，并没有对列表中的一些特殊情况做了解：对于首次被捕而经济窘迫交不起罚款的被告，法官判罚他们去进行社区服务，这些特殊情况在数据库中并没有被标注。[①] 这让记者误认为法官对酒驾者未进行处罚。

（二）数据分析的客观性原则

纽约大学教授丽莎·吉特曼在《原始数据是矛盾修辞法》(*Raw Data Is an Oxymoron*) 中认为，采集数据的方法一旦确定，便决定了数据的呈现面貌。数据分析的结果看似公正客观，价值判断选择实际上贯穿了从构建到解读的整个过程。[②] 所以，通过诚实的推理过程，人们在数据中可以找到真相，也可能找到假象。[③]

1. 经验效度标准

在经验效度方面，记者需要判断在数据分析方法的选择上是否能有效解答自己的问题，对于自己设计的算法、模型需要按照专业标准进行评判。以算法为例，算法有优劣和适用性之分，例如正确性、可读性、稳健性、高效率与低存储量需求。[④] 在不同的业务、不同特点的数据、不同的挖掘目标中，

---

① 常江，杨奇光. 数据新闻：理念、方法与影响力 [J]. 新闻界，2014 (12)：10-18.

② 徐端. 大数据战略：个人、企业、政府的思维革命与红利洼地 [M]. 北京：新世界出版社，2014：59.

③ HOWARD A B. The art and science of data-driven journalism [EB/OL]. (2014-05-30) [2018-07-15]. http://towcenter. org/wp-content/uploads/2014/05/Tow-Center-Data-Driven-Journalism. pdf.

④ 吕国英. 算法设计与分析 [M]. 2版. 北京：清华大学出版社，2009：7.

同一个算法可能表现出截然不同的性能。[①] 而且算法也有偏见，算法偏见存在于算法设计和运行的每一个环节中[②]，在设计和选择算法时，需要遵照算法伦理，避免偏见和误导。

2. 完整性和影响性标准

在完整性和影响性方面，数据记者要对所用的分析方法是否能够全面、深刻揭示问题，避免有意或无意的偏见做出评价。纽约公共广播电台的《美国中等家庭收入分布地图》使用了平均数来展示收入分布，这种简单化的处理方式导致数据地图与实际情况有差别。在地图上绿色代表富有，红色代表贫困。一些标注为绿色的地方其实是城市中最贫穷的，原因在于图中颜色所代表的是该街区居民收入的中位数。在一些贫困街区，10多人合住一间房，虽然家庭总收入多了，却不等同于高收入和高生活水平。[③]

3. 一致性标准

数据分析的一致性标准是指自己所用的数据分析方法是否符合专业标准。在数据分析中，不同的分析方法在实践中会不断完善，形成某种共识。作为记者而言，通常不要挑战这种共识（除非记者本身对数据分析方法有更深入的研究），要运用目前被认可的数据分析方法分析问题。

4. 自我意识标准

数据分析的自我意识标准是指记者在数据分析时要明白自己所选用的数据分析方法的优点与局限，以及在解答特定问题上可能出现的解释力不足等问题，对数据分析方法有全面的评价，保持批判的态度。在数据分析时，要了解所采集数据的原始语境和数据分析的语境。在2016年美国总统大选中，数据新闻使用的数据分析法包括传统的民调、投票聚合/平均值（polling aggregations/averages）、预测模型（forecasting models）、谷歌检索分析（google search-term analytics）、社交媒体自动分析（automatic social media

---

① 洪松林，庄映辉，李堃. 数据挖掘技术与工程实践［M］. 北京：机械工业出版社，2014：74.

② 张超. 作为中介的算法：新闻生产中的算法偏见与应对［J］. 中国出版，2018（1）：29－33.

③ PORWAY J. The trials and tribulations of data visualization for good［EB/OL］. （2016－03－15）［2018－07－20］. https://marketsforgood.org/the-trials-and-tribulations-of-data-visualization-for-good/.

analytics）和选举预测市场（election prediction markets）等。① 记者在使用这些数据分析方法时应当对各种方法有较为全面的了解，对各种方法的适用情境有自己独立的判断，不能盲目使用。

5. 主体间客观性检验标准

数据分析的主体间客观性检验标准是指记者对数据分析方法及其结论本身要与专家、同行进行交流探讨，而不是自己单独做出决定，通过倾听不同的意见或建议，完善数据分析和对结论的解读。"数据本身是对事物的一种简化，简化就有失真的危险，对于社会现象规律的总结离开人的思考和思辨是无法想象的。"② 所以在数据分析环节中，专家的作用是非常重要的。

（三）数据可视化的客观性原则

斯图亚特·霍尔在《编码，解码》中提出，"一个没有经过话语形式编码的历史事件是无法通过电视传播的"③。在新闻传播过程中，从编码到解码有一个前提"必须编码和得以编码"。"必须编码"是指"传播主体对新闻事实的认识，必须经由编码过程转换为新闻文本"④。"得以编码"是编码必须遵循社会的、媒介的、技术的话语通用规则，这些话语通用规则是编码得以准确"解码"的前提。实际上这些规则本身并非全然"中立"或者"生来如此"，规则本身是各方力量协商的产物，只是规则在确立后，往往以"自然化"的"客观"面貌出现。数据可视化是数据新闻的"最后一公里"，其客观性要求如实、准确地呈现、表达数据及其含义，避免误读和歪曲，要做到信息传达准确、遵循设计惯习。⑤

1. 经验效度标准

数据可视化的经验效度标准要求数据可视化在设计时对数据的呈现是准

---

①　KURU O. What the failure of election predictions could mean for media trust and data journalism [EB/OL]. (2016 - 11 - 19) [2018 - 03 - 23]. http：//mediashift. org/2016/11/136541/.

②　孙应钦. 警惕技术逻辑侵害新闻理念——浅析大数据影响下的新闻业 [J]. 东南传播，2014 (2)：18 - 20.

③　罗钢，刘象愚. 文化研究读本 [M]. 北京：中国社会科学出版社，2000：346.

④　肖伟. 新闻框架论：新闻传播主体的架构与被架构 [M]. 北京：中国人民大学出版社，2016：56.

⑤　AMOORE L. Lines of sight：on the visualization of unknown futures [J]. Citizenship Studies，2009 (3)：17 - 30.

确的。在数据可视化中常见的不准确情况包括：数据大小与在数据可视化中的面积不成比例、饼图各部分加起来大于100％等。西蒙·罗杰斯认为，形式上的美感缺憾和设计不足情有可原，但事实失真和信息错误不可原谅。①

2. 完整性和影响性标准

完整性和影响性标准是指设计者需要了解该数据可视化作品是否完整地呈现了数据结果，数据可视化中是否存在有意或无意的设计缺陷导致受众误读，以及这种负面影响有多大。

纽约公共广播电台制作了一条数据新闻《截查搜身》（Stop and Frisk），纽约警察局公开了所有截查搜身的数据。原图中粉色越亮表示拦截搜查行动越多，绿点则表示发现枪支的地点，绿点没有出现在亮粉色区域，说明拦截和搜查政策实际上不够奏效。有人将该图变换颜色之后发现，该政策其实是奏效的（见附录）。②

2012年美国大选结果出炉后，一些数据可视化作品以美国地图显示民主党候选人奥巴马和共和党候选人罗姆尼的获胜州。单纯看地图，双方不相上下，实际上，奥巴马总共拿下了332张选举人票，罗姆尼只拿下了206张。因为面积大的州，选举人票不一定多，用正常的美国地图呈现选举结果，看似客观，实则不客观，会带来误导。《纽约时报》做过一张变形地图，把所有的州按照选举人票数量变成了面积大小不一的方块，依照地理位置排列，结果两位候选人的得票对比更直观、更准确。③

3. 一致性标准

数据可视化的一致性标准是指设计是否遵循设计常规，符合一定时期、一定文化背景下人们对视觉符号（元素）的认知。例如，在色彩运用上，保证色彩与其代表的数据能产生正确的"语义共鸣"。数据可视化的设计者需要

---

① 罗杰斯. 数据新闻大趋势：释放可视化报道的力量 [M]. 岳跃，译. 北京：中国人民大学出版社，2015：275.

② PORWAY J. The trials and tribulations of data visualization for good [EB/OL]. （2016 - 03 - 15）［2018 - 07 - 20］. https：//marketsforgood. org/the-trials-and-tribulations-of-data-visualization-for-good.

③ 方可成. 美国大选投票日来了！围观时请拿好这张图 [EB/OL]. （2016 - 11 - 08）［2018 - 03 - 23］. http：//mp. weixin. qq. com/s/I4KM7WfdsAZXLPaAl-FfHA.

尽可能地运用这些固有联系，避免一些陌生的设计疏远受众与图的距离。①

2012 年，美国佛罗里达州男子达恩与黑人青年发生争执，并开枪将其杀死。达恩被指控二级谋杀罪，他利用佛罗里达州的《坚守阵地法》（Stand Your Ground）为自己辩护。根据该法律，任何人、在任何地方认为自己受到攻击或者相信自己的生命或安全处于危险时都可使用武器。路透社的数据可视化意在表现 2005 年佛罗里达州《坚守阵地法》实施后该州枪击事件数量增加（见图 7-1），但给人的感觉是该法实施后枪击事件是下降的，原因在于 Y 轴的数值增长方式由传统的由下到上变成了由上到下，正常的设计应该是图 7-2②，这样就不会让受众产生错误的判断了。

佛罗里达州枪击死亡情况

枪支谋杀案数量

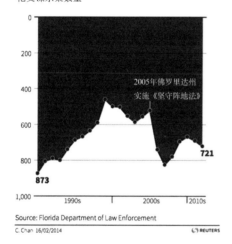

佛罗里达州枪击死亡情况

枪支谋杀案数量

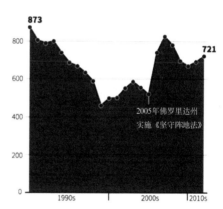

图 7-1　佛罗里达枪击死亡情况
资料来源：http://www.businessinsider.com/gun-deaths-in-florida-increased-with-stand-your-ground-2014-2.

图 7-2　修改后的《佛罗里达枪击死亡情况》
资料来源：http://www.businessinsider.com/gun-deaths-in-florida-increased-with-stand-your-ground-2014-2.

4. 自我意识标准

数据可视化的自我意识标准是指将数据转化为可视化的过程不是一个自

---

① LIN S，FORTUNA J，KULKARNI C. Selecting semantically-resonant colors for data visualization [J]. Computer Graphics Forum，2013（3）：401-410.

② ENGEL P. This chart shows an alarming rise in florida gun deaths after "Stand Your Ground" was enacted [EB/OL].（2014-02-18）[2018-03-23]. http://www.businessinsider.com/gun-deaths-in-florida-increased-with-stand-your-ground-2014-2.

动操作的过程，数据可视化也不是看待数据的中立窗口，记者对自己设计的作品既要考虑一般受众的接收需求，又要契合自己的传播意图。

5. 主体间客观性检验标准

数据可视化的主体间客观性检验则是要求数据可视化设计出来后，需要征求多方的意见，修改设计中显在或潜在的偏见、误解因素，让作品的表意更准确。笔者对国内一些数据记者的访谈发现，在数据可视化制作前和制作后，编辑部或相关负责人往往会在这一过程把关，与设计者进行较为充分的沟通，设计者也会意识到，数据可视化作品不是一个"个人"作品，而是需要综合考虑多方因素的集体智慧的结晶。

第二节　数据新闻的透明性原则

透明性长期以来被新闻伦理忽视①，21 世纪以来它在美国媒体话语中的地位越来越凸显。② 2009 年帕特里克·普拉森斯（Patrick Plaisance）出版的《媒介伦理：负责任实践的关键原则》（*Media Ethic: Key Principles for Responsible Practice*）将透明性列为首要伦理原则，客观性则不在其中。③ 2013 年波因特学院（Poynter Institute）公布的新闻业新伦理将"独立"用"透明"取而代之。2014 年 9 月，美国职业新闻工作者协会将新闻伦理中的"诚实可信"（be accountable）扩展为"诚实可信与透明"（be accountable and transparent）：新闻工作者应当向公众说明自身所面临并做出的道德选择，鼓励公众参与讨论新闻报道的实践标准，迅速回应有关报道准确性和客观性的质疑，承认新闻报道中的错误、及时修正，并向公众指明修改之处。④ 美国国家公共电台（NPR）和英国广播公司（BBC）等媒体已将透

---

① LEE PLAISANCE P. Transparency: an assessment of the Kantian roots of a key element in media ethics practice [J]. Journal of Mass Media Ethics, 2007 (23): 187 - 207.

② ALLEN D S. The trouble with transparency [J]. Journalism Studies, 2008 (3): 323 - 340.

③ 夏倩芳，王艳. 从"客观性"到"透明性"：新闻专业权威演进的历史与逻辑 [J]. 南京社会科学，2016 (7): 97 - 109.

④ SPJ. SPJ code of ethics [EB/OL]. (2014 - 09 - 06) [2018 - 09 - 15]. https://www.spj.org/ethicscode.asp.

明性写入本媒体的伦理规范中。甚至有观点认为，20 世纪居于中心地位的客观性将被 21 世纪新的范式取代，透明性将成为一个新的职业规范和叙事策略。① 下面就数据对新闻透明性的内涵以及新闻的透明维度进行具体阐释。

一、新闻透明性的内涵

透明性是一个机构通过允许其内部活动或表现被外部行动者监督的一种信息的主动披露行为。② 在新闻生产领域，透明性被视为新闻业内部和外部人士对新闻流程进行监督、检查、批评，甚至介入的各种方式。③ 透明性的本质是将新闻生产的"后台"行为及其决策意图置于"前台"，打破新闻生产中编辑部与受众间无形的"墙"，将新闻生产行为由以往的"主动不可见"变得"主动可见"。

透明性需要记者在受众面前"展示"哪些内容？有观点认为，透明性包括三部分：（1）责任（accountability），即数据和方法对受众易得或可见。（2）互动（interactivity），即给受众积极参与新闻生产的机会。如开辟开放空间让受众评论，邀请受众提供新闻素材。（3）背景开放（background openness），即记者提供自己的个人背景信息，增加新闻报道的可信度。④

迈克尔·卡尔松（Michael Karlsson）认为，透明性由披露透明（disclosure transparency）和参与透明（participatory transparency）组成。其中披露透明是指新闻生产者解释并公开新闻选择和生产方式；参与透明是指受众被邀请参与新闻生产流程的不同阶段。⑤ 还有学者将透明分为三个部分：产品透明（production transparency）、行动者透明（actor transparency）和对

---

① KARLSSON M. Rituals of transparency [J]. Journalism Studies，2010（4）：535 – 545.

② GRIMMELIKHUIJSEN S G. Transparency of public decision-making：towards trust in local government? [J]. Policy & Internet，2010（1）：5 – 35.

③ DEUZE M. What Is journalism? professional identity and ideology of journalists Reconsidered [J]. Journalism，2005（4）：442 – 464.

④ GYNNILD A. Surveillance videos and visual transparency in journalism [J]. Journalism Studies，2014（4）：449 – 463.

⑤ KARLSSON M. Rituals of transparency [J]. Journalism Studies，2010（4）：535 – 545.

话透明（dialogue transparency）。① 其中产品透明是指有关生产过程本身的透明；行动者透明是指记者自身信息的透明；对话透明是指记者与公众互动的透明。

美国国家公共电台认为，透明性是一种允许公众评价记者工作的工具，记者需要告知公众记者是如何发现和核实事实的，并尽可能将决策过程清晰地告诉公众，尤其在面对艰难抉择的情况下。此外，记者还要告诉公众任何可能影响报道的"社会关系"，如合作者或资助者。②

在新闻实践中，斯蒂芬·A. 沃德（Stephen A. Ward）总结了在线新闻（online journalism）需要透明的具体内容：（1）设置"关于"页面，包括网站介绍、更正、道歉的内容，并保留更新记录；（2）解释对编辑部争议决定的实施；（3）设置伦理规范、编委会和公众质疑新闻报道途径的链接；（4）在报道顶端或下端加编者注解释记者与消息源的关系；（5）链接背景知识、专家和其他记者对相同报道的处理；（6）链接文档、原始采访笔记、无剪辑的采访磁带和整个新闻发布会的视频；（7）有关外部合作者的采编政策、公众提供的图像或文本；（8）编辑、记者或调查员的在线论坛；（9）将读者的评论、质疑与报道一同刊发；（10）对于遵循标准的内部评价的定期发布；（11）公布所有制和发行量的情况。③

美国圣塔克拉拉大学马克库拉应用伦理学中心（Santa Clara University's Markkula Center for Applied Ethics）运行的"信任项目"（The Trust Project）致力于推广新闻透明性。在该项目中，75 家媒体人士共同制定了"信任指标器"（Trust Indicators），列出了记者应当公开的八个指标（见表 7 - 2）。目前已经有谷歌、《经济学人》、《华盛顿邮报》等媒体采用。

① GROENHART A P，BARDOEL J L H. Conceiving the transparency of journalism：moving towards a new media accountability currency ［J］. Studies in Communication Sciences，2012（1）：6 - 11.

② NPR. Transparency ［EB/OL］.（n. d.）［2018 - 09 - 15］. http：//ethics. npr. org/category/g-transparency/.

③ WARD S J A. The magical concept of transparency ［C］// In：Lawrie Zion & David Craig. Ethics for digital journalists：emerging best practices. New York：Routledge，2015：45 - 48.

表 7 - 2　　　　　　　　　　　　　　　　信任指标

指标名	具体内容
最好的实践 （best practices）	你所在媒体的标准是什么？资助者是谁？发布新闻的使命是什么？再加上伦理、多元声音、准确、更正和其他标准
作者专业 （author expertise）	谁报道？关于报道这条新闻的记者的详细信息，包括专长和该记者报道的其他新闻
作品类型 （type of work）	用标签将新闻和意见、分析和广告（赞助）内容区分开
引用和参考 （citations and references）	对于调查性报道或深度报道，尽可能披露事件或声明背后的消息源
方法 （methods）	对于深度报道而言，记者需解释为何探究这条新闻以及进展过程
本地来源 （locally sourced）	当报道中有本地的原始消息源或专家时，提供这些信息
多元声音 （diverse voices）	编辑部将多元视角引入的努力
可操作的反馈 （Actionable Feedback）	编辑部努力让公众帮助确定新闻报道的优先次序、促进报道进程、确保准确性等

资料来源：http：//www. scu. edu/ethics/focus-areas/journalism-ethics/programs/the-trust-project/trust-project-launches-indicators/.

通过梳理当前学界、业界对透明性的理解，笔者归纳出透明性的三个维度：传者维度、内容维度和反馈维度。

在传者维度，透明性涉及媒体和记者：媒体应公开自身的基本情况（如所有制、使命）；记者应公开自己的基本信息（如专长、联系方式），解释与新闻报道中利益相关者的关系。

在内容维度，透明性需要记者公开（有时需进一步解释）采访过程、方法、消息源、原始材料等信息，并对错误信息及时更正。

在反馈维度，记者应提供对话空间（如栏目、网页、版面）公开与受众进行互动、**邀请受众参与新闻生产**，并将这一过程呈现。

透明性意在强调记者的转译角色（mediating character），提醒受众在现实和媒介表征之现实（representation of reality）间有记者的存在。[①] 记者承认新闻生产系统不是完美的，知识是不断演化的。如果受众不信任新闻报道，可以自己去判断。[②] 这与以往记者宣称自己是客观、中立的"中介"有着本质上的区别：记者承认自己是在"折射"现实，而非镜像地"反映"现实。

二、数据新闻的透明维度

毫无疑问，数据新闻需要透明性。西蒙·罗杰斯认为，数据新闻只有透明才会重要。[③] 因为数据新闻的政治基因之一在于推动信息透明化。[④] 从数据科学的角度看，数据新闻的每一个算法都包含了编辑和判断层面的人为因素。用什么数据、不用什么数据让信息提供又增加了一层人为的视角。[⑤] 数据记者应允许他人复制自己的工作，就像科学家们公布了他们的研究方法一样。[⑥] 对数据记者而言，让数据、数据分析以及算法透明能促使他们复核操作流程，知道有外部的受众监督他们。透明性可使计算领域和数据新闻的共同体获益，高水平受众会提供的建设性反馈意见，可提高工作的准确性。[⑦]

当然我们也要看到，目前透明性在新闻业中依旧是目标而不是现实。[⑧] 如何构建一套数据新闻的透明性规范是当务之急。我们基于以上讨论将透明性分为数据采集透明、数据分析透明、算法透明、数据可视化透明、生产者透明和其他透明事项加以解读。

---

① RUPAR V. How did you find that out? transparency of the newsgathering process and the meaning of news [J]. Journalism Studies，2006（1）：127-143.

② ROSEN J. Show your work：the new terms for trust in journalism [EB/OL]. （2017-12-31）[2018-03-25]. http：//pressthink. org/2017/12/show-work-new-terms-trust-journalism/.

③ 罗杰斯. 数据新闻大趋势：释放可视化报道的力量 [M]. 岳跃，译. 北京：中国人民大学出版社，2015：22.

④ 同③.

⑤ BELL E. Journalism by numbers [EB/OL]. （2012-10-01）[2018-05-13]. http：//www. cjr. org/cover_story/journalism_by_numbers. php.

⑥ SHIAB N. On the ethics of web scraping and data journalism [EB/OL]. （2015-08-12）[2018-03-22]. http：//gijn. org/2015/08/12/on-the-ethics-of-web-scraping-and-data-journalism/.

⑦ STARK J A，DIAKOPOULOS N. Towards editorial transparency in computational journalism [EB/OL]. （2016）[2019-03-22]. https：//journalism. stanford. edu/cj2016/files/Towards%20Editorial%20Transparency%20in%20Computational%20Journalism. pdf.

⑧ KOLISKA M. Transparency and trust in journalism：an examination of values，practices and effects [EB/OL]. （2015）[2018-09-22]. https：//drum. lib. umd. edu/handle/1903/17031.

（一）数据采集透明

数据采集的透明性是指数据新闻业者应当公布与数据新闻有关的信息（如数据的具体来源、对数据质量的评价情况、采集数据的工具和过程等），并提供原始数据或数据链接。

数据的具体来源是指数据具体来自哪个报告、哪个数据库、哪个机构，数据是基于何种背景搜集的，最初用于揭示、体现什么问题。新媒体平台的数据新闻应当提供数据链接或原始数据。在数据具体来源的交代上，不同媒体的透明性程度不同。例如，在国内一些数据新闻中，时常见到"综合媒体报道"，至于综合了哪些媒体并未提及。还有的交代比较模糊，如"根据国家统计局的数据"，对于国家统计局何时发布的数据、发布的是什么数据并未交代。《卫报》等一些西方主流媒体在交代数据具体来源上相对较好，在提到某些数据时会用超链接的方式让受众查看具体的出处。简而言之，数据来源的透明性意味着如果有人想要验证数据的准确性、真实性，付出尽可能少的成本即可找到原始数据或出处。

数据采集的透明性还涉及对数据质量的交代。在前文的客观性探讨中，客观性也涉及数据质量，只不过客观性涉及的是对数据质量的评估，而透明性是对数据质量评价情况的公开。很多时候原始数据与记者探讨问题所需的数据并不是对应关系，需要进行"再语境化"处理，有时使用的数据还可能存在缺陷。即便科学研究，数据也是有一定局限性的，需要记者将局限性交代清楚，以便受众做出判断，能在多大程度上相信这篇报道。

以财新的《从调控到刺激：楼市十年轮回》为例，记者在报道的末尾对所使用数据的来源、质量进行了详细交代：

> 房价环比涨跌幅数据来自国家统计局每月公布的 70 个大中城市新建住宅价格指数；由于国家统计局没有发布个别城市的新建住宅平均价格，报道中的房价数据，大部分来自中国指数研究院统计的百城新建住宅样本平均价格；另有少数城市不在中国指数研究院监测列表中，此类城市数据来自其他公开资料；百城新建住宅样本平均价格的统计始于 2010 年，报道中 2005 年 7 月至 2009 年 12 月的数据是基于百城新建住宅样本

平均价格，以及国家统计局的 70 个大中城市新建住宅价格指数（环比）推算得出，故此，数值会有些许偏差；城市居民人均可支配收入数据来自 Wind 资讯。

在日常数据新闻生产中，对数据质量评估的交代并没有做到完全透明。对数据的评估反映出媒体对所获数据的态度，是完全信任还是承认其具有局限。在透明性中，对数据质量评估的交代应成为行业共识，让受众知道媒体对数据质量有所了解，而非不加批判地使用。

（二）数据分析透明

数据分析的透明性指在数据分析处理过程中对影响数据结果因素的交代。例如，对指数处理方式的交代，在将衡量一个问题的多个因素分别量化后，这一综合指数是否做到独立和穷尽原则，是否做到了标准化，权重和是否为1，这些信息是应当告知受众的。①

《金融时报》中文网《世界到底在采取哪些措施阻止气候变化？》交代了"气候变化计算器"的说明，随后该报在网页附上了报告的链接：

> 该计算器的方法是依靠伦敦帝国理工学院（Imperial College London）格兰瑟姆研究所（Grantham Institute）的资金、由伦敦帝国理工学院和班加罗尔印度科学理工学院（IISc）组成的一个团队开发出来的。你可以阅读从事这项研究的科学家们的一份技术报告，了解该工具背后工作的更多情况。

BBC 制作的《你适合哪种运动？》（Which Sport are You Made for?）开放了所有搜集的数据，在 GitHub 网站上公布了这条数据新闻的数据整理框架和数据挖掘模型，这些代码可免费下载。

（三）算法透明（algorithmic transparency）

算法是解题方案的准确而完整的描述，是一系列解决问题的清晰指令，

---

① 胡晨川. 数据驱动决策的 13 种思维 [EB/OL]. (2017 - 11 - 17) [2018 - 03 - 23]. https：//www.sohu.com/a/204942623_236505.

能对一定规范的输入，在有限时间内获得所要求的输出。① 算法设计比较复杂，通常包括理解问题、选择算法设计技术、设计并描述算法、手工运行算法、分析算法的效率、实现算法等六个步骤。② 算法可用在数据采集、分析、决策的各个环节，之所以将其单独探讨，是因为在人工智能、大数据驱动下的新闻业，越来越依靠算法进行新闻生产。

算法通常是不可见的，而且被视为"黑箱"式的构造，很多人并不知道算法的运作方式。③ 算法对数据处理结果的影响非常大，多种人为因素的影响内嵌在算法之中。如数据的提取、语用分析和结果解读，所以算法应视作人为的"创造物"，并反映算法创造者的意图。④ 在数据新闻的透明性中，算法透明可能是难度最大的。尤其是独创的算法本身就可被视为一种核心产品、商业机密。从构思到设计再到应用，算法设计需要投入大量的智力。有观点认为，虽然现在有很多关于"打开黑箱"的讨论，但算法透明不太可能实现。⑤

算法透明的逻辑起点在于新闻业是一项公共服务，当涉及公共利益时，公众有权知道算法的运行机制及其缺陷。新闻生产有两种不同利益导向的新闻服务：一种是完全基于公共利益的非营利新闻生产，如非营利新闻业、公共广播事业；另一种是兼顾公共利益和商业利益的新闻生产，这是全球新闻业的主流（见图7-3）。

对应以上两种新闻服务取向，在新闻生产中，有两种不同属性的算法，笔者将其命名为开源算法和专有算法。

开源算法是指算法设计本身旨在服务社会，通过透明和参与式编码，让所有的源代码都能被人使用和修改，最终生成具有共创、共享的透明算法。

---

① 吕国英. 算法设计与分析 [M]. 2版. 北京：清华大学出版社，2009：7.
② 王红梅，胡明. 算法设计与分析 [M]. 2版. 北京：清华大学出版社，2013：6-7.
③ RAINIE L, ANDERSON J. Code-Dependent：pros and cons of the algorithm age [EB/OL]. (2017-02-08) [2018-04-23]. http：//www. pewinternet. org/2017/02/08/code-dependent-pros-and-cons-of-the-algorithm-age/.
④ DIAKOPOULOS N. Algorithmic accountability reporting：on the investigation of black boxes [EB/OL]. (2014-12-03) [2018-04-23]. https：//www. cjr. org/tow_center_reports/algorithmic_accountability_on_the_investigation_of_black_boxes. php.
⑤ POWELL A. Algorithms, accountability, and political emotion [EB/OL]. (2016-01-09) [2018-07-23]. http：//datadrivenjournalism. net/news_and_analysis/algorithms_accountability_and_political_emotion.

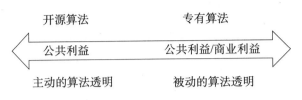

图 7 - 3 新闻生产中的算法透明

这种算法出现的社会背景主要与开源运动有关，国外现在已经有 OpenAI（开放人工智能）等一些人工智能开源运动。开源算法一旦被设计出来，可以被所有人免费使用、修改。因此，涉及公共利益、不涉及商业利益的算法可以是开源算法，经由各方不断修改、完善的开源算法会更大程度地服务社会。

专有算法在使用和修改上有限制，这种算法作为知识产品是受法律保护的，算法所有者对此持有知识产权。目前新闻生产中的各类算法大多属于这种。当涉及商业利益时，算法透明不容易实现，此时算法往往被视为商业机密，有权不予公开。当涉及公共利益时，作为使用者和被影响者的公众就拥有了关于算法的知情权，这时需要区分两种算法透明的方式：主动的算法透明和被动的算法透明。

1. 主动的算法透明

"主动的算法透明"是指新闻生产者主动将算法的运行机制与设计意图公之于众，接受社会监督。开源算法都采用主动的算法透明。计算机科学家汉森（Hansen）认为，公开代码是社会的责任，这样可以使得公众参与进来，不论它成为何种格式，基于算法的报道将很快成为一种必需技能，记者得跟上这种游戏的节奏，不仅要理解对算法透明度的要求，还要提高现有的新闻业务能力，这样我们才能利用人类与日俱增的智慧。[①]

2016 年调查性数据新闻报道《网坛骗局》公布了原始数据、算法程序和分析过程，详细说明了该报道的数据获取、数据准备、赛事排除、赔率变化计算、选手选择、仿真和显著性检验等细节，公众可以对数据结论进行验证。在《金融时报》的《世界到底在采取哪些措施阻止气候变化》中，用户通过

---

① 肖敏树. 那些算计着我们生活的算法 [EB/OL]. (2016 - 04 - 28) [2018 - 07 - 23]. http：//mp. weixin. qq. com/s/tgvKybyZArluu7c51_sioA.

操作"气候变化计算器"对不同国家碳排放量进行"控制"，从而洞察全球变暖的趋势。该报道提供了"气候变化计算器"的设计和运行资料，让用户了解该计算器的运行机制。

"主动的算法透明"由于媒体坦诚算法设计与应用中的局限，不仅可以规避一些风险（如不必为错误的预测或产生的偏见结论负责），还有助于建立媒体与用户的信任关系。随着算法在新闻生产的应用越来越普遍，未来可能会出现更多针对新闻生产各环节的算法模板，主动的算法透明会越来越多，也会在不断的开源分享中越来越完善。

2. 被动的算法透明

算法不透明（algorithmic opacity）在各行各业中是一个普遍问题。如果想让算法透明，必须采取一种强制性手段，即法律手段，笔者称之为"被动的算法透明"，即依据法律规定、按照法律程序公布有关算法的全部或部分内容。假定在新闻生产中，用户怀疑或发现涉及公共利益的某专有算法涉嫌种族歧视、误导公众，可依据法律规定要求媒体披露该新闻算法运行的相关信息，保障公众的"知情权"。

由于算法在新闻生产中的应用时间不长，各国普遍缺少监督、审计算法的法律法规。目前意识到"被动的算法透明"的是欧盟，在2018年5月生效的《一般数据保护法案》（General Data Protection Regulation，GDPR）中，欧盟给予用户申请某项基于算法得出结论的解释权（right to explanation），但该法案并没有从根本上保证算法的问责和透明度。[①] 在算法时代，如何针对不同领域、不同用途的算法制定契合实际的法律条款以对算法实现有效监督，是当前各国信息立法的新课题。

从技术上说，完全的算法透明很难实现。现实世界的很多算法都是"黑箱"，在深度学习领域一些算法即便对算法设计者来说也是难以理解的。因此，切实可行的方式是为"被动的算法透明"确定一个合适的透明程度，即有意义的透明（meaningful transparency），这是一种较低标准的算法透明，

---

① SAMPLE I. AI watchdog needed to regulate automated decision-making, say experts［EB/OL］.（2017 - 01 - 27）［2018 - 04 - 23］. https：//www. theguardian. com/technology/2017/jan/27/ai-artificial-intelligence-watchdog-needed-to-prevent-discriminatory-automated-decisions.

利益相关者（stakeholders）借此能够介入、使用、执行算法，保证算法过程是负责任的。① 当然"有意义的透明"是相对的，需要"具体算法具体分析"，对于不同的利益相关者，透明性的具体要求是不同的。因此在算法透明中，如何在不同情况下做到"有意义"，并不是设定一个统一的标准就能解决的，还需要立法部门、相关行业、公众和技术人员进行充分讨论。

在媒体层面，为保障公众对涉及公共利益的新闻算法的知情权，媒体需要制定相应政策，或由行业协会出台相关指导意见。由于算法的专业性与复杂性，一般公众很难对其实现有效监督，比较可行的方式是让值得信赖的第三方核查机构介入，对公众关心或存有争议的新闻算法进行检查和评估，看算法是否透明和公平，这也会打消算法所有者对商业机密泄露的顾虑。但在社会上如何组建核查算法的第三方机构、如何对其赋权，是算法时代社会治理的新问题。

至于算法透明的具体维度，有学者认为，算法透明包括五个方面：（1）用于优先（prioritize）、排序（rank）、强调（emphasize）或发表意见（editorialize）时的标准，包括定义、操作和可能的替代。（2）数据算法的数据，如哪些数据被关注，运行算法的其他因素。（3）准确性，包括分类中误报（false positive）和漏报（false negative）的错误比率以及如何设置这些错误平衡点的说明。（4）描述测试数据（training data）以及潜在的偏见，包括算法的演变和运行。（5）用于相似性或分类算法的定义、操作或阈值（thresholds）。②

当然，并不是所有的算法都需要同等程度的透明性。③ BuzzFeed 在 GitHub 上公布了与 BBC 合作的《网坛骗局》的原始数据、算法程序和分析过程，详细说明了该报道的数据获取、数据准备、赛事排除、赔率变化计算、

---

① BRAUNEIS R, GOODMAN E P. Algorithmic transparency for the smart city [EB/OL]. (2017 - 08 - 04) [2019 - 04 - 20]. https：//papers. ssrn. com/sol3/papers. cfm? abstract _ id = 3012499.

② DIAKOPOULOS N. algorithmic accountability [J]. Digital Journalism, 2015 (3)：398 - 415.

③ DIAKOPOULOS N. BuzzFeed's pro tennis investigation displays ethical dilemmas of data journalism [EB/OL]. (2016 - 11 - 16) [2018 - 07 - 03]. http：//www. cjr. org/tow_center/transparency_ algorithms_buzzfeed. php.

选手选择、仿真和显著性检验等细节。① 虽然 BuzzFeed 提前声明测算结果并不能成为该运动员打假球的证据，并对数据进行了匿名处理，但是稍懂相关知识的人按照 BuzzFeed 提供的完整数据和分析流程进行重复操作，报道中所怀疑的打假球运动员究竟是谁便不难发现。这种情况下的透明就属过于透明。

（四）数据可视化透明

视觉层面的新闻透明性较少受到关注②，但是视觉材料的传播效果却是强大的，在"眼见为实"的传统思维下，人们往往容易忽视视觉材料不透明造成的危害。数据可视化与科学可视化的差异在于，作为"第三种文化"的数据可视化其目标是把专业的内容进行通俗直观地表达，在表达中就涉及专业性与通俗性的权衡问题。

数据可视化透明是指要尽可能地链接消息源，充分解释与数据或者与图表自身有关的任何注意事项，陈述可视化在多大程度上应该或不应该被视为科学事实，还需要在图表变成扭曲信息之前将危险信号传递给受众。③ 如面积太小的国家不足以在地图上显示时，设计师可能会有意将其放大或者直接删除，这时就需要向读者交代放大或删除的原因。如果该数据可视化设计师运用了反常规的设计，则需要在作品中提醒受众注意避免按照常规方式理解。如上节提到的路透社《佛罗里达枪击死亡情况》就采用了反常规设计，记者应在报道中提示受众这一信息。

（五）生产者透明

数据新闻的生产者透明主要涉及记者的身份透明和记者的联系方式透明。在以往的新闻生产中，记者对于受众而言是陌生的、神秘的，往往只见名字不见其人（电视新闻也是如此，除非记者出镜）。生产者透明要求公布记者的

① HIRST T. The rise of transparent data journalism-the BuzzFeed tennis match fixing data analysis notebook［EB/OL］.（2016 - 01 - 18）［2018 - 04 - 23］. https：//blog. ouseful. info/2016/01/18/the-rise-of-transparent-data-journalism-the-buzzfeed-tennis-match-fixing-data-analysis-notebook/.

② GYNNILD A. Surveillance videos and visual transparency in journalism［J］. Journalism Studies，2014（4）：449 - 463.

③ BURN-MURDOCH J. Why you should never trust a data visualisation［EB/OL］.（2013 - 07 - 24）［2018 - 07 - 27］. https：//www. theguardian. com/news/datablog/2013/jul/24/why-you-should-never-trust-a-data-visualisation.

身份信息，包括供职的部门、采访的领域，还要将记者的照片刊登在网站上，以便公众对其进行监督。

以往读者与记者之间的沟通渠道并不一定畅通。例如，受众对某些报道的质疑、抱怨往往打给编辑部会由专人处理，受众对报道内容的反馈可能被忽视。当记者公布自己的联系方式，尤其是社交媒体账号后，意味着受众对记者监督渠道是畅通的。社交媒体账号相当于让记者嵌入社交媒体所在的舆论场中。现如今数据新闻所在的网页都可分享至社交媒体，通过电邮、电话等方式与记者沟通是一种封闭的交流关系，而通过社交媒体则是一种完全开放的关系。媒体网站开通评论功能，媒体对受众评论有是否公开的决定权，但在社交媒体中，评论的公开只要不违反法律规定，受众的评论就不在媒体的控制之中。因此，公布记者的社交账号不仅仅意味着联系渠道的公开，更意味着将记者置于受众、新闻当事人的监督之下。

笔者认为除非是专门从事暗访的记者，其他记者的个人介绍和联系方式都应公开，让受众近距离接触记者，也让记者近距离倾听受众的声音。

（六）其他透明事项

评价透明是指将别人对数据新闻存疑、批评的内容公开。一些媒体网站会在页面下方设置评论版块，受众通过留言的方式监督数据新闻报道的质量。数据新闻的生产机构应当让自己的分析和发现接受经验式的批评。[①]

更新透明是指将数据新闻更新的内容进行说明。一些数据库类型的数据新闻内容往往不断更新，更新后需要向受众说明更新的内容及更新的日期。

更正透明是指数据新闻存在重大缺陷或失误，媒体需要对错误发生的原因和环节进行说明，并向受众道歉。

关于报道的其他信息透明涉及的是数据新闻生产环节中一些应当向受众交代的行为或处理方式，如选题的动因、采访中遇到的问题及解决方式等。

ProPublica 在发布新闻《揭秘：NSA 的秘密活动要破解，破坏互联网安全》（Revealed：The NSA's Secret Campaign to Crack, Undermine Internet

---

① 霍华德. 数据新闻何以重要？——数据新闻的发展、挑战及其前景 [J]. 新闻记者，2015 (2)：67-71.

Security)① 的同时，在文章开头附上了《我们为什么要发布这个解密新闻》
(Why We Published the Decryption Story)② （见图 7 - 4）的链接，向受众解
释媒体意图。

> *by Jeff Larson, ProPublica, Nicole Perlroth, The*
> *New York Times, and Scott Shane, The New*
> *York Times, Sep. 5, 2013, 3:08 p.m.*
>
> *Note: This story is not subject to our*
> *Creative Commons license.*
>
> *Closer Look: Why We Published the*
> *Decryption Story*

图 7 - 4　《我们为什么要发布这个解密新闻》
资料来源：https：//www. propublica. org/article/why-we-published-the-decryption-story.

有些数据新闻报道是通过合作或者有外部资金赞助的方式完成的，这同
样需要向受众告知。ProPublica 曾发表文章介绍为何与《卫报》《纽约时报》
进行合作报道斯诺登事件。《卫报》的《从雨林到碗柜：棕榈油的真实故事》
在页面上明确标注了内容合作方的信息，便于受众知晓新闻生产中利益相关
者的介入（见图 7 - 5）。

theguardian

From rainforest to your cupboard: the real story of palm oil - interactive

You wash with it, you brush with it, you toast it, it's in 50% of what you buy – but what's the real story of palm oil? Use the interactive below to trace the journey of palm oil from the rainforest through to your kitchen cupboard

Does the story of palm oil affect your buying habits?

Put your palm oil questions to a panel of experts in our online live chat

Monday 10 November 2014 13.00 GMT

Supported by

About this content

内容合作方信息

图 7 - 5　《从雨林到碗柜：棕榈油的真实故事》内容合作方信息
资料来源：https：//www. theguardian. com/sustainable-business/ng-interactive/2014/nov/10/palm-oil-rainforest-cupboard-interactive.

---

① https：//www. propublica. org/article/the-nsas-secret-campaign-to-crack-undermine-internet-encryption.

② https：//www. propublica. org/article/why-we-published-the-decryption-story.

第三节　数据新闻个人数据的利用原则

在数据新闻生产中，数据记者对个人数据的二次利用渐成常态，一些数据新闻作品本身就是涉及特定群体的个人数据库。在《华盛顿邮报》获普利策新闻奖的作品《今年被警察射杀的人》中，用户可查看受害者的年龄、性别、种族、携带武器类型、是否患有精神疾病等信息。《洛杉矶时报》的《凶杀报告》建立了该市凶杀案受害者数据库，用户输入地址或受害者姓名就能搜索相关报道、了解案情。获得 2015 年全球数据新闻奖的《瑞士解密》则包含 203 个国家和地区的约 10 万名客户的账户资料。

美国《得克萨斯论坛报》认为，"发布数据就是新闻"[①]。在信息社会，信息业者对个人数据收集和利用的正当性已经得到了立法和社会的普遍承认[②]，尤其是大数据时代，利用个人数据创造新的社会和商业价值已成为社会共识。个人数据在数据新闻报道中被二次利用产生社会价值和商业价值的同时，相关法律和伦理问题也随之产生。如此一来，数据新闻生产中如何保护和利用个人数据就成为亟待探讨的问题。

一、数据新闻生产中的个人数据滥用

数据新闻生产中的个人数据滥用可分为两类，一类是"不可见"的个人数据滥用行为，如未经同意的个人数据采集，这类行为由于在数据新闻生产的"后台"而很少被外人所知；另一类是"可见"的个人数据滥用行为，如个人隐私侵犯、个人数据的过度挖掘，这类行为造成的危害是显在的、可知的。

（一）未经同意的个人数据采集

对个人数据的采集必须征得数据主体的同意，同意包括积极同意和消极

---

① BATSELL J. For online publications, data is news [EB/OL]. [2018-12-22]. http://niemanreports.org/articles/for-online-publications-data-is-news/.

② 张新宝. 从隐私到个人信息：利益再衡量的理论与制度安排 [J]. 中国法学, 2015 (3): 38-59.

同意。积极同意是指必须得到数据主体明示的同意。消极同意是指只要数据主体没有明示反对，即视为同意；如果数据主体表示拒绝，则视为不同意。①

数据记者面临采用何种"同意"方式进行个人数据采集的问题，具体判断标准需要依据具体情况而定。在数据新闻实践中，如果一个机构在自己的网站上发布了数据，这些数据自动就成为公共信息。② 数据记者便可以通过各种技术手段获取这些数据（除非数据主体另有约定），这时数据采集行为适用于消极同意，如果涉及个人敏感信息，则需要数据主体的积极同意。

随着人工智能技术在新闻生产中的应用普及，一些数据记者采用网页抓取的方式获得个人数据，往往导致为了获取数据而突破法律底线的情况发生。加拿大记者塞德里克·山姆（Cédric Sam）认为，网络爬虫和其编写者承担着同样的责任。正常的网络信息采集和黑客行为之间重要的界限在于：是否遵守法律。③

对于抓取网页数据，哥伦比亚大学托尔（TOW）数字新闻中心专家维多利亚·巴拉内茨基（Victoria Baranetsky）提出以下建议：（1）记者应该关注所访问网站的服务条款，了解网站是否禁止抓取数据，即便其数据是可访问的。记者应确保完全了解禁止使用的条款。如果记者无法确定这些条款的含义，应联系律师。（2）如果使用条款禁止数据抓取，记者应寻找替代数据来源。（3）如果信息仅存在于某公司的网站上，记者最好联系该公司。（4）无论记者是否与公司联系，都应通过任何可能的方法降低网站或其他人受伤害的风险。例如，记者不要构建任何可能压倒网站服务器的工具；如果记者收集了任何涉及隐私问题的敏感数据，应遵循新闻伦理标准，谨慎地编辑和使用。（5）记者应该是好公民，并确保任何数据收集都是为了公共利益。④

---

① 郭明龙. 论个人信息之商品化 ［J］. 法学论坛，2012（6）：108－114.

② SHIAB N. On the ethics of web scraping and data journalism ［EB/OL］.（2015－08－12）［2018－03－22］. http：//gijn. org/2015/08/12/on-the-ethics-of-web-scraping-and-data-journalism/.

③ 同②.

④ BARANETSKY D V. Data journalism and the law ［EB/OL］.（2018－09－19）［2019－03－22］. https：//www. cjr. org/tow_center_reports/data-journalism-and-the-law. php.

（二）个人隐私侵犯

个人数据利用中的隐私侵犯是数据新闻生产面临的现实问题。在数据开放和数据新闻生产实践中存在隐私权与表达自由、个人数据保护与数据新闻报道的矛盾。① 一些侵犯个人隐私的行为发生在通过《信息自由法》获得个人数据的数据新闻报道中。

2013 年 12 月，美国《新闻报》（*The Journal News*）利用《信息自由法》获得的个人数据发布了一则纽约州威切斯特（Westchester）和罗克兰（Rockland）两个县的合法枪支分布地图，两县所有合法枪支拥有者的名字和家庭住址都被公布。《新闻报》总裁珍妮特·哈森（Janet Hasson）认为，纽约居民有权拥有枪支，也有权获取公共信息，记者的角色之一就是及时公布公开信息，即便这些信息并未受到广泛关注。② 公众则认为个人持枪信息属于隐私。③ 面对媒体与公众的争议，《新闻报》所在的纽约州立法机构通过了一项对枪支拥有者进行匿名处理的法案④，枪支登记者可以以隐私原因为由选择退出枪支的公共记录。⑤ 这说明立法机关认为持枪者的详细个人信息不应被全部公布。

个人隐私侵犯还容易发生在媒体所获得的"泄露"数据处理中。当"维基解密"把美国国防部和国务院 2010—2011 年的数据"泄露"给多家新闻机构时，每家媒体不仅要决定是否发布，还要决定怎样发布：既要防止曝光这

---

① VOORHOOF D. ECTHR decision：right of privacy vs. data journalism in Finland ［EB/OL］. (2015 - 09 - 21) ［2018 - 06 - 22］. https：//ecpmf. eu/news/legal/archive/ecthr-decision-right-of-privacy-vs-data-journalism-in-finland.

② WEINER R. N. Y. newspaper's gun-owner database draws criticism ［EB/OL］. (2012 - 12 - 26) ［2018 - 11 - 12］. http：//www. usatoday. com/story/news/nation/2012/12/26/gun-database-draws-criticism/1791507/.

③ 同②.

④ BEAUJON A. N. Y. 's tough new gun law also prohibits disclosure of gun owners' names ［EB/OL］. (2013 - 01 - 15) ［2018 - 12 - 12］. http：//www. poynter. org/2013/n-y-s-tough-new-gun-law-also-prohibits-disclosure-of-gun-owners-names/200714/.

⑤ MCBRIDE K，ROSENSTIEL T. The new ethics of journalism：principles for the 21st century ［M］. Thousand Oaks：CQ Press，2013：186.

些人的名字会让他们面临危险，又要考虑到公众有权利了解与政府有关的信息。①

（三）个人数据的过度挖掘

数据新闻生产中对个人数据的过度挖掘分两种情况：一种是超范围使用，另一种是过度展示。超范围使用是指数据记者获取个人数据后，将个人数据用于最初声明范围之外的用途，这种行为可能会侵犯权利主体的权益。过度展示是指对于与公共利益关系不大或还没有定论的个人数据进行展示。这种行为的本质是"为了展示而展示"，一些个人数据的展示甚至会产生误导。路透社媒体评论员杰克·沙菲尔（Jack Shafer）认为"很多个人信息并没有为报道增添有用的信息，反而给一些人带来了不必要的麻烦"②。因为"特定的内容可公开获取并不等于这些信息要让每一个人知道"③。

美国《坦帕湾时报》（*Tampa Bay Times*）发布了一个数据库《嫌犯照片》（Mug Shot）。该报将当地被捕的犯罪嫌疑人的个人信息（如姓名、身高、年龄、被捕地点和罪名）和照片予以公布。然而被捕并不意味着犯罪，有些被捕者会被无罪释放。虽然该网站对这一问题做出解释，并声明任何人不能以该网站公布的信息判定一个人有罪，但这种行为容易给无罪释放的人以名誉损害。《泰晤士报》曾经发布过名人犯罪记录，但是没有涉及普通个体。美国明尼苏达大学学者诺拉·保罗（Nora Paul）批评该媒体的行为是"新闻业的玩忽职守"（journalistic malpractice），"新闻报道应当关注重要的事情，而不是这些"④。

---

① HOWARD A. On the ethics of data-driven journalism: of fact, friction and public records in a more transparent age [EB/OL]. (2013 - 11 - 14) [2018 - 11 - 03]. https://medium.com/tow-center/on-the-ethics-of-data-driven-journalism-of-fact-friction-and-public-records-in-a-more-transparent-a063806e0ee3.

② 同①.

③ BOYD D, CRAWFORD K. Critical questions for big data: provocations for a cultural, technological, and scholarly phenomenon [J]. Information, Communication & Society, 2012 (5): 662 - 679.

④ MILIAN M. Tampa Bay mug shot site draws ethical questions [EB/OL]. (2009 - 04 - 10) [2018 - 07 - 21]. http://latimesblogs.latimes.com/technology/2009/04/mugshots.html.

二、知情同意原则

知情同意原则指个人数据采集者在采集前需告知数据主体有关个人信息采集、处理的重要事项（如收集、加工、使用、转移、政策修改、安全责任等），并在告知的基础上获得数据主体的明示（积极）同意或默示（消极）同意。[①] 欧盟《一般数据保护法案》对"同意"的定义是：数据主体依照其意愿自愿做出的任何指定的、具体的、知情的及明确的指示。通过声明或明确肯定的行为做出的这种指示，意味着其同意与他有关的个人数据被处理。[②] 根据具体情境，公众可使用 opt-in（选择加入）或 opt-out（选择不加入）的单项确认方式，也可以采取"广同意"的办法，即同意将个人数据用于某一类，而不是某一个别情况。[③]

"同意"作为个人信息处理的正当性基础，在美国的立法实践中已经逐步受到认可。[④] 我国首部个人信息保护国家标准《信息安全技术公共及商用服务信息系统个人信息保护指南》将"个人同意"纳入个人信息保护工作之中，规范信息服务从业者的行为。赋予用户知情权能够使其更好地判断个人隐私的安全状况并据以决定是否参与。[⑤] 同意原则的适用针对的是个人信息，强调的是识别性，即能够通过这一数据或者信息间接或直接识别出某个特定的人。未能识别出个人的信息不需要告知同意。[⑥] 如欧盟《一般数据保护法案》对匿名的个人数据不做保护。

知情同意原则在以告知和权利人同意为核心构建的个人信息隐私保护制度中被广为采用。但大数据时代，知情同意原则并不能真正保证每个数据主体的知情同意，其原因在于适用同意原则的成本太高，数据主体做出同意选择的有效性值得怀疑。[⑦] 德国《联邦数据保护法》规定，个人数据原则上应

---

① 邱仁宗，黄雯. 大数据技术的伦理问题［J］. 科学与社会，2014（1）：36-48.
② 欧盟. 欧盟 GDPR《一般数据保护法案》全文翻译（一）［EB/OL］.（2017-02-09）［2018-07-15］. http：//mp. weixin. qq. com/s/xuIYEVnaaCIwiFG6URNIFA.
③ 同①.
④ 任龙龙. 论同意不是个人信息处理的正当性基础［J］. 政治与法律，2016（1）：126-134.
⑤ 张茂月. 大数据时代公民个人信息数据面临的风险及应对［J］. 情报理论与实践，2015（6）：57-61.
⑥ 徐丽枝. 个人信息处理中同意原则适用的困境与破解思路［J］. 图书情报知识，2017（1）：106-113.
⑦ 同⑥.

从数据主体处收集，但也有在数据主体不参与的情况下收集数据的情形，包括"从数据主体处收集数据会付出不合理的成本，且这类个人数据收集不会侵害数据主体的重大的合法权益"[①]。所以，除了知情同意原则，保障数据主体的个人信息权还需要对其他原则遵循。

三、合法适度原则

个人信息保护与传统意义上的隐私权保护不同，它不只是为个人设定一项权利，还在于构建一个平衡信息权利主体、信息使用者与社会整体利益的法律框架。[②] 个人数据利用的关键是以对个人数据的保护为前提条件。所以数据记者在个人数据利用时要遵循合法和适度原则，在采集个人数据时需要在法律允许的范围之内进行合法采集。在法律规定之外则必须要取得当事人的同意后方可进行，在没有经过用户本人同意授权的情况下，不得将采集的数据用于最初声明目的之外的用途和范围。[③] 例如，数据记者在抓取网页中的个人数据时，不应该窥探受保护的数据，如果普通用户不能访问，记者也不应尝试获得。[④]

在数据科学中有"阈值"的概念，即解决一个问题所需要的数据量。有关阈值的问题也被称作"预言性数据分析问题"，即当数据量达到多大规模时，该问题的解决可以达到何种满意程度。[⑤] 在数据新闻生产中，对个人数据的采集和使用需要依据揭示的问题而定，需要有明确的目标指向，而不是个人数据搜集的项目越多越广越好。抓取哪些数据需要确定一个合适的范围，否则媒体对公民个人信息进行不当、过度的挖掘，可能会导致数据主体或与数据主体有关的人的隐私被过多"展示"出来，对相关人员构成伤害，并造

① 邵国松. 网络传播法导论 [M]. 北京：中国人民大学出版社，2017：197.

② 郝思洋. 大数据时代个人信息保护的路径探索 [J]. 北京邮电大学学报（社会科学版），2016 (5)：1-20.

③ 黄晓勇. 数据挖掘中的信息伦理冲突问题 [J]. 长沙大学学报，2013 (4)：41-43.

④ SHIAB N. On the ethics of web scraping and data journalism [EB/OL]. (2015-08-12) [2018-03-22]. http://gijn.org/2015/08/12/on-the-ethics-of-web-scraping-and-data-journalism/.

⑤ 李国杰，程学旗. 大数据研究：未来科技及经济社会发展的重大战略领域——大数据的研究现状与科学思考 [J]. 中国科学院院刊，2012 (6)：647-657.

成不良社会影响。①

此外，要对个人信息进行区分，对个人敏感隐私信息进行保护，对个人一般信息进行利用，调和个人信息保护与利用的需求冲突，实现利益平衡。② 个人敏感信息依不同国家和地区的法律而定，例如，欧盟《一般个人数据保护法案》规定，对揭示种族或民族出身，政治观点、宗教或哲学信仰，工会成员的个人数据，以及以唯一识别自然人为目的的基因数据、生物特征数据，健康、自然人的性生活或性取向的数据的处理应当被禁止。③ 个人敏感隐私信息在提供给媒体时需要数据持有者对个人信息进行隐私提示、匿名处理或直接删除，面向媒体开放的数据应当对数据本身进行分级，以便于媒体把握利用的尺度。

四、公共利益优先与最小伤害原则

作为新闻业的一部分，数据新闻同样要承担社会责任、服务公共利益。在这种情况下，个人数据权的范围将缩小，但也不意味着数据新闻报道可以以"公共利益"之名任意侵犯公众的个人数据权益。

在法律上公共利益是一个重要又比较模糊的法律概念。公共利益不等于简单的"大家"的利益，也区别于多数人共享的、共有的或共同承担的共同利益，公共利益也不同于公众利益，因为公众利益既有纯私人性质的，也有公共性质的。公共利益是一个不确定的法律概念，以价值选择为基础，呈现历史性特征。④ 通常来说公共利益是"由不特定多数人享有的、具有整体性、层次性和发展性的重大利益"⑤。

当个人隐私和公共利益发生冲突的时候，往往要优先保护公共利益，所

---

① 张霆. 大数据时代信息挖掘、利用中的公民隐私保护［J］. 河北师范大学学报（哲学社会科学版），2016（5）：127-132.
② 张新宝. 从隐私到个人信息：利益再衡量的理论与制度安排［J］. 中国法学，2015（3）：38-59.
③ 欧盟. 欧盟 GDPR《一般数据保护法案》全文翻译（一）［EB/OL］.（2017-02-09）［2018-07-15］. http://mp.weixin.qq.com/s/xuIYEVnaaCIwiFG6URNIFA.
④ 胡鸿高. 论公共利益的法律界定——从要素解释的路径［J］. 中国法学，2008（4）：56-67.
⑤ 肖顺武. 我国学术界关于公共利益的主要观点及评介［J］. 云南大学学报（法学版），2009（6）：30-36.

以隐私权是具有可克减性的。① 一般来说，在欧美国家一些个人敏感信息一旦涉及公共利益，这些信息就不属于隐私了。②

与公共利益优先原则伴随的是最小伤害原则。"公共利益"是一种否定性的主张，是抑制某些个人权利的正当性理由。③ 如果媒体经过权衡、出于公共利益的需要打算发布个人数据，这时就只能牺牲一部分人的个人数据权利，但应将这种伤害降到最低。

美国波因特学院学者艾尔·汤普金斯（Al Tompkins）认为："记者可以报道他人犯罪、醉驾和被捕的记录，也可以发布别人的职业证书、调查记录以及各式各样的私人信息，但是在我们发布私人信息的时候，应该在公众知晓这一事件的必要性与潜在危害之间做出权衡。"④

在发布个人数据前，记者必须权衡开放数据的益处与个人伤害的风险⑤，以及个人数据与公共利益的关联和必要性。待发布的个人数据必须与公共利益密切相关，如果不发布，会损害公众的知情权，进而损害公共利益；如果待发布的个人数据与公共利益虽有关联，但是发布后无助于公共利益的实现，或者可能造成更大的潜在风险、损害更大的公共利益，则不可以发布。《美国职业新闻记者协会职业伦理规范》中关于最小伤害原则有明确规定：新闻记者应该对那些可能因为新闻报道而受到负面影响的人们表示同情。

在一则欧盟农场补贴的数据新闻中，美国数据记者尼尔·穆尔瓦德认为包含有个人信息的数据存在潜在的错误，他在进行常规的数据清洗和核对后决定发布数据。"如果日后有人报错，想要删除数据，需要其有足够的证据证明应当隐藏他们的地址或类似的东西。"⑥ 这里记者依据的便是最小伤害原

---

① 邵国松. 网络传播法导论 [M]. 北京：中国人民大学出版社，2017：173.

② 潘克峰. 大数据与隐私的关系 [C]. 大数据时代隐私保护的挑战与思考. 北京：中国科学技术出版社，2015：57.

③ 刘连泰. "公共利益"的解释困境及其突围 [J]. 文史哲，2006（2）：160-166.

④ HOWARD A. On the ethics of data-driven journalism：of fact，friction and public records in a more transparent age [EB/OL]. (2013-11-14) [2018-11-03]. https：//medium. com/tow-center/on-the-ethics-of-data-driven-journalism-of-fact-friction-and-public-records-in-a-more-transparent-a063806e0ee3.

⑤ LEWIS S C，WESTLUND O. Big data and journalism [J]. Digital Journalism，2015（3）：447-466.

⑥ BRADSHAW P. Ethics in data journalism：accuracy [EB/OL]. (2013-09-13) [2018-11-12]. https：//onlinejournalismblog. com/2013/09/13/ethics-in-data-journalism-accuracy/.

则。2010 年《卫报》在数据新闻《阿富汗战争日志》中只公布已死亡人员的相关信息，因为记者不能确定数据库表格中是否有涉及线人的重要信息。①

在对个人数据进行再利用时，记者可利用技术手段对个人隐私进行"脱敏"，采用"匿名化"（anonymization）的策略，通过代号化或加密处理，去除个人信息的可识别性因素，切断信息与特定个人之间的辨识要素，实现信息的"去个人化"。② 例如，将个人的身份信息（姓名、地址、信用卡号码、出生日期以及社保号码等）从数据库中抹去，剩余的数据才是可以被使用和分享的数据。③

需要指出的是，传统上通过匿名化的方式可以避免数据主体被识别的情况，但在大数据时代，单项信息的匿名化并不足以起到避免识别的作用，通过多个匿名单项个人信息的组合依然可能识别出数据主体，因此需要数据记者在匿名处理时综合评价匿名个人数据的潜在风险，采取对应措施，保护数据主体的合法权益。

大数据时代，当个人数据成为一种遍在的资源时，作为社会现实的"瞭望者"和"报道者"，数据记者不可避免地会将个人数据转化为商业价值和社会价值。对于数据新闻业者而言，如何合法、合理、有效地利用个人数据，达到个人数据保护与利用的双赢，就成为这一时代的新问题。这一问题不仅是法律问题，更是伦理问题。如今数据新闻已走过第一个十年，作为正在形成的专业实践，数据新闻学界和业界有必要在个人数据利用问题上充分讨论、达成共识。如果缺少法律和专业伦理规范的制约，那么数据新闻的实践越深入，给社会带来的潜在风险就越大。

---

① GRAY J，CHAMBERS L，BOUNEGRU L. The data journalism handbook [M]. Sebastopol：O'Reilly Media. 2012：81.
② 张新宝. 从隐私到个人信息：利益再衡量的理论与制度安排 [J]. 中国法学，2015（3）：38-59.
③ 张茂月. 大数据时代公民个人信息数据面临的风险及应对 [J]. 情报理论与实践，2015（6）：57-61.

第八章 大数据新闻

随着大数据时代的到来，数据新闻的生产对象从结构化的小数据拓展到以半结构化和非结构化数据为主的大数据。大数据新闻是基于新闻价值和公共利益，采用数据科学方法从大数据中发现事实，通过数据可视化方法呈现数据的新闻形态。路透新闻研究所发布的《媒体大数据》（Big Data for Media）报告认为，小数据是用 GB 或者更小的单位衡量，大数据是用 TB 及以上的单位衡量的。[①] 对新闻业而言，TB 级的数据便可称之为大数据。随着人工智能技术的发展和大数据资源的日渐充沛，大数据新闻生产将成为数据新闻未来的发展方向之一。

大数据新闻与小数据新闻的区别在于：（1）在数据对象方面，小数据新闻多以结构化的小数据为主；大数据新闻的数据处理对象是以半结构化和非结构化数据为主的大数据集。（2）在产品形态方面，小数据新闻多以文本形式呈现，App、数据库等形式较少；大数据新闻的形态以 App 或数据库平台为主。（3）在新闻功能方面，小数据新闻多以呈现信息为主；大数据新闻则功能多样，除了呈现信息，还可以实现决策、预测等功能。

第一节　大数据新闻生产的现状

大数据新闻的生产门槛较高，目前还处于起步阶段。2014 年央视利用第三方大数据推出数据新闻系列报道《"据"说春运》《"据"说春节》《两会大数据》，成为最早以"大数据"为名实践数据新闻的媒体。2015 年央视推出

---

① STONE M L. Big data for media［EB/OL］.（2014－11）［2017－11－12］. https：//reutersin-stitute. politics. ox. ac. uk/sites/default/files/2017－04/Big%20Data%20For%20Media_0. pdf.

的大数据系列报道《数说命运共同体》将大数据新闻制作提升到一个新的水平，该系列报道制作了 200 多幅精确的三维地图，挖掘的数据总量超过 1 亿 GB。

处于实验阶段的大数据新闻最大的特点在于开放式生产。央视利用国家级电视台的资源优势，无论在大数据挖掘、分析还是在数据可视化呈现方面都与专业机构、公司进行合作。目前央视的大数据新闻的数据合作方包括百度、亿赞普、腾讯、新浪、当当网、智联招聘、360、中国银联等。

与央视的大数据新闻多为民生新闻、主题类报道不同，国外一些知名媒体的大数据新闻以调查性报道为主，这些媒体具备或部分具备挖掘、分析大数据的能力。

2014 年，《华尔街日报》的调查性报道《医保解密》（Medicare Unmasked）采集了 920 万条政府公开数据，并从美国医疗保险和医疗补助服务中心付费购买几十亿条数据。记者运用线性回归、逻辑回归、主成分分析、K 均值算法和多种期望最大化算法揭露了 6 000 亿美元医保账单的运作内幕，最终迫使美国政府于当年 4 月首次公开了自 1979 年以来一直保密的重要医保数据。《华尔街日报》在新数据公开后继续跟进调查，发现美国人每年至少要为 600 亿美金的伪造医保款项买单。①

2015 年，国际调查记者同盟与 45 个国家和地区 140 多名记者合作发布了《瑞士解密》系列调查性报道。该报道数据来自瑞士汇丰银行前雇员法尔恰尼（Falciani）窃取的近 6 万份机密文件，包含了 203 个国家和地区 10 万多名客户的账户资料，金额超过 1 000 亿美元。国际调查记者同盟制作了互动资料库，分为"国家和地区""人物"和"故事"三个选项，受众可搜索各国客户在瑞士汇丰的存款总况、60 多个名人客户的介绍、存款披露和回应，以及国际调查记者同盟与合作媒体发表的 100 多篇报道。②

英国《金融时报》2015 年推出的《汉能尾盘 10 分钟的飙升》（Hangery:

---

① 全球深度报道网. 年度最佳数据调查故事：藏在数字中的秘密 [EB/OL]. （2015 - 06 - 02）[2018 - 03 - 23]. http：//cn.gijn.org/2015/06/02/数据驱动的调查报道：藏在数字中的秘密/.

② 全球深度报道网. 每周数据新闻精选（2.14 - 2.20）[EB/OL]. （2015 - 06 - 02）[2018 - 03 - 23]. http：//cn.gijn.org/2015/02/20/每周数据新闻精选 2 - 14 - 20/.

The 10-minute Trade）分析了 2013 年 1 月 2 日至 2015 年 2 月 9 日香港股市的 1.4 亿个数据节点（其中汉能占 80 万个数据节点），发现汉能薄膜发电的股票总在尾盘时分出现飙升，时间大约在收盘前 10 分钟（见图 8-1）。

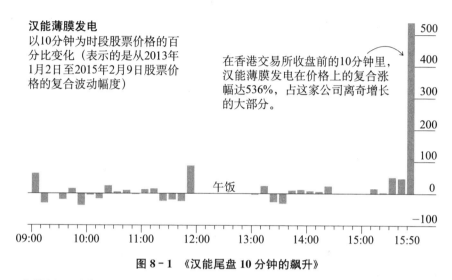

汉能薄膜发电
以10分钟为时段股票价格的百分比变化（表示的是从2013年1月2日至2015年2月9日股票价格的复合波动幅度）

在香港交易所收盘前的10分钟里，汉能薄膜发电在价格上的复合涨幅达536%，占这家公司离奇增长的大部分。

图 8-1 《汉能尾盘 10 分钟的飙升》

资料来源：约翰逊，杰克逊. FT 调查：汉能尾盘 10 分钟的飙升 ［EB/OL］. (2015-03-25) ［2017-09-15］. http://www.ftchinese.com/story/001061229♯adchannelID=2000.

2016 年，国际调查记者同盟联合全球 100 家新闻媒体制作了名为《巴拿马文件》的大数据新闻报道，该报道分析挖掘了 2.6TB 的数据、1 150 万份资料，披露了 200 多个国家和地区的离岸账户细节。

未来大数据新闻生产会走向更加高级的人工智能阶段。有学者预计大数据新闻的规模化生产预计在 2020 年以后会逐步到来。①

第二节　大数据新闻的社会价值

当前各行各业都在拥抱大数据，大数据在医疗、商业等领域的价值和优势已经逐步显现。作为内容生产行业，新闻业提供真实、可信、高品质的新闻内容是行业存在的基础。当大数据成为一种遍在的资源时，新闻业有责任

---

① 喻国明. 从精确新闻到大数据新闻——关于大数据新闻的前世今生 ［J］. 青年记者，2014 (36)：43-44.

利用大数据为受众提供可靠的内容产品。对新闻业而言，大数据新闻的兴起并不是一个简单的技术应用逻辑，而在于大数据新闻所具备的社会价值。

一、从折射到镜像：媒体环境监测能力的升级

信任，而非信息，是当今世界的稀缺资源。[①] 在信息超载时代，媒体的竞争从"注意力市场"转向"公信力市场"的竞争。大数据新闻无疑顺应了这种新的竞争方式，因为通过对大数据的挖掘、分析，新闻业对社会现实的洞察更全面、客观、深入。随着大数据越来越"厚"，数据对现实的反映能力越来越高，人类将进入"镜像世界"。1991年耶鲁大学教授戴维·杰勒恩特（David Gelernter）认为互联网的终极世界是镜像世界，镜像世界和现实世界本身存在着真实的关联和表达。[②] 大数据时代，新闻报道与客观现实的关系由折射现实向反映现实转变，人类将步入镜像化生存的时代。[③] 大数据时代数据来源的多样性和聚合性让大规模数据集"镜像"现实的能力增强，为人类镜像化生存提供了可能。通过大数据分析技术的深入分析，媒体对现实问题的揭示更为可信和深入，新闻业监测现实的能力得以提升。大数据让新闻业真正成为社会的"瞭望者"。

以央视《晚间新闻》与百度合作的大数据新闻《"据"说春运》为例，该报道用"百度迁徙"后台每天数十亿次的LBS（基于地理位置的服务）定位数据进行计算分析，勾勒出春节前后中国人口大迁徙的轨迹与特征。由于数据来源的局限（数据来源于百度地图和第三方应用），"百度迁徙"还不能全面反映中国人口的实时迁徙情况，但是随着大数据时代不同大数据平台间的互联互通（例如全国铁路平台、全国航班平台），数据"孤岛"逐渐被打通，未来的大数据新闻将用一段时间内接近全样本的数据"镜像"展示中国人的迁徙情况。

————————————

　① LORENZ M，KAYSER-BRIL N，MCGHEE G. Voices：news organizations must become hubs of trusted data in a market seeking（and valuing）trust［EB/OL］.（2011 - 03 - 01）［2018 - 03 - 12］. http：//www. niemanlab. org/2011/03/voices-news-organizations-must-become-hubs-of-trusted-data-in-an-market-seeking-and-valuing-trust/.

　② 鲍宗豪，宋贵伦. 重视大数据时代的社会治理创新［J］. 红旗文稿，2014（11）：31 - 32.

　③ 贾利军，许鑫. 谈"大数据"的本质及其营销意蕴［J］. 南京社会科学，2013（7）：15 - 21.

二、从信息到智慧：媒体参与社会治理能力的升级

目前世界许多国家和地区都将大数据战略作为经济发展、公共服务和社会治理的重要手段。美国在 2012 年 3 月启动了"大数据研究和发展计划"，将大数据上升到国家战略层面，投资 2 亿多美元推进大数据的收集、访问、组织和开发利用，这是美国继 1993 年的"信息高速公路"计划后的又一次重大科技发展部署。澳大利亚、欧盟、日本、韩国也推出了自己的大数据发展战略。

2015 年 10 月，国务院印发《促进大数据发展行动纲要》，提出 2018 年年底前建成国家政府数据统一开放平台，到 2020 年年底前逐步实现信用、交通、医疗、卫生、就业、社保、地理、文化、教育、科技、资源、农业、环境、安监、金融、质量、统计、气象、海洋、企业登记监管等民生保障服务相关领域的政府数据集向社会开放。

大数据对社会治理的意义不言而喻。传统的社会治理存在着决策碎片化、模糊化的问题，利用大数据则可以提高社会治理的精准性和时效性，基于实证的洞察与事实为社会治理科学决策提供有力的支撑，提升社会治理水平。[①]

国家层面大数据战略的启动与实施，对媒体发展而言是一次难得的机遇。在媒体参与社会治理方面，大数据将使媒体参与社会治理的层次更深、范围更广、治理更有效。传媒公共性是传媒作为社会公器服务于公共利益的形成与表达的逻辑实践。[②] 这就要求媒体从公共利益出发，深入参与社会治理，表达公众关切，影响公共决策，成为参与社会治理的积极主体。媒体作为信息生产、加工、传播和管理的社会组织，也是社会治理主体的重要组成部分。[③] 以政府数据为主的开放数据平台的搭建为媒体开发以数据新闻为主的新闻产品和深度信息加工服务提供了契机。[④] 大数据新闻不仅生产知识，还

---

① 郑志来 . 基于大数据视角的社会治理模式创新 [J]. 电子政务，2016（9）：55 - 60.

② 潘忠党 . 反思与展望：中国传媒改革开放三十周年笔谈 [J]. 传播与社会学刊，2008（6）：17 - 48.

③ 王胜源 . 社会治理中媒体参与的界域与进路 [J]. 编辑之友，2016（7）：83 - 86.

④ 毕秋灵 . 数据新闻中的开放数据应用 [J]. 湖北社会科学，2016（7）：190 - 194.

让新闻生产到达智慧层面，数据分析的结果成为公众和其他利益相关者有力的决策参考，在社会治理中能发挥更大的参考和促进作用。

作为监测环境的媒体，网络舆情分析是大数据新闻参与社会治理的重要方式。以新华网的舆情监测系统为例，该系统运用大数据处理技术可以自动对特点事件进行实时分析，还可实现对热点事件走势的舆情推演。① 2011 年《卫报》对 8 月发生的英国骚乱的报道是新闻媒体利用大数据新闻参与社会治理的典型案例。当时《卫报》的相关报道推翻了政府部门先前错误的调查结果，用定性和定量的方法对骚乱原因、传播机制和不同行为主体的作用进行了科学分析。未来基于大数据的舆情预警、趋势预测、深度研判等服务将成为网络舆情分析的重点，媒体在这些领域大有可为。

随着各国开放数据的展开、打击贪腐的国际组织合作愈加深入、新闻界对数据再生产能力的提升和跨国新闻合作的成熟，跨境调查成为当今调查新闻的热点。② 这些构成了媒体参与全球治理的一部分。可以预见，在社会治理领域，媒体将依托大数据和媒体间协作发挥更大的作用。

三、从内容到服务：媒体盈利模式的升级

《中国大数据发展报告（2017）》认为当前大数据价值变现主要有八种商业模式，分别是数据开放平台、大数据软件工具开发、大数据咨询、共享经济、大数据征信评价、行业大数据运营、大数据营销和大数据交易。③ 对于新闻业而言，数据开放平台、大数据咨询等商业模式具有广阔的前景和"钱景"。

大数据时代的媒体已经不再是单纯的内容生产平台，而是一个数据集成加工平台——数据中心（data hubs）。④ 所以媒体不应仅仅依靠开放政府数据

---

① 何慧媛，万小广. 媒体舆情业务如何创新突围 [J]. 中国记者，2014（7）：70-71.

② 展江. 国际新闻界的跨境调查与全球治理 [EB/OL].（2015-10-19）[2018-03-23]. http：//cn. gijn. org/2015/10/19/国际新闻界的跨境调查与全球治理/.

③ 国家信息中心. 中国大数据发展报告（2017）[EB/OL].（2017-03）[2018-03-12]. http：//www. sic. gov. cn/archiver/SIC/UpFile/Files/Default/20170301105857384102. pdf.

④ AITAMURTO T，SIRKKUNEN E，LEHTONEN P. Trends in data journalism [EB/OL].（2011-08-09）[2018-09-10]. http：//virtual. vtt. fi/virtual/nextmedia/Deliverables-2011/D3. 2. 1. 2. B_Hyperlocal_Trends_In%20Data_Journalism. pdf.

和"泄露"的数据（如"维基解密"）让数据新闻变成小众形式①，也要发展自己的内部数据库，为社会提供舆情监测、市场分析、前景预测等各种信息服务。

现在很多媒体的数据新闻沿用的是以售卖广告为主的二次售卖盈利模式，例如，财新"数字说"的盈利渠道主要是广告和订阅。目前看，单纯靠数据新闻作品换取广告成为盈利模式并不现实，优质的数据新闻作品所能实现的仅为扩大影响力和为客户端导入流量。②虽然央视大数据新闻的盈利模式依然是传统的二次售卖模式，但这是试验阶段的大数据新闻。未来大数据新闻的盈利模式是一种基于产品的增值链盈利模式。

在产品"保质期"上，无论是作为应用程序还是作为数据平台出现，大数据新闻在内容上都具有自我更新、升级的能力，在"保质期"上无限延长，从而可以获得短期和长期双重收益。对于一些重要的数据库，一旦建成之后日后只需要定期维护即可，成本将大大降低。

在产品功能上，大数据新闻的强项在于预测，深度挖掘大数据的商业和社会价值。美国政府在"大数据研究和发展计划"中指出，要通过大数据提升对社会经济发展的预测能力。③如今传媒业已经进入智媒时代，大数据新闻可能会进化到更智能的阶段，如对特定的问题分析进行实时预测而非静态预测，这些个性化的服务将依据用户需求的不同而定价不一。

从盈利模式看，大数据新闻服务的对象包含个人用户和企业用户，分为免费和付费两种模式。在免费层面，大数据新闻为个人和企业提供一般的数据信息和基本的查询、预测功能。在付费层面，则是基于个人和企业的个性化、定制化需求提供精细服务，如专业的咨询决策服务。由于大数据新闻涉及公共利益，可以引入大量流量，因此除了信息服务收费，二次售卖的广告模式也可以继续采用，形成一个立体、多层的盈利体系（见图 8-2）。

---

①　BAACK S. A new style of news reporting：Wikileaks and datad-riven journalism ［EB/OL］. (2011) ［2018-03-25］. https://core.ac.uk/download/pdf/143807078.pdf.

②　黄晴缨．"数据新闻第一人"黄志敏离职财新，下一步将在大数据领域创业 ［EB/OL］. (2016-09-06) ［2018-03-25］. http://www.lanjinger.com/news/detail? id=21283.

③　汤景泰．大数据时代的传媒转型：观念与策略 ［J］. 新闻与写作，2013 (9)：23-26.

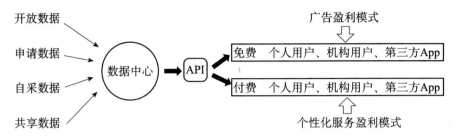

图 8 - 2 数据中心盈利模式图

资料来源：KAYSER-BRIL N. Presentation on data journalism [EB/OL]. (2011 - 04 - 13) [2018 - 03 - 25]. http：//prezi. com/e7tfgnu2zpua/republica-xi-110413/. 笔者对 Kayser-Bril 的数据中心图进行了修改完善。

现在一些媒体已经开始在盈利模式上有新的探索。例如，汤森路透的核心业务是收集特定领域的数据，建立专业的分析模型（如信用风险、营销响应），然后把模型输出的结果（如客户的信用风险评分值）出售给有需要的企业客户，可以只出售模型结果值，也可以连同原始数据一起打包出售。[①] 2014 年，ProPublica 推出"数据商店"，在"数据商店"中出售的数据集最低售价 200 美元，最高售价 1 万美元以上。[②] 自推出以来总收入超过 20 万美元，免费数据集已经被下载 4 500 多次。"数据商店"在 2016 年新上线的"数据商店 2.0"中，ProPublica 还提供了 API 让受众可以直接把数据抓到自己的网页和移动设备上。[③] 美国资深财经记者安德鲁·莱基（Andrew Leckey）说：如果你关注美联社、路透社、彭博社的话，会发现数据类的产品是业务的核心，利润非常大。未来随着大数据在新闻业的应用领域日趋成熟和广泛，大数据新闻的盈利模式也将变得更为清晰和多元。

第三节 大数据新闻对媒体生产的要求

世界新闻媒体网络 2015 年和 2016 年对五大洲 40 个国家和地区 144 家媒

---

① 贝森斯. 大数据分析：数据科学应用场景与实践精髓 [M]. 柯晓燕，张纪元，译. 北京：人民邮电出版社，2016：14.

② 网易新闻学院. 数据界"马云爸爸"：ProPublica 建立数据销售平台 [EB/OL]. (2016 - 10 - 09) [2018 - 06 - 23]. http：//news. 163. com/college/16/1009/15/C2URC4L8000181KO. html♯.

③ LECOMPTE C. Introducing the ProPublica data store 2. 0 [EB/OL]. (2016 - 10 - 07) [2018 - 06 - 24]. https：//www. propublica. org/article/introducing-the-new-propublica-data-store.

体的调查结果显示，数据新闻和大数据新闻战略正被越来越多的媒体所采纳，数据新闻已成为媒体应对数字传播趋势的重要手段。在被问及大数据在媒体哪个环节发挥最大作用时，数据新闻仅次于用户分析，列所有选项的第二位。[①]

财新网前助理总编辑黄晨评价当前国内的大数据新闻认为，目前的大数据新闻，概念大于实操。[②] 当前大部分新闻媒体还没有大数据新闻的独立生产能力，大数据新闻中的大数据多由互联网公司或政府部门提供。对于新闻业而言，大数据新闻生产从实验走向常态还面临诸多挑战。根据《中国大数据发展报告（2017）》，当前制约我国大数据产业发展的因素主要有数据管理环节漏洞较多、技术发展相对滞后、数据资源开放度低、法律法规不完善、IT 基础设施不完善、高端综合人才缺乏等。[③]

大数据时代已然来临，新闻业拥抱大数据是必然趋势，新闻业对大数据和大数据技术的应用不单单为了生产大数据新闻，而是将大数据技术的理念和应用渗透到新闻生产的各个环节。

当然笔者也并不认为所有的媒体都应具备大数据新闻的生产能力。大数据新闻因其生产的复杂性和高难度决定了这种新闻形式只能存在于少数有影响力的媒体中，是新闻生产中的稀缺产品。而对有志于大数据新闻生产的媒体来说则需要进行顶层设计，全方位地拥抱大数据，实现效益最大化。

一、将大数据纳入媒体转型升级战略

对于从事大数据新闻生产的媒体而言，从顶层设计的角度制定未来媒体发展的大数据战略非常重要。如前所述，大数据在新闻业的应用是全方位的，它渗透到采编的各个环节，无论是前端新闻内容生产，还是后端的内容推送、用户分析与广告投放，到处都有着大数据的身影。

现在一些媒体机构已经开始布局媒体转型战略，将大数据战略纳入其中，

---

① 辜晓进. 数据新闻已成媒体是否先进的试金石？去纽约听听业界前沿声音 [EB/OL]. (2016 - 05 - 17) [2018 - 06 - 23]. http：//www. thepaper. cn/newsDetail_forward_1468494.

② 观点来自 2017 年 2 月 17 日《今日头条》媒体实验室线上沙龙。

③ 国家信息中心. 中国大数据发展报告 (2017) [EB/OL]. (2017 - 03) [2018 - 03 - 12]. http：//www. sic. gov. cn/archiver/SIC/UpFile/Files/Default/20170301105857384102. pdf.

利用大数据创造新的媒体运营模式是顶层设计可以考虑的方案之一。在大数据时代的初期，很多行业对大数据应用的探索刚刚开始，作为媒体而言，盲目对大数据进行投入存在风险。在这一阶段，媒体应当有布局大数据相关环节的阶段性计划，例如，引入程序员、数据分析人员从事用户分析或数据新闻生产，作为大数据战略的预备阶段，随后依据新闻业和大数据的发展趋势，进行更高层次的布局与应用。

这里需要指出的是，大数据战略并不等于单纯积累大量数据，而是利用合理的技术，有策略地收集、有目的地加工并与商业战略有机结合，如此数据资产才能创造出更多的经济利益。[①]

二、积极积累大数据资源

大数据不仅是新闻业的新资源，也是新闻媒体的重要资产。财新网前助理总编辑黄晨提到，目前来看互联网企业基本不可能向媒体提供原始的大数据，但会向媒体提供有关大数据的分析结论。[②] 作为媒体而言，对大数据的挖掘与分析能力关系到媒体内容生产的独立性问题。媒体对社会生活的报道涉及方方面面，积累所有领域的大数据也不现实，对于大数据的积累，媒体应当"有所为，有所不为"，与数据持有方探寻可行的合作方式，自建数据库和利用他人数据库相结合。《金融时报》在《2017 数据新闻展望》（Extracting The Full Potential From Data Journalism in 2017）报告中指出，数据记者可以通过三种方式获得数据：（1）创建自己的数据集（creating a dataset）。（2）整合数据集（combing datasets），就某一问题从不同来源搜集多种数据，将不同数据集结合使用。（3）积累非标准格式的数据（non-standard data formats），即不常遇到的数据类型和数据量。[③] 在 2017 年"两会"期间，《人民日报》中央厨房数据服务的数据提供方就包括贵阳大数据交易所、清博大

---

① 徐超. 数据变现与咨询［EB/OL］.（2017 - 03 - 06）［2018 - 05 - 23］. http：//mp. weixin. qq. com/s/xGLtTdyxJeINj8ArimWnfA.

② 观点来自 2017 年 2 月 17 日今日头条媒体实验室线上沙龙.

③ FT. Extracting the full potential from data journalism in 2017［EB/OL］.（2017）［2018 - 10 - 23］. http：//johnburnmurdoch. github. io/slides/data-journalism-manifesto/＃/.

数据、拓尔思、凡闻科技、搜狗大数据中心、新浪和腾讯等。①

对以服务公共利益为目标的新闻媒体而言，对公共大数据的采集、积累是布局大数据战略的重要环节，重点积累的数据资源可分为政府公开数据、本媒体平台数据、社交媒体数据、物联网数据和与公共利益相关的其他数据。媒体可依据自身的战略定位，有针对性地积累某一类或某一领域的大数据。

大数据已成为许多国家的国家战略，今后大量公共大数据集和接口将陆续发布，媒体获得这些重要数据成为可能。现在一些媒体已经开始从小数据方面进行布局。例如，美国《得克萨斯论坛报》在利用政府开放数据制作数据新闻的同时，也重新整理了许多数据集。ProPublica 的"数据商店"提供了三种数据：高级数据集（premium datasets）、通过《信息自由法》获取的数据（FOIA data）、外部数据（external data）。② 数据集包括制药公司付给医生的报酬、丙型肝炎药物支出的医疗保险处方数据、工厂职工部分残疾补助等。非营利组织、律师事务所以及大公司经常愿意支付高额价钱购买这种数据集，因为这类数据很难获得，汇编这些数据的工作非常烦琐。③

在媒介融合背景下，媒体都拥有自己的新媒体平台，对自身数据的搜集、整理、分析变得愈加便利，随着媒介内容的全面数字化，也需要媒体对自身的内容进行有效管理和再利用，因此积累本媒体平台的数据至关重要。

社交媒体往往可通过开放获取或者共享获取的方式获得不同权限的数据，新闻媒体对于社交媒体数据获取的意义在于，社交媒体数据中蕴含着"社会关系"，可以用于深度了解用户的传播行为（如情感、人际关系、态度等）。

物联网可以实现物与物、物与人以及所有的物品与网络的连接，方便识别、管理和控制。例如，百度的"百度迁徙"利用的就是物联网数据。物联网数据包含更丰富的个体信息（如地理位置、移动路径、情绪、健康状况等），在未来大数据应用中将发挥重要的作用。

① 人民日报媒体技术. 人民日报中央厨房首推"数据服务"，成效如何？［EB/OL］.（2017 - 03 - 27）［2018 - 05 - 23］. http：//mp. weixin. qq. com/s/noivXXRqG93GceMKNRbffA.
② 徐超超，徐志伟. 场域视角下数据新闻研究——以 ProPublica 的新闻实践为例［J］. 新闻研究导刊，2015（9）：209，220.
③ 网易新闻学院. 数据界"马云爸爸"：ProPublica 建立数据销售平台［EB/OL］.（2016 - 10 - 09）［2018 - 06 - 23］. http：//news. 163. com/college/16/1009/15/C2URC4L8000181KO. html#.

与公共利益相关的其他数据是指各类与公共利益相关的公开数据，如调查机构和科研机构的调查报告、新闻报道等。

三、提升大数据加工能力

《卫报》数据项目编辑海伦娜·本特森（Helena Bengtsson）指出了目前数据处理分析的局限："目前我们尚未有能力处理大批量文本内容。2016 年一份有关国际投资的跨境调查以其涉及数据之庞大震动世界。我希望十年后拿到这样一份数据，那时技术的发展应该能让我们做出更多有价值的新闻故事。"[①]

深度访谈（郭俊义，央视"'据'说"大数据系列报道项目负责人；电话访谈）

我们做了三年大数据新闻，也没有专业的大数据新闻团队和专门的播出平台，只是阶段性地做一些特别节目，更不用说聘请专门的数据分析师，都还远着呢……

大数据加工能力的严重不足是制约大数据新闻生产的另一短板。目前大数据加工能力的掣肘在于技术和人才的双重匮乏，很多媒体没有专门的数据管理与分析部门，甚至连小数据都处理不了。提升大数据加工能力不是建立大数据平台那么简单，需要在技术和人才方面同时发力。[②]

对于媒体而言，提升大数据加工能力可以分为三个阶段：外包阶段、平等合作阶段和自主掌控阶段。

外包阶段是指将大数据新闻生产的大数据加工部分由专业公司生产，如央视的大数据新闻就属于这一类。这种情况可以应用于大数据新闻生产初期，此时媒体并无大数据加工能力，引进人才也不现实，需要"借船出海"。

平等合作阶段是指媒体本身积累了一定的大数据人才，具有一定水准的

---

① KAPLAN A. Data journalism：what's next［EB/OL］.（2016 - 09 - 24）［2018 - 03 - 23］. http：//2016. uncoveringasia. org/2016/09/24/data-journalism-whats-next/.

② 张意轩，于洋. 大数据时代的大媒体［EB/OL］.（2013 - 01 - 17）［2018 - 03 - 23］. http：//cpc. people. com. cn/n/2013/0117/c83083 - 20231637. html.

大数据加工处理能力，但在更高层的大数据新闻生产上能力不足，这时依然需要引入"外援"进行数据或技术上的支持。但这一阶段的合作与外包明显不同，双方在专业能力上的"资本"是均等的，或差别不大。在第一阶段，媒体是不能掌控大数据生产流程的，无法监控外包环节的数据处理流程，只能向接包方提出具体要求。

自主掌控阶段是指媒体完全有能力生产具有一定程度用户体验的大数据新闻作品，对整个大数据新闻生产流程可以进行独立、自主地判断和评价。这时的媒体从某种程度上说也相当于一个大数据技术公司。

之所以强调媒体自身需提升大数据加工能力，其原因在于保持媒体对大数据新闻生产的独立性至关重要。如果大数据新闻的内容生产受制于人，新闻报道真实、客观、公正的品质会存在风险。① 央视"'据'说"大数据系列报道项目负责人郭俊义表示，他们在进行大数据新闻生产时不仅会考虑技术公司的信誉，选择与选题没有利益冲突的技术公司，而且对大数据分析得出的结论，他们会通过传统的定性采访、运用其他数据等方式佐证其准确性。

随着大数据时代媒体转型的深入，大数据、大数据技术或许会成为一些主流媒体的"标配"，在人工智能技术的驱动下，媒体将越来越拥有大数据的采集、加工、处理、分析能力，大数据新闻产品将更广泛、更深入地服务社会，媒体或许不再身处技术研发的下游，而成为技术研发的推动者、参与者。

---

① 张超，钟新．新闻业的数据新闻转向：语境、类型与理念［J］．编辑之友，2016（1）：76-83.

结　语

　　2006 年阿德里安·哈罗瓦所倡导的数据新闻是将结构化数据重新利用，改变以故事为中心的新闻生产观；2008 年西蒙·罗杰斯提出的数据新闻是将抽象的开放数据转化为直观的数据可视化……时代在变，数据新闻的内涵也在变。十多年后的今天，数据新闻生产呈现多元的样貌：开放数据让数据库形态的数据新闻成为一些主流媒体，尤其是地方媒体的流量利器；交互可视化拓展了数据新闻的复杂叙事能力；机器学习算法让数据记者更容易发现隐藏在海量数据中的真相……

　　在数据新闻诞生的第一个 10 年，数据新闻业者正在建构自身的专业话语，数据新闻业者"刻意"强调"数据"，扩张了新闻业管辖权，以此与传统新闻划界。数据新闻成为新闻业再专业化和合法化的"工具"。当然我们也要意识到，数据新闻之所以被称为崭新的新闻范式，不在于"数据"，而在于数据科学方法论。

　　数据新闻的诞生与发展与大数据没有直接关系，而是开放数据运动、开源运动、新闻业信任危机与专业危机等多重语境交叠的结果。虽然全球数据新闻实践良莠不齐、动因各异，但在这股潮流中，新闻媒体越来越意识到新闻生产需要升级和跨界，尤其是将数据、数据科学方法、可视化技术、数据分析师、数据可视化设计师纳入新闻生产之中，新闻文化通过接纳技术文化得以"再造"，新闻的专业性借助技术和跨界得以提升。

　　数据新闻生产类似科学研究或定量分析，但它的本质是新闻。带有科学灵韵的数据、数据可视化看似客观、中立，实际上是对现实的"表征"或"映射"，无论是数据采集、分析、叙事还是数据可视化，每一个环节都不是中立、自然和透明的：数据采集可能不全、数据分析可能出错、叙事可能有偏见、数据可视化也可能会歪曲事实……记者需要遵循客观性、透明性等伦理原则。

　　这是一个社交化时代，也是一个大数据时代。社交化时代要求数据新闻以"分享"为核心，适应社交平台的媒介属性、收受习惯和传播逻辑，以激发数据新闻作品的多层次传播力；大数据时代要求数据新闻不止于报道，而是更深入地参与社会治理，媒体由"传媒"转向"智媒"。

　　未来，在数据和算法驱动下的新闻业将更多地拥抱数据，将数据内嵌在未来新闻业的"基因"之中。数据新闻将不受"数据"一词的束缚，而集中在"新闻"这个词上。① 当万维网创始人蒂姆·伯纳斯-李的那句"数据驱动的新闻代表着未来"再次在耳边回荡时，数据新闻业者需要思考的是：如何让数据驱动的新闻成为未来？

---

　　① USHER N. What is data journalism for? cash，clicks，and cut and trys［EB/OL］.（n. d.）［2019 - 06 - 15］. https：//datajournalismhandbook. org/handbook/two/reflections/what-is-data-journalism-for-cash-clicks-and-cut-and-trys＃footnote8.

附录：图表索引和电子资源获取方式

本书配有对应案例的电子资源。读者除扫描文中二维码获取外，获取英文案例原图请先关注"出镜记者与出镜报道"公众号，再将图题后提供的关键词发送给公众号，即可获取图片和链接，每个关键词两个字，回复时无须带引号。本书专门公众号正在筹备中，如果您想获取最新进展或最新案例，请按照上述方法回复关键词"数据"了解。

图表索引

其他案例电子资源

回复关键词"设计"获取以下数据可视化案例。

《最详细的美国同性婚姻地图》

《博尔扎诺人民共和国》

《哪里的二氧化碳排放最多》

《美国中等家庭收入分布地图》

《移民档案》

《截查搜身》

《脱欧公投：结果与分析》

《犯罪移民的迷思》

《城市邻居沃尔玛：祝福还是诅咒》

《美国是怎样利用土地的》

参考文献

中文文献（按作者姓名音序排列）

阿桑奇. 阿桑奇自传：不能不说的秘密（14）[EB/OL].（2013 - 08 - 02）[2018 - 03 - 15]. http：//szsb. sznews. com/html/2013 - 08/02/content_2574446. htm.

阿特休尔. 权力的媒介 [M]. 黄煜，裴志康，译. 北京：华夏出版社，1989.

AU E. 如何打造深度调查的数据团队 [EB/OL].（2016 - 10 - 24）[2018 - 06 - 15]. https：//cn. gijn. org/2016/10/24/报道亚洲-如何打造深度调查的数据团队/.

巴尔. 叙述学：叙事理论导论 [M]. 谭君强，译. 北京：中国社会科学出版社，2003.

巴纳德. 理解视觉文化的方法 [M]. 常宁生，译. 北京：商务印书馆，2013.

巴特. 显义与晦义批评文集之三 [M]. 怀宇，译. 天津：百花文艺出版社，2005.

白贵，任瑞娟. 传统新闻与数据新闻的比较与再审视 [J]. 云南社会科学，2016（1）：186 - 188.

白红义. 大数据时代的新闻学：计算新闻的概念、内涵、意义和实践 [J]. 南京社会科学，2017（6）：108 - 117.

白梓含. 走近数据新闻前沿——Eddy Borges-Rey 博士在新闻出版学院开展系列讲座 [EB/OL].（2018 - 04 - 18）[2019 - 06 - 15]. http：//xwcb. bigc. edu. cn/xydt/78553. htm.

鲍宗豪，宋贵伦. 重视大数据时代的社会治理创新 [J]. 红旗文稿，2014（11）：31 - 32.

贝尔，加勒特. 媒介话语的进路 [M]. 徐桂权，译. 北京：中国人民大学出版社，2016.

贝森斯. 大数据分析：数据科学应用场景与实践精髓 [M]. 柯晓燕，张纪元，译. 北京：人民邮电出版社，2016.

比格内尔. 传媒符号学 [M]. 白冰，黄立，译. 成都：四川教育出版社，2012.

毕秋灵. 数据新闻中的开放数据应用 [J]. 湖北社会科学，2016（17）：190 - 194.

曹紫嫣，薛国林. 获普利策新闻奖的网站如何做数据新闻——美国 ProPublica 网站的数据新闻实践 [J]. 新闻与写作，2015（6）：76 - 79.

常江，文家宝，刘诗瑶. 电视数据新闻报道的探索与尝试——以中央电视台《晚间新闻》"据"说系列报道为例 [J]. 新闻记者，2014 (5)：74 - 79.

常江，杨奇光. 数据新闻：理念、方法与影响力 [J]. 新闻界，2014 (12)：10 - 18.

朝乐门，卢小宾. 数据科学及其对信息科学的影响 [J]. 情报学报，2017 (8)：761 - 771.

朝乐门. 数据科学 [M]. 北京：清华大学出版社，2016.

辰目. 数据新闻：新闻进化史上的一个重要的转折点 [J]. 传媒，2016 (14)：1.

陈昌凤. 数据新闻及其结构化：构建图式信息——以《华盛顿邮报》的地图新闻为例 [J]. 新闻与写作，2013 (8)：92 - 94.

陈国权. 网络媒体标题乱象与整治——新闻点不等于"爆点""矛盾点""敏感点" [J]. 传媒，2017 (8)：12 - 13.

陈虹，秦静. 数据新闻的历史、现状与发展趋势 [J]. 编辑之友，2016 (1)：69 - 75.

陈积银，杨廉. 中国数据新闻发展的现状、困境及对策 [J]. 新闻记者，2016 (11)：64 - 70.

陈力丹，王亦高. 深刻理解"新闻客观性"——读《维系民主？西方政治与新闻客观性》一书 [J]. 新闻大学，2006 (1)：8 - 10.

陈绍伟. AP（美联社）：数据新闻对传统新闻报道的突破 [EB/OL]. (2016 - 03 - 11) [2018 - 03 - 25]. http://www. toutiao. com/i6260807587923493378/.

陈小文. 从媒介的发展看媒介权力的变迁 [J]. 现代视听，2011 (6)：11 - 13.

陈雪霁. 英国人信任维基百科多过新闻记者 [EB/OL]. (2014 - 08 - 12) [2018 - 03 - 23]. http://ex. cssn. cn/hqxx/bwych/201408/t20140812_1288654. shtml.

陈映，董天策. 新闻客观性：语境、进路与未来 [J]. 暨南学报（哲学社会科学版）. 2010 (6)：149 - 155.

陈钟昊，王朋进. 我国新闻网站数据新闻特征及问题 [J]. 青年记者，2016 (2)：62 - 63.

CINDY. 为什么2016美国大选大数据预测普遍失灵 [EB/OL]. (2016 - 11 - 13) [2018 - 11 - 12]. http://mp. weixin. qq. com/s/6-B17oOEXdx0cwweYCG9fg.

戴世富，韩晓丹. 增值与"异化"——数据新闻范式中的新闻价值思考 [J]. 传媒观察，2015 (3)：42 - 43.

戴玉. 《南风窗》图政数据工作室戴玉：时政＋数据新闻怎么做？ [EB/OL]. (2015 - 07 - 17) [2018 - 03 - 23]. http://view. inews. qq. com/a/20150717A00NTT00.

戴玉. 数据新闻"遇冷"？"祛魅"之后，中国数据新闻的理性回归 [EB/OL]. (2017 - 02 -

03) [2018 - 04 - 22]. http：//mp. weixin. qq. com/s/v7SdtIOoye1nqDci 9couOA.

党西民 . 视觉文化的权力运作 [M]. 北京：人民出版社，2012.

德斯佩恩 . 游戏设计的 100 个原理 [M]. 肖心怡，译 . 北京：人民邮电出版社，2015.

邓伟，卢一波 . 点状、线性、平面：灾害事件报道中的三种信息图表模式 [J]. 新闻界，2013 (4)：35 - 40.

调查记者编辑协会 . 2016 美国数据新闻奖揭晓，深度报道再添范例 [EB/OL]. (2017 - 01 - 25) [2017 - 03 - 25]. https：//cn. gijn. org/2017/01/25/2016 美国数据新闻奖揭晓，深度报道再添范例/.

丁雅妮 . 用新闻穿越"一带一路"——解密央视新闻频道特别节目"数说命运共同体"[J]. 新闻与写作，2015 (11)：75 - 77.

丁园园，张超 . 分享即传播：数据新闻的社交化生产策略研究 [J]. 中国出版，2019 (21)：5 - 8.

杜威 . 实用主义 [M]. 北京：世界知识出版社，2007.

杜怡 . 《纽约时报》如何利用大数据做飓风灾难报道 [EB/OL]. (2014 - 07 - 28) [2018 - 10 - 12]. http：//chuansong. me/n/1549972.

杜振华，茶洪旺 . 政府数据开放问题探析 [J]. 首都师范大学学报（社会科学版），2016 (5)，74 - 80.

范登侯汶 . 批判修辞：一种新闻透明理论 [J]. 杨颖，译 . 全球传媒学刊，2016 (4)：83 - 96.

范红霞，孙金波 . 数据新闻的算法革命与未来趋向 [J]. 现代传播，2018 (5)：131 - 135.

方洁，范迪 . 融媒时代大型赛事报道中的数据新闻——以 2016 年欧洲杯报道为例 [J]. 新闻与写作，2016 (8)：77 - 80.

方洁，高璐 . 数据新闻：一个亟待确立专业规范的领域——基于国内五个数据新闻栏目的定量研究 [J]. 国际新闻界，2015 (12)：105 - 124.

方洁，胡文嘉 . 数据新闻教育的全球实践：特点、掣肘与趋势 [C] //王琼，苏宏元 . 中国数据新闻发展报告（2016－2017）. 北京：社会科学文献出版社，2018.

方洁，胡杨，范迪 . 媒体人眼中的数据新闻实践：价值、路径与前景——一项基于七位媒体人的深度访谈的研究 [J]. 新闻大学，2016 (2)：13 - 19.

方洁，王若霈 . 数据新闻可视化设计的"五步走"——从一场关于"食物中毒"话题的可视化比赛说起 [J]. 新闻与写作，2015 (8)：73 - 75.

方洁，颜冬．全球视野下的"数据新闻"：理念与实践［J］．国际新闻界，2013（6）：73－83．

方洁．数据新闻概论：操作理论与案例解析［M］．北京：中国人民大学出版社，2015．

方可成．《纽约时报》怎样玩"众包"？［EB/OL］．（2015－01－17）［2018－03－23］．http：//fangkc. cn/2015/01/new-york-times-hive/．

方可成．美国大选投票日来了！围观时请拿好这张图［EB/OL］．（2016－11－08）［2018－03－23］．http：//mp. weixin. qq. com/s/I4KM7WfdsAZXLPaAl-FfHA．

方太平，代晓蓉．游戏设计概论［M］．北京：电子工业出版社，2010．

方毅华，杨惠涵．论数据新闻的叙事范式［J］．现代传播，2018（12）：45－49．

方毅华．新闻叙事导论［M］．北京：中国广播电视出版社，2014．

方毅华．新闻叙事与文学叙事的多重审视［J］．现代传播，2010（5）：60－63．

冯契．哲学大辞典：上［M］．上海：上海辞书出版社，2001．

冯小亮．基于双边市场的众包模式研究［D］．武汉：武汉大学，2012．

甘斯．什么在决定新闻［M］．石琳，李红涛，译．北京：北京大学出版社，2009．

戈德罗，若斯特．什么是电影叙事学［J］．刘云舟，译．北京：商务印书馆，2005．

辜晓进．数据新闻已成媒体是否先进的试金石？去纽约听听业界前沿声音［EB/OL］．（2016－05－17）［2018－07－02］．http：//www. thepaper. cn/newsDetail_forward_1468494．

郭俊义．央视大数据新闻"创始记"（二）［EB/OL］．（2015－08－31）［2018－03－15］．https：//mp. weixin. qq. com/s?＿＿biz＝MjM5MDM3NzUxMA＝＝&mid＝290585660&idx＝1&sn＝1926c2f6f2dd7747583dd67a94ea23bc&3rd＝MzA3MDU4NTYzMw＝＝&scene＝6♯rd．

郭明龙．论个人信息之商品化［J］．法学论坛，2012（6）：108－114．

郭沛沛．大数据与新闻表达［J］．网络传播，2016（7）：45．

国家信息中心．中国大数据发展报告（2017）［EB/OL］．（2017－03）［2018－03－12］．http：//www. sic. gov. cn/archiver/SIC/UpFile/Files/Default/20170301105857384102. pdf．

哈克特，赵月枝．维系民主？西方政治与新闻客观性［M］．沈荟，周雨，译．北京：清华大学出版社，2010．

哈肯．协同学：自然成功的奥秘［M］．上海：上海科学普及出版社，1988．

豪．众包：群体力量驱动商业未来［M］．北京：中信出版社，2011．

郝思洋．大数据时代个人信息保护的路径探索［J］．北京邮电大学学报（社会科学版），2016（5）：1-20．

何慧媛，万小广．媒体舆情业务如何创新突围［J］．中国记者，2014（7）：70-71．

洪松林，庄映辉，李堃．数据挖掘技术与工程实践［M］．北京：机械工业出版社，2014．

洪烨林．全球编辑网络数据新闻奖项揭晓［EB/OL］．（2014-07-13）［2016-08-23］．http：//djchina.org/2014/07/13/gendja_2014/．

胡辟砾．媒体原来可以这样玩转"编程马拉松"［EB/OL］．（2015-11-11）［2018-03-23］．http：//mp.weixin.qq.com/s?__biz＝MzIwMDM5NzYyMQ＝＝&mid＝400687385&idx＝1&sn＝24620572e02717cf8aa4e21744a648ff&scene＝24&srcid＝07176hm5aYPrs8KsAO2LOPDH♯wechat_redirect．

胡晨川．数据驱动决策的 13 种思维［EB/OL］．（2017-11-17）［2018-03-23］．https：//www.sohu.com/a/204942623_236505．

胡鸿高．论公共利益的法律界定——从要素解释的路径［J］．中国法学，2008（4）：56-67．

胡翼青，吴越．新闻客观性的幻象与大众传播研究的缘起［J］．当代传播，2010（2）：14-17．

胡瑛，普拉特，陈力峰．美国大选新闻中的数据迷思［J］．新闻战线，2016（23）：133-135．

黄超．复杂议题融合报道中的大数据策略——以《卫报》网"解读骚乱"专题为例［J］．新闻界，2013（21）：9-15．

黄娟．BBC 数据新闻的特色与启示［J］．传媒，2015（18）：58-59．

黄骏．新闻产生机理观察：从精确到数据［J］．重庆社会科学，2015（9）：100-105．

黄鸣奋．数字化语境中的新闻游戏［J］．重庆邮电大学学报（社会科学版），2014（5）：94-100．

黄晴缨．"数据新闻第一人"黄志敏离职财新，下一步将在大数据领域创业［EB/OL］．（2016-09-06）［2018-03-25］．http：//www.lanjinger.com/news/detail?id＝21283．

黄晓勇．数据挖掘中的信息伦理冲突问题［J］．长沙大学学报，2013（4）：41-43．

黄欣荣．大数据的本体假设及其客观本质［J］．科学技术哲学研究，2016（2）：90-

94.

　　黄志敏，张玮．数据新闻是如何出炉的——以财新数据可视化作品为例［J］．新闻与写作，2016（3）：86‒88.

　　黄志敏．什么是优秀的数据新闻［J］．新闻记者，2019（3）：13‒14.

　　霍尔．编码，解码［M］//罗刚，刘象愚．文化研究读本．王广州，译．北京：中国社会科学出版社，2011.

　　霍华德．数据新闻何以重要？——数据新闻的发展、挑战及其前景［J］．新闻记者，2015（2）：67‒71.

　　计海庆．黑客文化的技术史探源［J］．社会科学，2005（5）：124‒128.

　　贾俊平，何晓群，金勇进．统计学［M］．6版．北京：中国人民大学出版社，2015.

　　贾利军，许鑫．谈"大数据"的本质及其营销意蕴［J］．南京社会科学，2013（7）：15‒21.

　　姜华．新闻业能为民主做什么——简评迈克尔·舒德森《为什么民主需要不可爱的新闻界》［J］．新闻记者，2011（2）：57‒60.

　　卡尔，白金汉，伯恩，肖特．电脑游戏：文本、叙事与游戏［M］．丛治辰，译．北京：北京大学出版社，2015.

　　凯尔纳，贝斯特．后现代理论：批判性的质疑［M］．北京：中央编译出版社，2015.

　　考克斯．假如自然不沉默：环境传播与公共领域［M］．纪莉，译．北京：北京大学出版社，2016.

　　科瓦奇，罗森斯蒂尔．新闻的十大基本原则［M］．刘海龙，连晓东，译．北京：北京大学出版社，2011.

　　科瓦奇，罗森斯蒂尔．真相：信息超载时代如何知道该相信什么［M］．陆佳怡，孙志刚，译．北京：中国人民大学出版社，2014.

　　克拉斯特夫．透明的幻觉［J］国外理论动态，2013（6）：80‒86.

　　克劳福德．游戏大师 Chris Crawford 谈互动叙事［M］．方舟，译．北京：人民邮电出版社，2015.

　　郎劲松，杨海．数据新闻：大数据时代新闻可视化传播的创新路径［J］．现代传播，2014（3）：34‒36.

　　Lees C. 数据新闻最终是要讲一个故事［EB/OL］.（2012‒05‒12）［2018‒07‒15］. http://chuansong.me/n/317937951939.

　　李国杰，程学旗．大数据研究：未来科技及经济社会发展的重大战略领域——大数据的研究现状与科学思考 [J]. 中国科学院院刊，2012（6）：647－657.

李京. 视觉框架在数据新闻中的修辞实践 [J]. 新闻界，2017（5）：9－15.

李伦. 自由软件运动与科学伦理精神 [J]. 上海师范大学学报（哲学社会科学版），2005（6）：39－44.

李明. 大数据时代新闻采编人员职业能力培训 [J]. 中国出版，2013（17）：26－30.

李亚玲. 畅想"众包"模式下的"新闻共产"[J]. 新闻爱好者，2013（6）：38－40.

李岩，李赛可. 数据新闻："讲一个好故事"？——数据新闻对传统新闻的继承与变革 [J]. 浙江大学学报（人文社会科学版），2015（6）：106－122.

李艳红，陈鹏. "商业主义"统合与"专业主义"离场：数字化背景下中国新闻业转型的话语形构及其构成作用 [J]. 国际新闻界，2016（9）：135－153.

李艳红. 在开放与保守策略间游移："不确定性"逻辑下的新闻创新——对三家新闻组织采纳数据新闻的研究 [J]. 新闻与传播研究，2017（9）：40－60.

李艳红. 重塑专业还是远离专业？——从认知维度解析网络新闻业的职业模式 [J]. 新闻记者，2012（12）：42－48.

李逸凡，薛国林. 数据新闻的专业化审视——对我国数据新闻现存问题的几点思考 [J]. 新闻与写作，2015（8）：83－86.

李宇. 西方数据新闻的特征研究——以英国《卫报》的实践为例 [D]. 北京：中国人民大学，2014.

李煜. 数据新闻：现实逻辑与"场域"本质 [J]. 现代传播，2015（11）：47－52.

李远，周均. 数据新闻：融通中外的表达方式 [J]. 新闻知识，2015（11）：49－50.

李政，高有祥. 我国电视数据新闻节目创新路径思考——以央视特别报道《数说命运共同体》为例 [J]. 出版广角，2015（15）：86－87.

利马. 视觉繁美：信息可视化方法与案例解析 [M]. 杜明翰，陈楚君，译. 北京：机械工业出版社，2013.

梁亚声，徐欣. 数据挖掘原理、算法与应用 [M]. 北京：机械工业出版社，2015.

廖宏勇. "图像"的"图像"——论信息图表的视觉表征与建构 [J]. 中南大学学报（社会科学版），2016（1）：208－213.

林聚任. 论社会网络分析的结构观 [J]. 山东大学学报（哲学社会科学版），2008（5）：147－153.

林聚任. 社会网络分析：理论、方法与应用 [M]. 北京：北京师范大学出版社，2009.

林少雄，吴小丽．影视理论文献导读：电视分册［M］．上海：上海大学出版社，2006．

林宇玲．制度化公民新闻学的新闻质量与伦理问题之初探：以台湾四家在线新闻组织的公民平台为例［J］．传播与社会学刊，2015（3）：189 - 223．

刘东华，关玉霞，魏力婕．大数据时代的电视新闻创新——以央视"'据'说"系列节目为例［J］．新闻与写作，2014（4）：8 - 11．

刘海龙．新闻工作者微博应用的困境及其根源［J］．新闻记者，2012（9）：30 - 37．

刘建明．当代西方新闻理论［M］．北京：中国人民大学出版社，2015．

刘静，孙向红．什么决定着用户对产品的完整体验［J］．心理科学进展，2011（1）：94 - 106．

刘连泰．"公共利益"的解释困境及其突围［J］．文史哲，2006（2）：160 - 166．

刘胜男．科技时代，新闻业可将"传感器"作为报道利器［J］．中国传媒科技，2015（6）：30 - 32．

刘涛．环境传播：话语、修辞与政治［M］．北京：北京大学出版社，2011．

刘涛．西方数据新闻中的中国：一个视觉修辞分析框架［J］．新闻与传播研究，2016（2）：5 - 28．

刘涛．意象论：意中之象与视觉修辞分析［J］．新闻大学，2018（4）：1 - 9．

刘涛．语境论：释义规则与视觉修辞分析［J］．西北师大学报（社会科学版），2018（1）：5 - 15．

刘晓畅．新闻的话语与话语的新闻［J］．湖北社会科学，2006（1）：133 - 135．

刘义昆，卢志坤．数据新闻的中国实践与中外差异［J］．中国出版，2014（20）：29 - 33．

龙迪勇．试论作为空间叙事的主题——并置叙事［J］．江西社会科学，2010（7）：24 - 40．

龙迪勇．图像叙事与文字叙事——故事画中的图像与文本［J］．江西社会科学，2008（3）：28 - 43．

陆朦朦．数据新闻互动叙事策略研究——基于2014－2018年全球数据新闻奖获奖作品的分析［J］．出版科学，2019（1）：92 - 98．

陆晔，周睿鸣．"液态"的新闻业：新传播形态与新闻专业主义再思考［J］．新闻与传播研究，2016（7）：24 - 46．

吕国英．算法设计与分析［M］．2版．北京：清华大学出版社，2009．

罗蒂. 后哲学文化 [M]. 黄勇, 译. 上海: 上海译文出版社, 1992.

罗钢, 刘象愚. 文化研究读本 [M]. 北京: 中国社会科学出版社, 2000.

罗家德. 自组织——市场与层级之外的第三种治理模式 [J]. 比较管理, 2010 (2): 1-12.

罗杰斯. 创新的扩散 [M]. 5 版. 辛欣, 译. 北京: 电子工业出版社, 2016.

罗杰斯. **数据新闻大趋势**: 释放可视化报道的力量 [M]. 岳跃, 译. 北京: 中国人民大学出版社, 2015.

罗斯. 观看的方法: 如何解读视觉材料 [M]. 肖伟胜, 译. 重庆: 重庆大学出版社, 2017.

马骏, 唐方成, 郭菊娥, 席酉民. 复杂网络理论在组织网络研究中的应用 [J]. 科学学研究, 2005 (2): 173-178.

马乐. STS 中的边界研究——从科学划界到边界组织 [J]. 哲学动态, 2013 (11): 83-92.

迈尔-舍恩伯格, 肯尼斯·库克耶. 大数据时代 [M]. 盛杨燕, 周涛, 译. 杭州: 浙江人民出版社, 2013.

毛川. 大数据时代的第四权力: 官员财产可视化应用 [EB/OL]. (2014-04-18) [2018-07-15]. http://djchina.org/2014/04/18/argentina-declaraciones-juradas/.

毛良斌, 汤子帅, 周昊曦. 数据新闻报道: 框架与架构 [J]. 新闻与写作, 2016 (7): 35-39.

孟笛. 开放理念下的新闻叙事革新——以《纽约时报》数据新闻为例 [J]. 新闻界, 2016 (3): 61-65.

孟笛. **数据新闻生产特征及叙事模式**——基于数据新闻奖提名作品的实证研究 [J]. 当代传播, 2016 (6): 23-26.

米尔佐夫. 视觉文化导论 [M]. 倪伟, 译. 南京: 江苏人民出版社, 2006.

倪义芳, 吴晓波. 论企业战略管理思想的演变 [J]. 经营管理, 2001 (6): 4-11.

欧盟. 欧盟 GDPR《一般数据保护法案》全文翻译 (一) [EB/OL]. (2017-02-09) [2018-07-15]. http://mp.weixin.qq.com/s/xuIYEVnaaCIwiFG6URNIFA.

潘克峰. 大数据与隐私的关系 [C] //中国科协学会学术部. 大数据时代隐私保护的挑战与思考. 北京: 中国科学技术出版社, 2015.

潘祥辉. 对自媒体革命的媒介社会学解读 [J]. 当代传播, 2011 (6): 25-27.

潘忠党. 反思与展望: 中国传媒改革开放三十周年笔谈 [J]. 传播与社会学刊, 2008

（6）：17 - 48.

彭兰．"信息是美的"：大数据时代信息图表的价值及运用 [J]．新闻记者，2013
（6）：15 - 17.

彭兰．更好的新闻业，还是更坏的新闻业？——人工智能时代传媒业的新挑战 [J].
中国出版，2017（24）：3 - 8.

彭兰．数据与新闻的相遇带来了什么？[J]．山西大学学报（哲学社会科学版），2015
（2），64 - 70.

奇达夫，蔡文彬．社会网络与组织 [M]．王凤彬，朱超威，等译．北京：中国人民
大学出版社，2009.

钱进，周俊．从出现到扩散：社会实践视角下的数据新闻 [J]．新闻记者，2015
（2）：60 - 66.

钱进．作为开源的数据新闻 [J]．新闻大学，2016（2）：6 - 12.

丘濂．事实核查：大数据时代的新角色 [EB/OL].（2013 - 10 - 08）[2018 - 05 - 15].
http：//www. lifeweek. com. cn/2013/1008/42726_2. shtml.

邱南森．数据之美：一本书学会可视化设计 [M]．张伸，译．北京：中国人民大学
出版社，2014.

邱仁宗，黄雯．大数据技术的伦理问题 [J]．科学与社会，2014（1）：36 - 48.

邱悦．爱啃数据硬骨头的 ProPublica [EB/OL].（2015 - 01 - 22）[2016 - 08 - 23].
http：//djchina. org/2015/01/22/data_newsroom_propublica/.

全球深度报道网．每周数据新闻精选（2.14 - 20）[EB/OL].（2015 - 06 - 02）[2018 -
03 - 23]. http：//cn. gijn. org/2015/02/20/每周数据新闻精选 2 - 14 - 20/.

全球深度报道网．年度最佳数据调查故事：藏在数字中的秘密 [EB/OL].（2015 - 06 -
02）[2018 - 03 - 23]. http：//cn. gijn. org/2015/06/02/数据驱动的调查报道：藏在数字
中的秘密/.

人民日报媒体技术．人民日报中央厨房首推"数据服务"，成效如何？ [EB/OL].
（2017 - 03 - 27）[2018 - 05 - 23]. http：//mp. weixin. qq. com/s/noivXXRqG93GceMKN
RbffA.

任龙龙．论同意不是个人信息处理的正当性基础 [J]．政治与法律，2016（1）：126 -
134.

邵国松．网络传播法导论 [M]．北京：中国人民大学出版社，2017.

申丹．西方叙事学：经典与后经典 [M]．北京：北京大学出版社，2010.

沈浩，罗晨．数据新闻：现代性视角下的历史图景 [J]．新闻大学，2016（2）：1-5．

石磊，曾一．融合传播视角下的数据新闻 [J]．四川师范大学学报（社会科学版），2014（6）：143-147．

石中玉．调查显示美国人"不信"媒体 称其太保守或太开放 [EB/OL]．（2014-09-19）[2018-03-22]．http：//news. xinhuanet. com/world/2014-09/19/c_127002148. htm．

史安斌，钱晶晶．从"客观新闻学"到"对话新闻学"——试论西方新闻理论演进的哲学与实践基础 [J]．国际新闻界，2011（12）：67-71．

斯沃茨．文化与权力：布尔迪厄的社会学 [M]．陶东风，译．上海：上海译文出版社，2006．

宋洁．DJA 2016 中的传感器新闻 [EB/OL]．（2016-06-27）[2018-07-15]．http：//mp. weixin. qq. com/s/_aRzWgCBtA8TDykOTosYTg．

STABE M. 如何通过可视化地图报道美国大选？[EB/OL]．（2016-11-09）[2018-12-11]．史书华，译．http：//www. ftchinese. com/story/001070056? full＝y．

STRAY J. 由数据得出结论 [EB/OL]．（2014-01-19）[2018-12-12]．http：//fangkc. cn/2014/01/drawing-conclusions-from-data/．

苏宏元，陈娟．从计算到数据新闻：计算机辅助报道的起源、发展、现状 [J]．新闻与传播研究，2014（10）：78-92．

苏抒扬．事实还是仪式？——新闻客观策略的局限性与对策 [J]．理论界，2013（1）：155-157．

孙洪磊，南婷，韦慧，李惊亚，马意翀．政府垄断致公共数据束之高阁浪费严重 [EB/OL]．（2015-02-25）[2018-03-12]．http：//www. chinanews. com/cj/2015/02-25/7076397. shtml．

孙藜．从客观性到透明性？网络时代如何做新闻 [J]．当代传播，2013（1）：19-22．

孙为．交互式媒体叙事研究 [D]．南京：南京艺术学院，2011．

孙玮．批判、整合或是操纵——都市报的公共性 [C]．广西：2005 年中国传播学论坛，2005．

孙应钦．警惕技术逻辑侵害新闻理念——浅析大数据影响下的新闻业 [J]．东南传播，2014（2）：18-20．

谭天，汪婷．接入、场景、资本：社交媒体三大构成 [J]．中国出版，2018（8）：22-27．

谭婷婷，蔡淑琴，胡慕海．众包国外研究现状［J］．武汉理工大学学报（信息与管理工程版），2011（2）：263 - 266.

汤景泰．大数据时代的传媒转型：观念与策略［J］．新闻与写作，2013（9）：23 - 26.

唐芙蓉．论罗兰·巴特的"作者之死"［J］．湖南工业大学学报（社会科学版），2008（6）：18.

唐斯斯，刘叶婷．全球政府数据开放"印象"——解读《全球数据开放晴雨表报告》［J］．中国外资，2014（9）：28 - 31.

唐伟胜．范式与层面：国外叙事学研究综述［J］．外国语，2003（5）：60 - 66.

涂子沛．大数据［M］．桂林：广西师范大学出版社，2013.

WAINWRIGHT D. 伦敦希思罗机场有多扰民？BBC 数据记者用爬虫揭晓［EB/OL］.（2017 - 01 - 12）［2018 - 09 - 03］．http：//cn. gijn. org/2017/01/12/伦敦希思罗机场有多扰民？bbc 数据记者用爬虫揭晓/.

万小广．从 PolitiFact 看新传播生态下的"事实核查"［EB/OL］.（2014 - 09 - 12）［2017 - 03 - 25］．http://www. southcn. com/nfdaily/media/cmyj/49/content/2014 - 09/12/content_108368452. htm.

汪行福．"后真相"本质上是后共识［J］．探索与争鸣，2017（4）：14 - 16.

王爱玲．媒介技术：赋权与重新赋权［J］．文化学刊，2011（3）：70 - 73.

王本刚，马海群．开放政府理论分析框架：概念、政策与治理［J］．情报资料工作，2015（6）：35 - 39.

王辰瑶，喻贤璐．编辑部创新机制研究——以三份日报的"微新闻生产"为考察对象［J］．新闻记者，2016（3）：10 - 20.

王辰瑶．未来新闻的知识形态［J］．南京社会科学，2013（10）：105 - 110.

王贵斌．新技术应用与新闻生产的形变——兼论"什么在决定新闻"［J］．西南民族大学学报（人文社科版），2016（10）：158 - 162.

王国凤．诗歌翻译的再语境化——从龙应台的译作《紫杜鹃》谈起［J］．外语与外语教学，2015（2）：80 - 85.

王晗啸，卢章平，陈庆．社会网络分析在数据新闻领域的实践应用［J］．编辑之友，2017（2）：76 - 79.

王红梅，胡明．算法设计与分析［M］．2 版．北京：清华大学出版社，2013.

王宏飞．媒介权力的异化分析［J］．山东社会科学，2013（5）：128 - 130.

王怀明．组织行为学：理论与应用［M］．北京：清华大学出版社，2014.

王强．"总体样本"与"个体故事"：数据新闻的叙述策略［J］．编辑之友，2015（9）：65－68．

王山．2016美国总统大选，民调为何测不到选民的心？［EB/OL］．（2016－11－14）［2018－06－22］．http：//cn.rfi.fr/政治/20161114－2016美国总统大选，民调为何测不到选民的心？．

王胜源．社会治理中媒体参与的界域与进路［J］．编辑之友，2016（7）：83－86．

王天思．大数据中的因果关系及其哲学内涵［J］．中国社会科学，2016（5）：22－42．

王欣．祝建华：数据新闻的前世今生［EB/OL］．（2017－07－10）［2018－09－25］．http：//media.people.com.cn/n/2014/0710/c386639－25265252.html.

王星伟．凝视快感——消费文化的视觉化倾向［J］．大众文艺，2015（2）：262－263．

王雪松，程玉虎．机器学习理论、方法及应用［M］．北京：科学出版社，2009．

王燕霞．信息图表设计中的时间可视化设计［D］．南京：南京师范大学，2014．

王寅．如何利用"社交货币"做好微传播——以微信订阅号平台为例［J］．对外传播，2015（9）：63－64．

网易新闻学院．数据界"马云爸爸"：ProPublica建立数据销售平台［EB/OL］．（2016－10－09）［2018－06－23］．http：//news.163.com/college/16/1009/15/C2URC4L8000181KO.html＃．

维之．论因果关系的定义［J］．青海社会科学，2001（1）：117－121．

魏宝靖．精析相关与因果——概率统计中必须澄清的两个概念［J］．中国统计，2010（6），45－46．

魏瑾瑞，蒋萍．数据科学的统计学内涵［J］．统计研究，2014（5）：4－8．

文卫华，李冰．从美国总统大选看大数据时代的数据新闻报道［J］．中国记者，2013（6）：80－81．

翁东翰．非线性叙事在动漫作品中的应用［J］．福建师范大学学报（哲学社会科学版）．2007（5）：128－130．

沃顿知识在线．"传播"：约拿·柏格谈流行何以产生［EB/OL］．（2013－03－27）［2018－03－12］．http：//www.knowledgeatwharton.com.cn/zh-hant/article/3424/.

沃森，内尔森．管理数据分析：原理、方法、工具及实践［M］．王忠玉，王琼，译．北京：机械工业出版社，2017．

吴海江．文化视野中的科学［M］．上海：复旦大学出版社，2008．

吴江．社会网络的动态分析与仿真实验——理论与应用［M］．武汉：武汉大学出版社，2012.

吴克宇，闫爽，舒彤 . 央视数据新闻的创新与实践 ［J］. 电视研究，2016（5）：20 -
21.

吴小坤 . 数据新闻：理论承递、概念适用与界定维度 ［J］. 新闻与传播研究，2017
（10）：120 - 126.

夏倩芳，王艳 . 从"客观性"到"透明性"：新闻专业权威演进的历史与逻辑 ［J］.
南京社会科学，2016（7）：97 - 109.

肖敏树 . 那些算计着我们生活的算法 ［EB/OL］.（2016 - 04 - 28）［2018 - 07 - 23］.
http：//mp. weixin. qq. com/s/tgvKybyZArluu7c51_sioA.

肖顺武 . 我国学术界关于公共利益的主要观点及评介 ［J］. 云南大学学报（法学版），
2009（6）：30 - 36.

谢静 . 美国的新闻媒介批评 ［M］. 北京：中国人民大学出版社，2009.

徐超超，徐志伟 . 场域视角下数据新闻研究——以 ProPublica 的新闻实践为例 ［J］.
新闻研究导刊，2015（9）：209，220.

徐超 . 数据变现与咨询 ［EB/OL］.（2017 - 03 - 06）［2018 - 05 - 23］. http：//mp.
weixin. qq. com/s/xGLtTdyxJeINj8ArimWnfA.

徐笛 . 数据新闻：发展现状与趋势 ［J］. 中国出版，2016（10）：12 - 15.

徐端 . 大数据战略：个人、企业、政府的思维革命与红利洼地 ［M］. 北京：新世界
出版社，2014.

徐佳宁，王婉 . 结构化、关联化的开放数据及其应用 ［J］. 情报理论与实践，2014
（2）：53 - 56.

徐丽枝 . 个人信息处理中同意原则适用的困境与破解思路 ［J］. 图书情报知识，2017
（1）：106 - 113.

徐锐，万宏蕾 . 数据新闻：大数据时代新闻生产的核心竞争力 ［J］. 编辑之友，2013
（12）：71 - 74.

徐少林，白净 . 数据新闻可视化设计与内容如何平衡 ［J］. 新闻界，2018（3）：26 -
31.

徐巍 . 新时期语图关系流变研究——以小说与电影为中心 ［J］. 学术月刊，2012
（2）：106 - 114.

许秋里，王丹宁 . 网易新媒体实验室：数据新闻在移动端如何突破页面限制 ［J］. 中
国传媒科技，2015（8）：62 - 65.

许向东，刘轶欧．数据可视化的媒体类型及问题分析［J］．新闻与写作，2016（9）：85-87．

许向东．大数据时代新闻生产新模式：传感器新闻的理念、实践与思考［J］．国际新闻界，2015（10）：107-116．

许向东．数据新闻中传感器的应用［J］．新闻与写作，2015（12）：70-72．

许燕．新闻报道的客观性的基本涵义辨析［J］．新闻大学，2007（4）：49-53．

许旸．"分享按钮"渐成新闻消费"标配"［EB/OL］．（2015-03-20）［2018-12-23］．http：//ex.cssn.cn/hqxx/tt/201503/t20150320_1554522.shtml.

许有泉，王朝阳．从"引语"到"数字"：传统新闻到数据新闻的革命性转变——对话原《亚特兰大商业纪事报》执行总编 Margaret Freaney［J］．中国记者，2015（7）：122-123．

亚里士多德．诗学［M］．罗念生，译．上海：上海人民出版社，2006．

闫婷，李明德．数据新闻：报道方式的创新与拓展［J］．西安交通大学学报（社会科学版），2016（2）：119-126．

杨保军．新闻事实论［M］．北京：新华出版社，2001．

杨贵华．自组织与社区共同体的自组织机制［J］．东南学术，2007（5）：117-122．

杨盛春，贾林祥．神经网络内监督学习和无监督学习之比较［J］．徐州建筑职业技术学院学报，2006（3）：55-58．

杨斯钧．浅析数据可视化时间线设计的几种方法［J］．中国传媒科技，2015（Z1）：68-70．

杨晓军．数据新闻故事化叙事的可能性及思维路径［J］．编辑学刊，2016（1）：114-118．

YANG W L，LEO L P，JAMES D F，RICHARD Y W．数据质量征途［M］．黄伟，王嘉寅，苏秦，等译．北京：高等教育出版社，2015．

杨宇辰．The Quartz 坏数据手册［EB/OL］．（2016-07-12）［2017-01-23］．http：//djchina.org/2016/07/12/bad_data_guide/.

姚喜明．西方修辞学简史［M］．上海：上海大学出版社，2009．

叶鹰，马费成．数据科学兴起及其与信息科学的关联［J］．情报学报，2015（6）：575-580．

殷俊，罗玉婷．大数据新闻的实践与发展策略［J］．新闻与写作，2016（4）：57-59．

殷乐，于晓敏．国外物联网应用案例解析［J］．新闻与写作，2016（11）：18-22．

有数编辑部. 数据叙事的新思路　数据创作者大会演讲实录（2）[EB/OL].（2019 - 06 - 19）[2019 - 06 - 20]. https：//mp. weixin. qq. com/s/uLsLO4MNzPn2wz2fDxKiRg.

于淼. 数据新闻实践：流程再造与模式创新 [J]. 编辑之友，2015（9）：69 - 72.

余婷，陈实. 人工智能在美国新闻业的应用及影响 [J]. 新闻记者，2018（4）：33 - 42.

於水. 交互叙事在结构上的几种可能性及应用前景 [J]. 北京理工大学学报（社会科学版），2010（1）：101 - 104.

喻国明，李彪，杨雅，李慧娟. 大数据新闻：功能与价值的初步探讨 [J]. 南方电视学刊，2015（2）：39 - 41.

喻国明. 从精确新闻到大数据新闻：关于大数据新闻的前世今生 [J]. 青年记者，2014（36）：43 - 44.

袁满，强月新. 我国数据新闻研究的回顾与前瞻 [J]. 郑州大学学报（哲学社会科学版），2016（2）：130 - 135.

曾庆香，陆佳怡，吴晓虹. 数据新闻：一种社会科学研究的新闻论证 [J]. 新闻与传播研究，2017（12）：79 - 91.

曾庆香. 新媒体语境下的新闻叙事模式 [J]. 新闻与传播研究，2014（11）：48 - 59.

曾庆香. 新闻叙事学 [M]. 北京：中国广播电视出版社，2005.

詹姆士. 实用主义 [M]. 李步楼，译. 北京：商务印书馆，2012.

展江. 国际新闻界的跨境调查与全球治理 [EB/OL].（2015 - 10 - 19）[2018 - 03 - 23]. http：//cn. gijn. org/2015/10/19/国际新闻界的跨境调查与全球治理/.

战迪. 新闻可视化生产的叙事类型考察——基于对新浪网和新华网可视化报道的分析 [J]. 新闻大学，2018（1）：9 - 17.

张超，丁园园. 作为游戏的新闻：新闻游戏的复兴、意义与争议 [J]. 编辑之友，2017（3）：37 - 41.

张超，闪雪萌，刘娟. 从去专业化到再专业化：数据新闻对数据科学的应用与趋势 [J]. 中国出版，2019（9）：25 - 28.

张超，钟新. 从比特到人工智能：数字新闻生产的算法转向 [J]. 编辑之友，2017（11）：61 - 66.

张超，钟新. 新闻业的数据新闻转向：语境、类型与理念 [J]. 编辑之友，2016（1）：76 - 83.

张超，钟新. 新闻业应用大数据：展望、误区与对策 [J]. 中州学刊，2015（6）：

169 - 173.

张超. 大数据新闻发展现状及社会价值 [J]. 电视研究, 2018 (8)：77 - 79.

张超. 论数据新闻的实用主义客观性原则 [J]. 中州学刊, 2018 (9)：166 - 172.

张超. 试析数据新闻生产中的个人数据滥用与规避 [J]. 编辑之友, 2018 (8)：
66 - 70.

张超. 数据分析在数据新闻生产中的应用、误区与提升路径 [J]. 编辑之友, 2019
(6)：42 - 47.

张超. 数据新闻的交互叙事初探 [J]. 新闻界, 2017 (8)：10 - 15.

张超. 数据新闻复杂叙事的四个维度 [J]. 电视研究, 2018 (2)：38 - 40.

张超. 数据新闻生产研究 [D]. 北京：中国人民大学, 2017.

张超. 新闻生产中的算法风险：成因、类型与对策 [J]. 中国出版, 2018 (13)：
38 - 42.

张超. 作为中介的算法：新闻生产中的算法偏见与应对 [J]. 中国出版, 2018 (1)：
29 - 33.

张帆, 吴俊. 2011－2015：大数据背景下英美数据新闻研究述评 [J]. 国际新闻界,
2016 (1)：62 - 75.

张环宙, 黄超超, 周永广. 内生式发展模式研究综述 [J]. 浙江大学学报（人文社会
科学版）, 2007 (2)：61 - 68.

张嘉佳. 数据新闻：大数据时代讲故事的新方式研究 [D]. 兰州：兰州大学, 2016.

张军辉. 从"数字化"到"数据化"：数据新闻叙事模式解构与重构 [J]. 中国出版,
2016 (8)：39 - 43.

张凯, 杨立强. 国内外关于移情的研究综述 [J]. 社会心理科学, 2007 (Z3)：
161 - 165.

张利斌, 钟复平, 涂慧. 众包问题研究综述 [J]. 科技进步与对策, 2012 (6)：154 -
160.

张茂月. 大数据时代公民个人信息数据面临的风险及应对 [J]. 情报理论与实践,
2015 (6)：57 - 61.

张乃和. 发生学方法与历史研究 [J]. 史学集刊, 2007 (5)：43 - 50.

张倩. 网易数据新闻"数读"解读 [J]. 新闻世界, 2016 (6)：56 - 58.

张勤, 周旋, 李斌. 视频类数据新闻进化论——以央视为例 [J]. 新闻战线, 2016
(13)：17 - 19.

张荣华. 试析现代新闻话语生产的三种构成方式 [J]. 海南师范大学学报（社会科学版），2014（3）：102 - 106.

张霆. 大数据时代信息挖掘、利用中的公民隐私保护 [J]. 河北师范大学学报（哲学社会科学版），2016（5）：127 - 132.

张伟. 图像霸权的审美祛魅——论现代视觉文本的范式构建与互文表征 [J]. 新疆大学学报（哲学·人文社会科学版），2015（4）：107 - 112.

张新宝. 从隐私到个人信息：利益再衡量的理论与制度安排 [J]. 中国法学，2015（3）：38 - 59.

张新新. 地图上的话语权、强权与政治 [D]. 兰州：兰州大学，2013.

张意轩，于洋. 大数据时代的大媒体 [EB/OL]. （2013 - 01 - 17）[2018 - 03 - 23]. http：//cpc. people. com. cn/n/2013/0117/c83083-20231637. html.

张枝令. 结构化数据及非结构化数据的分类方法 [J]. 宁德师专学报（自然科学版），2007（4）：417 - 420.

章戈浩. 作为开放新闻的数据新闻——英国《卫报》的数据新闻实践 [J]. 新闻记者，2013（6）：7 - 13.

赵嘉敏. 突然死亡的《卫报》中文网 [EB/OL]. （2015 - 05 - 22）[2018 - 03 - 23]. http：//www. hbrchina. org/2015 - 05 - 22/3001. html.

赵军，狄涛，张平，邢馨月. 数据开放网站：数据开放的新途径 [J]. 电子政务，2016（3）：109 - 117.

赵立敏，倪宁. 社会系统论视角下新闻边界的变异及其重构 [J]. 中州学刊，2016（5）：168 - 172.

赵丽娟. 社会网络分析的基本理论方法及其在情报学中的应用 [J]. 图书馆学研究，2011（20）：9 - 12.

赵如涵，陈梓鑫. 全球数据新闻报道的创新路径——以"数据新闻奖"获奖作品为例 [J]. 新闻与写作，2018（11）：84 - 88.

赵守香，唐胡鑫，熊海涛. 大数据分析与应用 [M]. 北京：航空工业出版社，2015.

赵玉鹏. 机器学习的哲学探索 [M]. 北京：中央编译出版社，2013.

郑二利. 米歇尔的"图像转向"理论解析 [J]. 文艺研究，2012（1）：30 - 38.

郑昊宁. 怪大选？美国人对新闻媒体信任程度再创新低 [EB/OL]. （2016 - 09 - 16）[2018 - 03 - 22]. http：//news. xinhuanet. com/world/2016 - 09/16/c_129283096. htm.

郑磊，高丰. 政府开放了多少数据？2015 中国开放政府数据"探显镜"[EB/OL].

（2015 - 10 - 12）［2018 - 11 - 12］. http：//mp. weixin. qq. com/s/mIsmlhk2BKzOHBrJd FkKbg.

郑磊. 开放数据的现实困境［J］. 网络传播，2016（4）：48 - 49.

郑志来. 基于大数据视角的社会治理模式创新［J］. 电子政务，2016（9）：55 - 60.

周红丰，吴晓平. 重思新闻业危机：文化的力量——杰弗里·亚历山大教授的文化社会学反思［J］. 新闻记者，2015（3）：4 - 12.

周睿鸣，刘于思. 客观事实已经无效了吗？——"后真相"语境下事实查验的发展、效果与未来［J］. 新闻记者，2017（1）：36 - 44.

周优游. 年度盘点：美国大选中的数据新闻［EB/OL］.（2016 - 12 - 12）［2018 - 03 - 23］. http：//djchina. org/2016/12/12/us-election-media/.

周宇博. 数据新闻来源的信度评估［J］. 中国广播电视学刊，2017（3）：55 - 58.

朱春艳，陈凡. 语境论与技术哲学发展的当代特征［J］. 科学技术哲学研究，2011（2）：21 - 25.

朱海燕. 西方互文性理论对读者中心论的影响与建构［J］. 名作欣赏，2018（24）：163 - 164.

竺怡冰. 数据新闻的数据隐忧［J］. 青年记者，2016（24）：27 - 28.

祝建华. 从大数据到数据新闻［J］. 新媒体与社会，2014（4）：11 - 13.

邹莹. 可视化数据新闻如何由"作品"变"产品"？——《南方都市报》数据新闻工作室操作思路［J］. 中国记者，2015（1）：92 - 93.

英文文献（按作者姓名音序排列）

AITAMURTO T，SIRKKUNEN E，LEHTONEN P. Trends in data journalism［EB/OL］.（2011 - 08 - 09）［2018 - 09 - 10］. http：//virtual. vtt. fi/virtual/nextmedia/Deliverables-2011/D3. 2. 1. 2. B_Hyperlocal_Trends_In％20Data_Journalism. pdf.

AITAMURTO T. Crowdsourcing as a knowledge-search method in digital journalism［J］. Digital Journalism，2016（2）：280 - 297.

ALBEANU C. Data journalism：from specialism to "the new normal"［EB/OL］.（2015 - 06 - 19）［2018 - 07 - 13］. https：//www. journalism. co. uk/news/data-journalism-from-specialism-to-the-new-normal-/s2/a565533/.

ALI T. The pitfalls of data journalism［EB/OL］.（2014 - 03 - 21）［2018 - 03 - 23］. http：//www. cjr. org/data_points/fivethirtyeight_and_journalism. php.

ALLEN D S. The trouble with transparency [J]. Journalism Studies，2008（3）：323 - 340.

AMOORE L. Lines of sight：on the visualization of unknown futures [J]. Citizenship Studies，2009（3）：17 - 30.

ARTHUR C，CROSS M. Give us back our crown jewels [EB/OL]. （2006 - 03 - 09）[2016 - 12 - 01]. https：//www. theguardian. com/technology/2006/mar/09/education. epublic.

ARTHUR C. Journalists of the future need data skills，says Berners-Lee [EB/OL]. （2010 - 11 - 09）[2019 - 11 - 22]. https：//www. theguardian. com/technology/organ-grinder/2010/nov/19/berners-lee-journalism-data.

AZZELZOULI O. Data journalism meets UK hyperlocal media：what's hindering the potential? [EB/OL]. （2016 - 10 - 03）[2018 - 05 - 15]. http：//datadrivenjournalism. net/news_and_analysis/data_journalism_meets_uk_hyperlocal_media_whats_hindering_the_potential.

BAACK S. Datafication and empowerment：how the open data movement re-articulates notions of democracy，participation，and journalism [J]. Big Data & Society，2015（2）：1 - 11.

BAACK S. A new style of news reporting：Wikileaks and datad-riven journalism [EB/OL]. （2011）[2018 - 03 - 25]. https：//core. ac. uk/download/pdf/143807078. pdf.

BARANETSDY D V. Data journalism and the law [EB/OL]. （2018 - 09 - 19）[2019 - 03 - 22]. https：//www. cjr. org/tow_center_reports/data-journalism-and-the-law. php.

BATSELL J. Engaged journalism：connecting with digitally empowered，news audiences [M]. New York：Columbia University Press.

BATSELL J. For online publications，data is news [EB/OL]. （2015 - 03 - 24）[2018 - 10 - 01]. http：//niemanreports. org/articles/for-online-publications-data-is-news/.

BEAUJON A. N. Y. 's tough new gun law also prohibits disclosure of gun owners' names [EB/OL]. （2013 - 01 - 15）[2018 - 12 - 12]. http：//www. poynter. org/2013/n-y-s-tough-new-gun-law-also-prohibits-disclosure-of-gun-owners-names/200714/.

BEAUJON A. N. Y. 's tough new gun law also prohibits disclosu-re of gun owners'names [EB/OL]. （2013 - 01 - 15）[2018 - 03 - 23]. http：//www. poynter. org/2013/n-y-s-tough-new-gun-law-also-prohibits-disclosure-of-gun-owners-names/200714/.

BELL E. Journalism by numbers [EB/OL]. (2012 – 10 – 01) [2018 – 05 – 13]. ht
tp：//www. cjr. org/cover_story/journalism_by_numbers. php.

BELL M. What is data journalism? [EB/OL]. (2015 – 02 – 04) [2018 – 03 – 25]. ht-
tps：//www. vox. com/2015/2/4/7975535/what-is-data-journalism.

BERGER J，MILKMAN K. What makes online content viral? [EB/OL]. (2012 – 04 –
01) [2019 – 05 – 23]. https：//journals. sagepub. com/doi/pdf/10. 1509/jmr. 10. 0353.

BOGOST I. Persuasive games：exploitationware [EB/OL]. (2011 – 05 – 03) [2018 –
06 – 11]. http：//www. gamasutra. com/view/feature/134735/persuasive_games_exploitati-
onware. php.

BOGOST I. Persuasive games：the expressive power of videogames [M]. Cambridge：
The MIT Press，2007.

BOGOST I. The rhetoric of video games [C]. In：Katie Salen（Ed. ）. The Ecology of
Games：Connecting Youth，Games，and Learning. Cambridge：The MIT Press，2008.

BORGES-REY E. Towards an epistemology of data journalism in the devolved nations of
the United Kingdom：changes and continuities in materiality，performativity and reflexivity
[EB/OL]. (2017 – 02 – 01) [2018 – 11 – 29]. https：//journals. sagepub. com/doi/full/
10. 1177/1464884917693864.

BOUNEGRU L，VENTURINI T，GRAY J，JACOMY M. Narrating networks：ex-
ploring the affordances of networks as storytelling devices in journalism [J]. Digital Journal-
ism，2017 (6)：699 – 730.

BOWERS T A. "Precision Journalism" in north Carolina in the 1800s [J]. Journalism
& Mass Communication Quarterly，1976 (4)：738 – 740.

BOYD D，CRAWFORD K. Critical questions for big data：provocations for a cultural，
technological，and scholarly phenomenon [J]. Information，Communication & Society，
2012 (5)：662 – 679.

BOYLES J L，MEYER E. Letting the data speak [J]. Digital Journalism，2016 (7)：
944 – 954.

BRADSHAW P. Ethics in data journalism：accuracy [EB/OL]. (2013 – 09 – 13) [2018 –
11 – 12]. https：//onlinejournalismblog. com/2013/09/13/ethics-in-data-journalism-accuracy/.

BRADSHAW P. Data journalism's AI opportunity：the 3 different types of machine
learning & how they have already been used [EB/OL]. (2017 – 12 – 14) [2018 – 05 – 23].

https：//onlinejournalismblog. com/2017/12/14/data-journalisms-ai-opportunity-the－3－different-types-of-machine-learning-how-they-have-already-been-used/.

BRADSHAW P. Data journalism's commissioning problem ［EB/OL］. (2016－05－05)［2018－07－02］. https：//onlinejournalismblog. com/2016/05/05/data-journalisms-commissioning-problem/.

BRADSHAW P. Ethics in data journalism：mass data gathering-scraping，FOI and deception ［EB/OL］. (2013－09－18) ［2018－11－12］. https：//onlinejournalismblog. com/2013/09/18/ethics-in-data-journalism-mass-data-gathering-scraping-foi-and-deception/? relatedposts_hit＝1&relatedposts_origin＝17744&relatedposts_position＝0.

BRADSHAW P. Ethics in data journalism：privacy，user data，collaboration and the clash of codes ［EB/OL］. (2013－09－16) ［2018－11－12］. https：//onlinejournalismblog. com/2013/09/16/ethics-in-data-journalism-privacy-user-data-collaboration-and-the-clash-of-codes/.

BRAUNEIS R，GOODMAN E P. Algorithmic transparency for the smart city ［EB/OL］. (2017－08－04) ［2019－04－20］. https：//papers. ssrn. com/sol3/papers. cfm? abstract_id＝3012499.

BROUSSARD M. Big data in practice ［J］. Digital Journalism，2016 (2)：266－279.

BUIST S. CAJ award winner data journalism ［J］. Media，2013 (2)：23－24.

BURN-MURDOCH J. Why you should never trust a data visualisation ［EB/OL］. (2013－07－24) ［2018－07－27］. https：//www. theguardian. com/news/datablog/2013/jul/24/why-you-should-never-trust-a-data-visualisation.

CAMERON A. Dissimulations：the illusion of interactivity ［EB/OL］. (n. d.) ［2018－06－11］. http：//mfj-online. org/journalPages/MFJ28/Dissimulations. html.

CARLSON M，LEWIS S C. Boundaries of journalism：professionalism，practices and participation ［M］. New York：Routledge，2015.

CHARBONNEAUX J，GKOUSKOU-GIANNAKOU P. "Data journalism"，an investigation practice? a glance at the German and Greek cases ［J］. Brazilian Journalistic Research，2015 (2)：244－267.

CIG. The Psychology of sharing：what is this study about? ［EB/OL］. (2017) ［2018－12－23］. https：//www. bostonwebdesigners. net/wp-content/.../POS_PUBLIC0819-1. pdf.

CIOBANU M. Advice from FT and WSJ for getting started with interactive graphics [EB/OL]. (2016 - 09 - 27) [2018 - 05 - 20]. https：//www. journalism. co. uk/news/advice-from-the-financial-times-and-the-wall-street-journal-for-getting-started-with-interactive-graphics/s2/a677894/.

CITRARO D. A framework for talking about data storytelling [EB/OL]. (2014) [2017 - 01 - 23]. http：//www. periscopic. com/news/a-framework-for-talking-about-data-narration.

CITRARO D. Removing confusion from complexity [EB/OL]. (2014) [2017 - 01 - 20]. http：//www. periscopic. com/news/removing-confusion-from-complexity.

CLAYTON S. Here comes everybody：the power of organizing without organizations [M]. New York：Penguin, 2008.

CODDINGTON M. Clarifying journalism's quantitative turn：a typology for evaluating data journalism, computational journalism, and computerassisted reporting [J]. Digital Journalism, 2015 (3)：331 - 348.

COHN N. We gave four good pollsters the same raw data, they had four different results [EB/OL]. (2016 - 09 - 20) [2018 - 03 - 16]. http：//www. nytimes. com/interactive/2016/09/20/upshot/the-error-the-polling-world-rarely-talks-about. html? rref = collection％2Fsectioncollection％2Fupshot&_r=0.

COOLEY B. Making data stories more personal：highlights from data journalism UK [EB/OL]. (2016 - 11 - 29) [2018 - 11 - 12]. https：//www. journalism. co. uk/news/making-data-stories-more-personal-highlights-from-data-journalism-uk/s2/a694889/.

DE MAEYER J. Objectivity, revisited [EB/OL]. (2015 - 12) [2018 - 07 - 11]. http：//www. niemanlab. org/2015/12/objectivity-revisited/.

DEUZE M. What is journalism? professional identity and ideology of journalists reconsidered. Journalism, 2005 (4)：442 - 464.

DIAKOPOULOS N. Algorithmic accountability reporting：on the investigation of black boxes [EB/OL]. (2014 - 12 - 03) [2018 - 04 - 23]. https：//www. cjr. org/tow_center_reports/algorithmic_accountability_on_the_investigation_of_black_boxes. php.

DIAKOPOULOS N. Algorithmic accountability [J]. Digital Journalism, 2015 (3)：398 - 415.

DIAKOPOULOS N. BuzzFeed's pro tennis investigation displays ethical dilemmas of data journalism［EB/OL］.（2016 - 11 - 16）［2018 - 07 - 03］. http：//www. cjr. org/tow_center/transparency_algorithms_buzzfeed. php.

DICK M. Interactive infographics and news values［J］. Digital Journalism，2014（4）：490 - 506.

D'LGNAZIO C. Putting data back into context［EB/OL］.（2019 - 04 - 04）［2019 - 06 - 23］. https：//datajournalism. com/read/longreads/putting-data-back-into-context? utm_source=sendinblue&-utm_campaign=Conversations_with_Data_May_Ethical_Dilemmas&-utm_medium=email.

EASTON L. AP to expand data-driven journalism with $400，000 from knight［EB/OL］.（2015 - 09 - 30）［2018 - 07 - 10］. https：//blog. ap. org/behind-the-news/ap-to-expand-data-driven-journalism-with - 400 - 000-from-knight.

EDGE A. How to enhance your stories with data［EB/OL］.（2015 - 04 - 27）［2018 - 05 - 17］. https：//www. journalism. co. uk/news/how-to-enhance-your-stories-with-data-/s2/a564923/.

ELLIS J. The upshot uses geolocation to push readers deeper into data［EB/OL］.（2015 - 05 - 04）［2018 - 12 - 12］. http：//www. niemanlab. org/2015/05/the-upshot-uses-geolocation-to-push-readers-deeper-into-data/.

ENGEL P. This chart shows an alarming rise in florida gun deaths after "stand your ground" was enacted［EB/OL］.（2014 - 02 - 18）［2018 - 03 - 23］. http：//www. businessinsider. com/gun-deaths-in-florida-increased-with-stand-your-ground - 2014 - 2.

ENTMAN R M. Framing toward clarification of a fractured paradigm［J］. Journal of Communication，1993（4）：51 - 58.

EUROPE ONE DEGREE WARMER. Methodology［EB/OL］.（2019 - 05 - 15）［2019 - 06 - 13］. https：//gitlab. com/edjn/onedegreewarmer_method/blob/master/method. md.

EUROPEAN JOURNALISM CENTRE. Conversations with data［EB/OL］.（n. d. ）［2019 - 06 - 11］. http：//r. thinkbrigade. org/mk/mr/OVBNwy8wYC1xiNe9VmFwMpHfu2gANNB9SP PzfjvoWA1A4Ho6 _ puHxvvHEQFKIbM4VLzXdtRrefj0ncQWm3Q8b5yKQMahHVukt94Op dHTLA.

EUROPEAN JOURNALISM CENTRE. Data driven journalism：what is there to learn?［EB/OL］.（2010 - 08 - 24）［2018 - 05 - 15］. http：//mediapusher. eu/datadrivenjournalism/pdf/ddj_paper_final. pdf.

FAIRFIELD L, SHTEIN H. Big data, big problems: emerging issues in the ethics of data science and journalism [J]. Journal of Mass Media Ethics, 2014 (1): 38-51.

FLETCHER J. Spurious correlations: margarine linked to divorce? [EB/OL]. (2014-05-26) [2018-12-12]. http://www.bbc.com/news/magazine-27537142.

FLOWERS A. Five thirty eight's data journalism workflow with R [EB/OL]. (2016 06-15) [2018-03-23]. https://channel9.msdn.com/Events/useR-international-R-User-conference/useR2016/FiveThirtyEights-data-journalism-workflow-with-R.

FLUSSER V. Towards a philosophy of photography [M]. London: Reaktion Books, 2000.

FREEDOMINFO. Eight countries adopt FOI regimes in 2016 [EB/OL]. (2016-12-28) [2018-08-23]. http://www.freedominfo.org/2016/12/eight-countries-adopt-foi-regimes-2016/.

FT. Extracting the full potential from data journalism in 2017 [EB/OL]. (2017) [2018-10-23]. http://johnburnmurdoch.github.io/slides/data-journalism-manifesto/#/.

GIERYN T F. Boundary-work and the demarcation of science from non-science: strains and interests in professional ideologies of scientists [J]. American Sociological Review, 1983 (6): 781-795.

GRAY J, CHAMBERS L, BOUNEGRU L. The data journalism handbook [M]. Sebastopol: O'Reilly Media. 2012.

GREENSLADE R. Memo to journalists: analyse the data and the sources will follow [EB/OL]. (2010-07-15) [2018-06-11]. https://www.theguardian.com/media/greenslade/2010/jul/15/journalism-education-blogging.

GREENSLADE R. "Data journalis" scores a massive hit with Wikileaks revelations [EB/OL]. (2010-07-26) [2018-04-13]. https://www.theguardian.com/media/greenslade/2010/jul/26/press-freedom-wikileaks.

GREEN-BARBER L. Beyond clicks and shares: how and why to measure the impact of data journalism projects [EB/OL]. (n.d.) [2019-02-27]. https://datajournalismhandbook.org/handbook/two/situating-data-journalism/beyond-clicks-and-shares-how-and-why-to-measure-the-impact-of-data-journalism-projects.

GRIMMELIKHUIJSEN S G. Transparency of public decision-making: towards trust in local government? [J]. Policy & Internet, 2010 (1): 5-35.

GROENHART H P，BARDOEL J L H. Conceiving the transparency of journalism：moving towards a new media accountability currency [J]. Studies in Communication Sciences，2012 (1)：6-11.

GURIN J. Big data and open data：what's what and why does it matter? [EB/OL]. (2014-04-15) [2018-12-20]. https：//www. theguardian. com/public-leaders-network/2014/apr/15/big-data-open-data-transform-government.

GYNNILD A. Surveillance videos and visual transparency in journalism [J]. Journalism Studies，2014 (4)：449-463.

HARRIS J. Distrust your data [EB/OL]. (2014-05-22) [2018-10-12]. https：//source. opennews. org/en-US/learning/distrust-your-data/.

HERAVI B，OJO A. What makes a winning data story? [EB/OL]. (2017-01-24) [2018-03-23]. https：//medium. com/@ Bahareh/what-makes-a-winning-data-story-7090e1b1d0fc#. 3fbubynuo.

HERAVI B K. Data Journalism in 2017：a summary of results from the global data journalism survey [C] //Chowdhury G.，McLeod J.，Gillet V.&. Willett P. (eds). Transforming digital worlds. iConference 2018. Lecture Notes in Computer Science，vol. 10766. Springer，Cham，2018.

HIGGERSON D. Infographic：how to creat great journalism online [EB/OL]. (2015-05-25) [2018-07-15]. https：//davidhiggerson. wordpress. com/2015/05/25/infographic-how-to-create-great-journalism-online/.

HINTZ A，BREVINI B，MCCURDY P. Beyond WikiLeaks implications for the future of communications，journalism and society [M]. Hampshire：Palgrave Macmilla，2013.

HOLOVATY A. A fundamental way newspaper sites need to change [EB/OL]. (2006-09-06) [2019-06-01]. http：//www. holovaty. com/writing/fundamental-change/.

HOLOVATY A. The definitive，two-part answer to "is data journalism?" [EB/OL]. (2009-05-21) [2018-07-15]. http：//www. holovaty. com/writing/data-is-journalism/.

HOWARD A B. The art and science of data-driven journalism [EB/OL]. (2014-05-30) [2018-07-15]. http：//towcenter. org/wp-content/uploads/2014/05/Tow-Center-Data-Driven-Journalism. pdf.

HOWARD A. On the ethics of data-driven journalism：of fact，friction and public records in a more transparent age [EB/OL]. (2013-11-14) [2018-11-03]. https：//medium. com/tow-center/on-the-ethics-of-data-driven-journalism-of-fact-friction-and-public-re cords-in-a-more-transparent-a063806e0ee3.

HULLMAN J, DIAKOPOULOS N. Visualization rhetoric: framing effects in narrative visualization [J]. IEEE Transactions on Visualization & Computer Graphics, 2011 (12): 2231 - 2240.

JANSSEN K, DARBISHIRE H. Using open data: is it really empowering? [EB/OL]. (2012) [2017 - 07 - 17]. https: //www. w3. org/2012/06/pmod/pmod2012_submission_ 39. pdf.

JEFFRIES A. You're not going to read this [EB/OL]. (2014 - 02 - 14) [2018 - 07 - 23]. https: //www. theverge. com/2014/2/14/5411934/youre-not-going-to-read-this.

KAPLAN A. Data journalism: what's next [EB/OL]. (2016 - 09 - 24) [2018 - 03 - 23]. http: //2016. uncoveringasia. org/2016/09/24/data-journalism-whats-next/.

KARLSSON M. Rituals of transparency [J]. Journalism Studies, 2010 (4): 535 - 545.

KAYSER-BRIL N, VALEEVA A, RADCHENKO I. Transformation of communica- tion processes: data journalism [EB/OL]. (2016 - 05 - 06) [2018 - 07 - 15]. https: // arxiv. org/ftp/arxiv/papers/1605/1605. 01956. pdf.

KAYSER-BRIL N. Celebrating 10 years of data journalism [EB/OL]. (2016 - 10 - 13) [2017 - 07 - 27]. http: //blog. nkb. fr/ten-years-datajournalism.

KAYSER-BRIL N. Datajournalism [EB/OL]. (2015 - 09 - 08) [2017 - 07 - 27]. http: //blog. nkb. fr/datajournalism.

KAYSER-BRIL N. Data-driven journalism in the post-truth public sphere [EB/OL]. (2016 - 09 - 25) [2018 - 08 - 11]. http: //blog. nkb. fr/datajournalism-in-the-posth-truth- public-sphere.

KAYSER-BRIL N. Presentation on data journalism [EB/OL]. (2011 - 04 - 13) [2018 - 03 - 25]. http: //prezi. com/e7tfgnu2zpua/republica-xi-110413/.

KENNEDY H, HILL R L, AIELLO G, ALLEN W. The work that visualisation con- ventions do [J]. Information, Communication & Society, 2016 (6): 715 - 735.

KIM B. Understanding gamification [EB/OL]. (n. d.) [2019 - 02 - 27]. https: // journals. ala. org/ltr/issue/download/502/252.

KLEIN S. Intro: the design and structure of a news application [EB/OL]. (2013 - 05 -

05）［2018 – 06 – 11］. https：//github. com/propublica/guides/blob/master/design-struc-ture. md.

KNIGHT M. Data journalism in the UK：a preliminary analysis of form and content ［J］. Journal of Media Practice，2015（1）：55 – 72.

KOLISKA M. Transparency and trust in journalism：an examination of values，prac-tices and effects ［EB/OL］. （2015）［2018 – 09 – 22］. https：//drum. lib. umd. edu/handle/1903/17031.

KURU O. What the failure of election predictions could mean for media trust and data journalism ［EB/OL］. （2016 – 11 – 19）［2018 – 03 – 23］. http：//mediashift. org/2016/11/136541/.

LAMBRECHTS M. How I built a scraper to measure MP activity ［EB/OL］. （2016 – 10 – 12）［2018 – 03 – 23］. http：//gijn. org/2016/10/12/how-i-built-a-scraper-to-measure-mp-activity/.

LAW D. The evolution of The Economist's social media team ［EB/OL］. （2017 – 07 – 03）［2018 – 12 – 23］. https：//medium. com/severe-contest/the-evolution-of-the-econ-omists-social-media-team-aee8be7ac352.

LECOMPTE C. Introducing the ProPublica data store 2. 0 ［EB/OL］. （2016 – 10 – 07）［2018 – 06 – 24］. https：//www. propublica. org/article/introducing-the-new-propublica-da-ta-store.

LEE PLAISANCE P. Transparency：an assessment of the kantian roots of a key ele-ment in media ethics practice ［J］. Journal of Mass Media Ethics，2007（23）：187 – 207.

LEWIS N P，WATERS S. Data journalism and the challenge of shoe-leather epistemol-ogies ［J］. Digital Journalism，2018（6）：719 – 736.

LEWIS S C. The tension between professional control and open participation：Journal-ism and Its Boundaries ［J］. Information，Communication and Society，2012（6）：836 – 866.

LEWIS S G，WESTLUND O. Big data and journalism ［J］. Digital Journalism，2015（3）：447 – 466.

LIN S，FORTUNA J，KULKARNI C. Selecting semantically-resonant Colors for data visualization ［J］. Computer Graphics Forum，2013（3）：401 – 410.

LINDERS B. Experiences and good practices from hackathons ［EB/OL］. （2014 – 12 –

27) ［2018 - 03 - 23］. https：//www. infoq. com/news/2014/12/experiences-practices-hackthons.

LOOSEN W. The notion of the "blurring boundaries" ［J］. Digital Journalism，2015
(1)：68 - 84.

LORENZ M，KAYSER-BRIL N，MCGHEE G. Voices：news organizations must become hubs of trusted data in a market seeking (and valuing) trust ［EB/OL］. (2011 - 03 - 01) ［2018 - 03 - 12］. http：//www. niemanlab. org/2011/03/voices-news-organizations-must-become-hubs-of-trusted-data-in-an-market-seeking-and-valuing-trust/.

LUPI G. The architecture of a data visualization ［EB/OL］. (2015 - 02 - 26) ［2018 - 03 - 22］. https：//medium. com/accurat-studio/the-architecture-of-a-data-visualization-470b807799b4 ♯. jp1jkufua.

LÉCHENETA. Global database investigations：the role of the computer-assisted reporter ［EB/OL］. (2014) ［2018 - 06 - 10］. https：//reutersinstitute. politics. ox. ac. uk/our-research/global-database-investigations-role-computer-assisted-reporter.

MANOVICH L. The language of new media ［M］. Massachusetts：The MIT Press，2001.

MARZOUK L，BOROS C. Getting started in data journalism ［R］. Balkan Investigative Reporting Network in Albania. Tirana，2018.

MAZZA R. Introduction to information visualization ［M］. London：Springer-Verlag，2009.

MCBRIDE K，ROSENSTIEL T. The New Ethics of Journalism：Principles for the 21st Century ［M］. Thousand Oaks：CQ Press，2013.

MCBRIDE R. Giving data soul：best practices for ethical data journalism ［EB/OL］. (n. d.) ［2016 - 09 - 25］. https：//datajournalism. com/read/longreads/giving-data-soul-best-practices-for-ethical-data-journalism? utm_source＝sendinblue&utm_campaign＝Conversations_with_Data_May_Ethical_Dilemmas&utm_medium＝email.

MILIAN M. Tampa Bay mug shot site draws ethical questions ［EB/OL］. (2009 - 04 - 10) ［2018 - 07 - 21］. http：//latimesblogs. latimes. com/technology/2009/04/mugshots. html.

MILLER G. How to tell science stories with maps ［EB/OL］. (2015 - 08 - 25) ［2018 - 07 - 21］. http：//www. theopennotebook. com/2015/08/25/how-to-tell-science-stories-with-maps/.

MITTER S. The Cartography of bullshit [EB/OL]. (2013 - 05 - 18) [2018 - 03 - 23]. http：//africasacountry. com/2013/05/the-cartography-of-bullshit/，2013 - 05 - 18.

NAHSER F. Three examples of machine learning in the newsroom [EB/OL]. (2018 - 03 - 25) [2019 - 03 - 25]. https：//medium. com/global-editors-network/three-examples-of-machine-learning-in-the-newsroom-1b47d1f7515a.

NICAR. About [EB/OL]. (n. d.) [2016 - 10 - 17]. http：//www. ire. org/nicar/a-bout/.

NPR. Transparency [EB/OL]. (n. d.) [2018 - 09 - 15]. http：//ethics. npr. org/cat-egory/g-transparency/.

OPEN DATA HANDBOOK. What is open data? [EB/OL]. (n. d.) [2016 - 10 - 12]. http：//opendatahandbook. org/guide/en/what-is-open-data/.

OPENGOVDATA . The 8 principles of open government data [EB/OL]. (n. d.) [2016 - 12 - 01]. https：//opengovdata. org/.

OPUTU E. WNYC is beefing up its data journalism [EB/OL]. (2014 - 08 - 08) [2018 - 12 -12]. http：//www. cjr. org/behind_the_news/wnyc_is_beefing_up_its_data_jo. php.

ORNSTEIN C. What to be wary of in the Govt's new site detailing industry money to docs [EB/OL]. (2014 - 09 - 30) [2018 - 11 - 12]. https：//www. propublica. org/article/what-to-be-wary-of-in-the-govts-new-site-detailing-industry-money-to-docs，2014 - 09 - 30.

OTTER A. Seven trends in data visualization [EB/OL]. (2017 - 11 - 19) [2018 - 07 - 23]. https：//gijc2017. org/2017/11/19/data-visualization/.

PANDEY A V, MANIVANNAN A, NOV O, SATTERTHWAITE M L, BERTINI E. The persuasive power of data visualization [EB/OL]. (2014 - 07) [2018 - 06 - 11]. http：//lsr. nellco. org/cgi/viewcontent. cgi? article＝1476&context＝nyu_plltwp.

PARASIE S. Data-driven revelation? [J]. Digital Journalism，2015 (3)：364 - 380.

PLAISANCE P L. The Concept of media accountability reconsidered [J]. Journal of Mass Media Ethics，2000 (4)：257 - 268.

PORWAY J. The trials and tribulations of data visualization for good [EB/OL]. (2016 - 03 - 15) [2018 - 07 - 20]. https：//marketsforgood. org/the-trials-and-tribulations-of-data-visualization-for-good/.

POWELL A. Algorithms，accountability，and political emotion [EB/OL]. (2016 - 01 - 09)

［2018 - 07 - 23］. http：//datadrivenjournalism. net/news_and_analysis/algorithms_accountabili·ty_and_political_emotion.

PRINCE G. A dictionary of narratology ［M］. Nebraska：University of Nebraska Press，1987.

QUALTRICS DUBLIN OFFICE. Data journalism hackathon ［EB/OL］. （2015 - 12 05） ［2018 -07 - 20］. http：//www. meetup. com/hacks-hackers-dublin/events/226992595/.

RADCLIFFE D. Understanding the past，present and future of data journalism ［EB/OL］. （2016 - 02 - 25） ［2018 - 05 - 23］. http：//mediashift. org/2016/02/understanding-the-past-present-and-future-of-data-journalism/.

RAINIE L，ANDERSON J. Code-dependent：pros and cons of the algorithm age ［EB/OL］. （2017 - 02 - 08） ［2018 - 04 - 23］. http：//www. pewinternet. org/2017/02/08/code-dependent-pros-and-cons-of-the-algorithm-age/.

REID A. BBC to launch daily infographics shared on social media ［EB/OL］. （2014 - 05 - 08） ［2018 - 11 - 13］. https：//www. journalism. co. uk/news/bbc-to-launch-daily-info-graphics-shared-on-social-media/s2/a556686/.

REID A. Guardian forms new editorial teams to enhance digital output ［EB/OL］. （2014 - 10 - 10） ［2018 - 03 - 22］. https：//www. journalism. co. uk/news/guardian-forms-new-editorial-teams-to-enhance-digital-output/s2/a562755/.

REID A. Newsgames：future media or a trivial pursuit？ ［EB/OL］. （2013 - 10 - 08） ［2018 - 11 - 23］. https：//www. journalism. co. uk/news/newsgames-future-media-or-a-trivial-pursuit-/s2/a554350/.

ROBERTS M C. Measuring the relationship between journalistic transparency and credi-bility ［D］. University of South Carolina，South Carolina.

ROGERS S，GALLAGHER A. What is data journalism at the guardian？ ［EB/OL］. （2013 - 04 - 04） ［2018 - 07 - 27］. https：//www. theguardian. com/news/datablog/video/2013/apr/04/what-is-data-journalism-video.

ROGERS S，SCHWABISH J，BOWERS D. Data journalism in 2017：the current state and challenges facing the field today ［EB/OL］. （2017） ［2018 - 12 - 23］. https：//news-lab. withgoogle. com/assets/docs/data-journalism-in-2017. pdf.

ROGERS S. Data journalism matters more now than ever before ［EB/OL］. （2016 - 03 - 07） ［2018 - 07 - 27］. https：//simonrogers. net/2016/03/07/data-journalism-matters-more-now-than-ever-before/.

ROGERS S. Hey wonk reporters, liberate your data! ［EB/OL］. （2014 - 04 - 24）
［2018 - 07 - 27］. http：//www. motherjones. com/media/2014/04/vox - 538 - upshot-open-
data-missing.

ROGERS S. Turning official figures into understandable graphics ［EB/OL］. （2008 - 12 -
18） ［2018 - 03 - 15］. https：//www. theguardian. com/help/insideguardian/2008/dec/18/
unemploymentdata.

ROGERS S. Welcome to the datablog ［EB/OL］. （2009 - 03 - 10） ［2018 - 07 - 27］. ht-
tps：//www. theguardian. com/news/datablog/2009/mar/10/blogpost1.

ROSEN J. Show your work：the new terms for trust in journalism ［EB/OL］. （2017 -
12 - 31） ［2018 - 03 - 25］. http：//pressthink. org/2017/12/show-work-new-terms-trust-
journalism/.

RUPAR V. How did you find that out? transparency of the newsgathering process and
the meaning of news ［J］. Journalism Studies，2006 （1）：127 - 143.

SAMBROOK R. Journalists can learn lessons from coders in developing the creative fu-
ture ［EB/OL］. （2014 - 04 - 27） ［2018 - 04 - 13］. https：//www. theguardian. com/
media/2014/apr/27/journalists-coders-creative-future.

SAMPLE I. AI watchdog needed to regulate automated decision-making，say experts
［EB/OL］. （2017 - 01 - 27） ［2018 - 04 - 23］. https：//www. theguardian. com/technology/
2017/jan/27/ai-artificial-intelligence-watchdog-needed-to-prevent-discriminatory-automated-
decisions.

SCHUDSON M. Reluctant stewards：journalism in a democratic society ［J］. Daeda-
lus，2013 （2）：159 - 176.

SCIENCE S. Cherry picked and misrepresented climate science undermines FiveThir-
tyEight brand ［EB/OL］. （2014 - 03 - 25） ［2016 - 10 - 17］. https：//skepticalscience.
com/fivethirtyeight-pielke-downplay-climate-damages. html.

SEGEL E，HEER J. Narrative visualization：telling stories with data ［J］. IEEE
Transactions on Visualization & Computer Graphics，2011 （6）：1139 - 1148.

SEGGER M. Lessons for showcasing data journalism on social media ［EB/OL］. （2018 -
06 - 28） ［2019 - 05 - 23］. https：//medium. com/severe-contest/lessons-for-showcasing-
data-journalism-on-social-media-17e6ed03a868.

SELBY-BOOTHROYD A. The Economist's "build a voter" models［EB/OL］. (2019)［2019-06-15］. https：//datajournalismawards. org/projects/the-economists-build-a-voter-models/.

SHIAB N. On the ethics of web scraping and data journalism［EB/OL］. (2015-08-12)［2018-03-22］. http：//gijn. org/2015/08/12/on-the-ethics-of-web-scraping-and-data-journalism/.

SINGER J B. Journalism ethics amid structural change［J］. Daedalus，2010 (2)：89-99.

SMITH S A. A newsroom's fortress walls collapse［EB/OL］. (2005)［2016-09-25］. http：//niemanreports. org/articles/a-newsrooms-fortress-walls-collapse/.

SOUTHERN L. How The Economist uses its 12-person data journalism team to drive subscriptions［EB/OL］. (2018-05-04)［2019-05-23］. https：//digiday. com/media/economist-using-12-person-data-journalism-team-drive-subscriptions/.

SPJ. SPJ code of ethics［EB/OL］. (2014-09-06)［2018-09-15］. https：//www. spj. org/ethicscode. asp.

ST LAURENT A M. Understanding open source and free software licensing［M］. Sebastopol：O'Reilly Media，2004.

STARK J A，DIAKOPOULOS N. Towards editorial transparency in computational journalism［EB/OL］. (2016)［2019-03-22］. https：//journalism. stanford. edu/cj2016/files/Towards％20Editorial％20Transparency％20in％20Computational％20Journalism. pdf.

STEARNS L. Why journalists should use transparency as a tool to deepen engagement［EB/OL］. (2015-08-31)［2018-07-13］. http：//mediashift. org/2015/08/why-journalists-should-use-transparency-as-a-tool-to-deepen-engagement/.

STILES M，BABALOLA N. Memorial data'［EB/OL］. (2010-05-31)［2018-07-15］. https：//www. texastribune. org/2010/05/31/texas-tribune-database-library-update/.

STONE M L. Big data for media［EB/OL］. (2014-11)［2017-11-12］. https：//reutersinstitute. politics. ox. ac. uk/sites/default/files/2017-04/Big％20Data％20For％20Media_0. pdf.

STONEMAN L. Does open data need journalism?［EB/OL］. (2015)［2017-10-12］. https：//ora. ox. ac. uk/objects/uuid：c22432ea-3ddc-40ad-a72b-ee9566d22b97.

STRAY L. A computational journalism reading list［EB/OL］. (2011-01-31)［2018-

05 - 15]. http：//jonathanstray. com/a-computational-journalism-reading-list.

SUNNE S. Diving into data journalism：strategies for getting started or going deeper [EB/OL]. （2016 - 03 - 09）［2018 - 06 - 11］. https：//www. americanpressinstitute. org/ publications/reports/strategy-studies/data-journalism/.

SUNNE S. The rise of data reporting ［EB/OL］. （2016 - 03 - 09）［2018 - 06 - 11］. https：// www. americanpressinstitute. org/publications/reports/strategy-studies/data-reporting-rise/.

TAL A，WANSINK B. Blinded with science：trivial graphs and formulas increase ad persuasiveness and belief in product efficacy ［J］. Public Understanding of Science，2016 （1）：1 - 9.

TESFAYE S. Data journalism didn't fail：Nate Silver pushesback after The New York Times blasts him for getting Donald Trump so wrong ［EB/OL］. （2016 - 05 - 05）［2018 - 08 - 11］. http：//www. salon. com/2016/05/05/data_journalism_didnt_fail_nate_silver_pu- shes_back_after_the_new_york_times_blasts_him_for_getting_donald_trump_so_wrong/.

HIRST T. The rise of transparent data journalism—the BuzzFeed tennis match fixing data analysis notebook ［EB/OL］. （2016 - 01 - 18）［2018 - 04 - 23］. https：//blog. ouse- ful. info/2016/01/18/the-rise-of-transparent-data-journalism-the-buzzfeed-tennis-match-fix- ing-data-analysis-notebook/.

TRUONG E. How to create a hackathon in your newsroom ［EB/OL］. （2015 - 10 - 07） ［2018 - 03 - 23］. http：//www. poynter. org/2015/how-to-create-a-hackathon-in-your-ne- wsroom/377355/.

USHER N. What is data journalism for? cash，clicks，and cut and trys ［EB/OL］. （n. d. ）［2019 - 06 - 15］. https：//datajournalismhandbook. org/handbook/two/reflections/ what-is-data-journalism-for-cash-clicks-and-cut-and-trys＃footnote8.

VEHKOO J. Crowdsourcing in investigative journalism ［EB/OL］. （2013）［2018 - 03 - 23］. http：//reutersinstitute. politics. ox. ac. uk/publication/crowdsourcing-investigative- journalism.

VOORHOOF D. ECtHR decision：right of privacy vs. data journalism in Finland ［EB/ OL］. （2015 - 09 - 21）［2018 - 06 - 22］. https：//ecpmf. eu/news/legal/archive/ecthr-deci- sion-right-of-privacy-vs-data-journalism-in-finland.

WAITE M. Announcing politifact ［EB/OL］. （2007 - 08 - 22）［2017 - 08 - 27］. http：//www. mattwaite. com/posts/2007/aug/22/announcing-politifact/.

WARD S J A. Ethics and the media: an introduction [M]. Cambridge: Cambridge University Press, 2011.

WEINER R. N. Y. newspaper's gun-owner database draws criticism [EB/OL]. (2012 – 12 – 26) [2018 – 11 – 12]. http: //www. usatoday. com/story/news/nation/2012/12/26/gun-database-draws-criticism/1791507/.

WHITBY A. Data visualization and truth [EB/OL]. (2016 – 09 – 26) [2017 – 10 – 17]. https: //andrewwhitby. com/2016/09/26/data-visualization-and-truth/.

WHITBY A. Guide to bad data journalism [EB/OL]. (2014 – 05 – 08) [2018 – 12 – 10]. https: //prezi. com/pweevqs1hunh/guide-to-bad-data-journalism/.

WIDRICH L. The science of storytelling: why telling a story is the most powerful way to activate our brains [EB/OL]. (2012 – 05 – 12) [2018 – 07 – 15]. http: //lifehacker. com/5965703/the-science-of-storytelling-why-telling-a-story-is-the-most-powerful-way-to-activate-our-brains.

WING J M. Computational thinking [J]. Communications of the ACM, 2006 (3): 335 – 337.

WINKELMANN S. Data journalism in Asia [EB/OL]. (2013) [2018 – 03 – 15]. https: //www. kas. de/documents/252038/253252/7 _ dokument _ dok _ pdf _ 35547 _ 2. pdf/9ecd0cfc-9d30 – 0967 – 1d7e-04dd9c7c66de? version=1. 0&t=1539655194206.

WORLD WIDE WEB FOUNDATION. Executive summary and key findings [EB/OL]. (n. d.) [2018 – 03 – 12]. http: //opendatabarometer. org/3rdEdition/report/#executive_summary.

ZAMITH R. Transparency, interactivity, diversity, and information provenance in everyday data journalism [J]. Digital Journalism, DOI: 10. 1080/21670811. 2018. 1554409.

ZOTTO C D, SCHENKER Y, LUGMAYR A. Data journalism in news media firms: the role of information technology to master challenges and embrace opportunities of data-driven journalism projects [EB/OL]. (2015) [2016 – 09 – 25]. http: //aisel. aisnet. org/ecis2015_rip/49/.

后 记

转向数据新闻研究纯属偶然。2014年我开始关注国内有关数据新闻的讨论，加入了由数据新闻爱好者组建的QQ群，有过从业经历的我比较喜欢和群里的记者交流，在交流的过程中我发现一些记者对"数据新闻是什么"存在困惑。数据新闻是什么？我一时难以回答，研究兴趣就此开始……如今，这个领域也成为我的主要研究方向之一。如果时光倒流，我是不会相信自己会在研究方向上来一个"大拐弯"的。人生就是这么奇妙。延续着数据新闻的路线，我也开始关注人工智能、算法伦理，或许这会开启又一次奇妙之旅。

感谢我的博士生导师中国人民大学新闻学院钟新教授，她开阔的国际视野、渊博的学识、严谨的学术作风、致力于对策研究的务实精神深深地影响了我。

感谢清华大学新闻与传播学院彭兰教授在科研上给予我的帮助和启发，她的前沿探索和问题意识是我学习的方向。

感谢我的恩师山东大学文化传播学院周怡教授，从本科到硕士研究生，再到工作、读博，在我人生的每个阶段，他都给予我无私的帮助。

感谢我的硕士生导师山东大学文化传播学院王悦之教授，他的业务经验和创新思维，不仅在业务上指导了我，也在学术上启发了我。

感谢中国人民大学新闻学院蔡雯教授、周建明教授、匡文波教授、刘小燕教授、张辉锋教授，清华大学沈阳教授，北京大学陆地教授，国家广播电视总局李岚研究员等老师在我读博期间给予的指导与帮助。

感谢山东大学文化传播学院院长张红军教授（笔名：泓峻），他支持我潜心科研，鼓励我不断进取。

感谢中国人民大学出版社人文分社副社长瞿江虹女士对我的信任和提携，感谢本书的责任编辑赵建荣女士和胡颖女士付出的心血，以及龚洪训编辑给予的帮助。

感谢很多素未谋面，仅凭我微信留言或电子邮件联系就爽快接受深度访谈的业界人士，他们是张泽红、于明俊、郭俊义、尼古拉斯·凯瑟-布瑞尔（Nicolas Kayser-Bril）、刘文、姜磊。

感谢《中州学刊》李娜编辑，《编辑之友》吕晓东副主编、郭萍萍编辑、张君编辑和李晶编辑，《中国出版》林竹鸣副编审，《电视研究》朱旭红编辑，借助这些学术平台，本书的部分章节得以先期发表。

感谢我的同门骆静雨、令倩、黄扬、陈国韵、周奕凤，以及我的学生闪雪萌给予我的帮助。

感谢我的家人。女儿出生后，他们负担了大量的家务，让我安心读博、专心科研。

感谢我的女儿，她的到来让我的人生充满欢喜。

为了便于读者阅读，本书对英文数据可视化案例进行了翻译，如想查看案例原版，请查阅附录或文中网址。书稿有不足之处欢迎各位批评指正，我的电邮是 zhangchaosdu@126.com。

张超

2019 年 7 月 27 日

图书在版编目（CIP）数据

释放数据的力量：数据新闻生产与伦理研究/张超著 . -- 北京：中国人民大学出版社，2020.5

（新闻传播学文库）

ISBN 978-7-300-28044-8

Ⅰ.①释… Ⅱ.①张… Ⅲ.①数据处理-应用-新闻报道-研究 Ⅳ.①G212

中国版本图书馆 CIP 数据核字（2020）第 064303 号

新闻传播学文库

释放数据的力量

数据新闻生产与伦理研究

张 超 著

Shifang Shuju de Liliang

出版发行	中国人民大学出版社				
社　　址	北京中关村大街 31 号		**邮政编码**	100080	
电　　话	010 - 62511242（总编室）		010 - 62511770（质管部）		
	010 - 82501766（邮购部）		010 - 62514148（门市部）		
	010 - 62515195（发行公司）		010 - 62515275（盗版举报）		
网　　址	http://www.crup.com.cn				
经　　销	新华书店				
印　　刷	天津中印联印务有限公司				
规　　格	170 mm×240 mm　16 开本		**版　　次**	2020 年 5 月第 1 版	
印　　张	19 插页 4		**印　　次**	2020 年 5 月第 1 次印刷	
字　　数	286 000		**定　　价**	69.80 元	